KB161751

어울누리 🐚 학술연구 22

다문화사회와
이주법제

어울누리 학술연구 22

다문화사회와
이주법제

최윤철 · 최경옥 · 서윤호 지음

이담
Books

이 저서는 2012년 정부(교육과학기술부)의 재원으로 한국연구재단의 지원을 받아 수행된 연구임. (NRF-2012-S1A3A2-033324)

서문

1970년대 이후 신자유주의의 확대, 자본시장의 세계화, 첨단기술의 발전은 고전적 국민국가에 대한 재고, 개인들의 자유로운 이동 등을 내용으로 하는 세계화 현상을 낳았다. 세계화의 의미와 내용에 대해서는 많은 견해의 차이가 있음에도 불구하고 사람의 국제간 이동, 자본과 노동의 자유로운 이동을 야기한 것은 움직일 수 없는 사실이다. 과거가 국민국가를 중심으로 구분과 고립을 향했다면, 현재와 미래는 개방과 통합의 시대가 될 것으로 예상된다.

한국사회도 세계화의 경향, 1990년대의 산업발전 등의 영향으로 사회구조가 근본적으로 변하였다. 생활수준의 향상과 각종 사회 인프라의 구축과 확대, 교통·통신의 발달은 개인들의 활동 영역과 사고의 크기를 넓혀주었다. 빠른 속도의 산업화와 서비스 업종의 확대는 급속한 도시화와 함께 농촌사회의 공동화를 가져왔으며 산업시설의 가동을 위한 많은 노동력을 필요로 하였다. 그러나 이미 노동시장의 질적 구조의 변화로 저임금, 고강도의 노동을 요하는 제조업은 노동력을 구하기가 어려워졌다. 이를 해결하기 위해 동남아시아 등 외국으로부터 노동력을 수입하여 노동시장에 공급하기 시작하면서 외국인이 한국에 대거 유입되었다.

1990년대 초 한국과 중국의 외교관계 정상화는 단기간에 많은 수의 외국인이 증가하게 된 중요한 사건이었다. 중국 북동지역에 거주하고 있던 한국계 중국인들은 한중 간의 국교정상화에 따라 여행 및 취업을 위해 대거 한국으로 입국하였다. 언어소통의 어려움이 거의 없었던 한국계 중국인들은 이른바 '코리안 드림'을 실현해 나갔으며 이들의 수는 한국에 체류 중인 외국인 가운데 가장 많은 수를 차지할 정도에 이르렀다.

　농촌의 공동화는 농촌 노동력의 절대 부족과 고령화를 가져왔다. 특히, 농촌 남성들은 혼인을 위한 상대를 찾지 못하여 미혼의 상태에서 고령을 맞이하였다. 농촌사회의 질적 개선과 혼인문제를 해결하기 위하여 각 지방자치단체는 배우자를 국내에서 찾지 않고 외국에서 찾는 정책을 실시하였다. 그 결과 농촌의 많은 남성들이 외국인 여성을 배우자로 맞이하여 가정을 꾸리게 되었다. 농촌은 전통적 사회구조와 외국인 배우자의 문화적 배경이 상호 대립하는 장이 되면서 그 안에 생활하는 내국인과 외국인들이 공존하는 중요한 도전의 장이 되었다.

　오랫동안 혈통적 순수성에 기초한 단일민족, 단일 국민국가를 내세웠던 한국사회가 많은 외국인의 유입으로 상당한 변화를 겪고 있다. 외국인과 원주민과의 공존과 공생을 위한 노력도 꾸준히 시도되었다. 이를 위한 이론적 기초로서 동화주의를 비롯하여 다문화주의 등의 논쟁이 전개되고, 실제로 현실의 법체계 속에 명문화되기도 했다. 최근 수년간 「국적법」을 비롯한 「출입국관리법」 등이 대폭 개정되었고 이주자와 관련한 여러 건의 법률이 제정되어 시행 중에 있다. 하지만 법률 제정 및 개정과정에서 충분한 합의를 이끌어내지 못하고 현상에 대한 대응에만 치우쳐서 개별 법률은 물론 관련 법체계 전체에서 체계정합성 등의 문제가 발생하였다. 예를 든다면, 법체계 속에 정의된 '다문화'는 이론적 논의와 유리되어 현실과 맞지 않는다는 비판에 직면해 있다. 또한 관련 법률들의 불명확성, 수많은 재량규정 등으로 인하여 법률의 실효성에 대한 비판과 자의적 법집행을 허용함으로써 법적 안정성과 예측 가능성이 약하다는 지적이 계속되고 있다.

한국도 서구 및 일본과 같은 발전과정을 거치면서 인구학적으로도 유사한 경향을 보여주고 있다. OECD국가 중 가장 낮은 출산율과 급속한 고령화를 겪고 있다. 저출산·고령화는 생산인구의 감소와 생존비용의 증가의 원인이 된다. 각 분야에서 한국사회의 장래에 대한 비관적 견해와 이에 대한 대안을 제시하고 있다. 그러한 대안 가운데 더 많은 외국인을 받아들여 노동력과 구매력을 보충하여야 한다는 주장도 상당한 설득력을 얻고 있다. 이러한 주장은 실제 법체계 속에서도 상당히 받아들여지고 있다. 그러나 외국인을 한국사회의 지속성장을 위한 수단으로 보고 이들을 받아들여야 한다는 주장은 매우 위험하다. 외국인은 수단이 아니라 인간 그 자체로서 존엄한 주체이다. 다만, 피부색, 문화 등의 차이가 있을 뿐이다. 외국인이 한국사회에 자발적으로 이주하여 원주민인 한국인과 상호 승인을 통하여 같은 인간으로서 동일한 공간에서 공존할 수 있도록 하는 방안을 모색하여야 한다.

저자들은 오래전부터 '외국인', '이주', '다문화주의' 등에 관심을 가지고 공동으로 연구를 진행해왔다. 저자들의 다양한 연구결과물과 연구 활동들은 입법자는 물론 행정부의 입법과 법집행에 많은 도움을 주었다. 저자들은 다문화주의, 외국인, 이주민에 관한 보다 정확한 정보를 더 많은 사람들에게 소개하여 한국사회에서 발생하고 있는 긴장과 갈등을 해소하고 앞으로의 한국사회가 다양한 구성원들이 평화롭게 공존하면서 각자의 삶을 영위해 나갈 수 있도록 그동안 발표했던 글들을 모아 한 권의 책으로 엮었다.

저자들은 이 책이 이주현상을 새로이 이해하고 우리나라의 이주법제의 개선을 바라는 많은 사람들에게 조그마한 도움이 되었으면 한다. 현재의 이주사회는 우리가 이전에 경험하지 못했던 새로운 현상이며 매우 빠르게 변화하고 있다. 또한 이주현상은 매우 복합적인 것이어서 특정한 분야의 분석과 연구로는 파악하는 것이 불가능하며 학제 간의 긴밀한 협력 연구가 불가피한 영역이다. 주로 법학의 관점에서 이주사회의 법적 문제를 집중적으로 다루고 있는 이 책에 대해 다른 분야에서의 비판적 견해가 이어진다면 저자들의 후속연구에 많은 도움이 될 것이다.

SSK 이주법제연구팀 연구책임자 최윤철

CONTENTS

02 이주사회와 이주법제

01

다문화사회와 법

제1장 다문화주의의 헌법적 수용 가능성

I. 들어가는 말

대한민국은 오랫동안 순혈주의에 바탕을 둔 단일민족에 기초하고 있다는 점을 강조하여 왔다. 이러한 생각은 입법에 그대로 반영이 되어 있다. 헌법은 전문을 포함하여 민족문화 및 전통문화의 계승발전을 국가의 과제로 규정하고 있으며(헌법 제9조), 대통령도 민족문화의 창달에 노력할 것을 취임선서로 하고 있다(헌법 제69조). 「국적법」을 비롯한 각종 법제들도 순혈주의적, 단일민족국가를 염두에 둔 내용을 담고 있다. 외국인에 대한 정책 및 법제의 정비는 상호주의에 따른 외국인 처우를 규정한 헌법 제6조 제2항에 근거를 둔 채 특별한 고려의 대상이 되지 못하였다.

1980년대 중반부터 시작된 산업화와 도시화는 농촌사회의 사실상의 붕괴와 도시의 팽창을 불러왔고 지역 간의 불균형 심화의 주요 원인이 되었다. 특히, 1990년부터 뚜렷이 나타난 저출산과 노령인구의 급증은 세대구조 및 인구구조의 변화를 야기하였다. 인구구조의 변화, 특히 노령화는 경제인구의 감소를 유발하였고, 이제는 노동력의 부족에 따른 저성장이 우려되고 있다. 이러한 추세가 지속된다면 우리 사회의 버팀목이라고 할 수 있는 사회보장 및 보험체계에 심각한 충격을 줄 것으로 예상되고 있다. 부양인구와 피부양인구의 불균형에 따른 세대 간의 갈등이 발생할 가능성까지 내포하고 있다.[1]

급속한 산업화와 노동시장 구조의 변화는 제조업 분야에서 심각한 노동력 부족으로 나타나고 있다. 정부는 제조업에서의 노동력의 부족을 해결하기 위해서 외국인의 노동력을 이용하기로 하고 '산업연수생'이라는 이름으로 외국인을 대거 받아들여 왔다. 노동현장에서 외국인이 눈에 띄게 증가한 원인이다. 농촌사회의 지속성 유지를 위한 외국인과의 혼인도 대폭 증가하여 농촌인구에서 외국인이 차지하는 비율도 매우 높아졌다. 법무부 출입국·외국인정책본부의 자료에 따르면 2015년 1월 현재 장기 체류외국인의 수는 138만여 명에 이르고 있다.[2] 이 숫자는 한국의 인구구성비로 본다면 대한민국 국민 대비 약 2.7%에 해당하는 것이다. 이러한 외국인의 숫자는 1950년 한국전쟁 때 참전한 외국인의 수 및 비율을 제외하고는 가장 많은 것으로서 앞으로 더욱 증가할 것으로 예상된다. 또한 2010

---

1) 정부는 저출산, 노령인구의 증가에 따른 세대구조의 불균형이 가져올 부정적인 영향을 줄이고자 고출산 정책과 양육제도 개선에 많은 노력을 하고 있으나 양육 및 교육환경의 구조적 변화가 수반되지 않는 지원정책은 한계를 가질 수밖에 없을 것으로 보인다.

2) 법무부 출입국정책본부, 『출입국·외국인 정책 통계월보』(2015.2), 10쪽 참조. 거소신고만 하는 재외국민 포함. 3개월 미만의 단기체류자와 불법체류자의 수는 포함되어 있지 않음. 불법체류자를 포함하면 체류외국인 수는 더욱 늘어남.

년 이후 2015년 1월 현재 귀화 또는 국적회복을 통해 한국 국적을 취득한 외국인의 수는 7만 5,000여 명에 달하고 있다.[3] 이 가운데 혼인을 통한 귀화자는 같은 기간에 약 6만 6,000여 명으로 나타나고 있다.[4]

한국사회의 구조변화에 따라 증가한 외국인이 다시 한국사회의 구조변화의 한 요인이 되고 있는 점은 모두가 동의하는 하나의 현상이다. 새로이 전개되는 이주사회에 대응하는 법제와 정책을 제시하기 위해서는 첫째, 현상을 설명하고 대안을 제시하고자 하는 여러 주장을 통해서 개념적인 부분을 살펴보아야 한다. 이어서 이러한 견해들에 대해서 법학의 관점에서 유용한 비판과 수용을 하기 위한 분석을 한다. 특히, 외국인과 내국인과의 관계와 관련하여 각국이 취하고 있는 정치적·법제적·정책적 입장과 관련하여 등장한 개념인 다문화주의에 대한 이론적 검토와 비판이 필요하다. 그러나 비판을 위해서는 필자 스스로의 인식이 전제되어야 하므로 그에 대한 소개를 동시에 진행한 뒤에, 이를 기초로 우리나라의 헌법이 새로운 현상으로서 이주사회를 수용할 수 있는지에 대한 헌법적·헌법 정책적 비판과 대안제시를 시도한다. 마지막으로 이러한 비판과 대안을 기초로 하여 한국에서의 다문화주의의 수용 가능성에 대한 제언을 하고자 한다.

---

3) 법무부 출입국정책본부, 『출입국·외국인 정책 통계월보』(2015.4), 22쪽 참조.
4) 법무부 출입국정책본부, 『출입국·외국인 정책 통계월보』(2015.4), 23쪽 참조.

Ⅱ. 한국사회는 다문화사회가 되고 있는가?

1. 다문화사회는 무엇인가?

다문화사회란 한 국가 내에 인종, 국적, 종교, 문화적 배경을 달리하는 다양한 사람들이 자신의 신분적 배경, 집단적 배경 등으로 인한 차별 없이 시민 또는 국민으로서 기본적 권리를 향유하며 살아가는 사회를 말한다.5) 한 사회 내에 외국인과 내국인, 다른 종교를 가진 사람들, 다른 문화적 배경을 가진 사람들이 살아가는 현실 사회를 다문화사회라고 할 수도 있다. 하지만 다문화주의를 염두에 두고 다문화사회를 이야기하는 경우에는 후자처럼 그저 현상으로서 여러 문화가 혼재되어 있는 사회를 다문화사회라고 하지는 않는다. 다문화사회, 다문화주의 논의를 단순히 주류문화와 주변문화 간의 대립과 갈등 혹은 공존의 문제로만 보고 문화소수자의 자유와 권리의 보장만으로 보는 것6)은 문제를 피상적으로 보는 것이다. 다문화사회 및 다문화주의에 대하여 해당 용어가 포함하고 있는 '문화'라는 개념에 국한하거나 근거해서 다문화주의를 바라보는 것은 다문화주의에 대한 피상적인 이해와 오해를 불러올 수 있다. 단순히 문화소수자와 주류문화, 주류문화 가운데에서 소수자의 문화의 보장으로 보

---

5) 이용재, 「다문화정책에서의 새로운 배제」, 139쪽도 유사한 입장이다. 김선택, 「다문화사회와 헌법」, 4쪽에서는 다양한 문화적 배경을 가진 다양한 사람들이 하나의 사회에서 함께 생활하는 경우를 일단 '다문화사회'라고 정의할 수 있다고 한다.

6) 류시조, 「다문화사회와 자유권적 기본권」, 73쪽은 '다문화사회는 새로운 문화가 이식되더라도 기존의 주류문화에 동화되지 않고 문화적 정체성을 유지하면서 정치 사회적 통합을 위하여 주류문화와 공존을 모색하는 사회'라고 정의하면서 다문화사회의 문제를 '주류문화와 주변문화 간의 대립과 갈등 혹은 공존의 문제'로 보고 있다. 특히 사회 문화적으로 열위에 있는 문화소수자의 자유와 권리에 관한 문제라고 하고 있다.

는 것은 외국인이라는 범주를 개입시키지 않고도 모든 사회에서 보편적으로 나타나는 현상이다.

다문화사회와 이에 대한 현상 및 대응으로서 다문화주의는 각자의 문화적 배경을 가진 외국인과 내국인 사이에서 특히 소수인 외국인이 출신 국가의 문화 등 고유의 정체성을 가진 채 자신이 살고 있는 국가 안에 정주하고자 하는 과정에서 다수이면서 원주민인 내국인과 접촉, 긴장, 갈등, 통합과정 등을 겪으면서 서로가 공존할 수 있기 위한 한 국가의 대응태도로 이해하여야 한다. 다문화주의를 단순히 외국인과 내국인 사이의 문화적 갈등, 한 국가의 외국 문화에 대한 태도 등으로만 파악하게 되면 우리 사회의 인구구조의 변화와 그에 대한 대응방안을 찾는 데 초점을 놓치게 될 우려가 있다.

2. 다문화사회로 변하게 된 원인

1) 노동시장의 변화에 따른 외국인 노동자의 대량 유입

한국사회가 단일문화사회에서 다문화사회로 옮겨 가게 된 원인 중의 하나는 한국의 노동시장의 구조변화에 따른 외국인 노동자의 증가라고 볼 수 있다. 외국인 노동자의 수는 1990년대를 기점으로 대폭 증가하였다. 하지만 한국의 전체 노동시장에서 차지하는 외국인 노동자의 비율은 아직은 그다지 높지 않다. 다만 단순 기술 분야의 제조업 분야의 경우 외국인 노동자 비율은 주목할 만큼 높은 비율을 차지하고 있다. 또한 이들이 체류하면서 노동력을 제공하고 있는 지역의 경우에는 그렇지 않은 지역에 비하여 외국인 거주비율이 높은 것으로 나타나고 있다.

2) 결혼이민자 및 '다문화' 가정의 증가

외국인과의 혼인이 농촌을 중심으로 크게 확대되면서 과거 전통주의적 사고에 기초하고 있던 농촌사회가 여러 가지 변화를 겪고 있다. 특히, 전통적 사고와 가치관을 가지고 있는 내국인 배우자와 그 부모 (대부분 시부모)와 외국인 배우자 간의 가치관 및 의식의 차이에 따른 상호 적응의 노력, 양자 간에 출생한 자녀에 대한 양육 및 교육 등 여러 가지 상황들이 농촌사회의 중요한 문제로 부상하였다.[7]

3) 재외동포의 증가

중국과의 외교관계 수립은 중국 북동부에 거주하고 있던 중국 내의 소수민족 집단인 조선족들에게 많은 기회를 제공하였다. 조선 말기부터 일제 강점기 사이에 한반도에서 이주하였던 한국계 중국인들은 중국에서도 여전히 말과 생활습관 등을 그대로 유지한 채 자치주를 구성하여 거주하고 있었다. 한국과 중국의 외교관계 정상화를 계기로 많은 조선족들이 한국으로 입국하여 노동을 하면서 보다 나은 생활여건을 개척하였다. 언어소통의 강점은 이들로 하여금 다른 외국인 집단보다 한국사회에 쉽게 정착할 수 있도록 하였다. 한국정부가 제정한 재외동포 지원 법률은 이들의 한국 내 정착을 더욱 용이하게 해주었다. 현재 한국 내에 거주하고 있는 외국인 가운데 가장 많은 수를 차지하고 있는 집단이 이들이다.

---

7) 우리나라에서는 외국인으로서 대한민국 국민과 혼인하여 한국에 체류하고 있는 자를 결혼이민자라고 하고 있다. 결혼이민자라는 용어는 과거에는 거의 쓰이지 않았으나 외국인과 혼인이 증가하자 외국인 당사자는 물론 외국인과 혼인한 국민들과 관련한 법적인 관계들이 대두하자 법률에서 사용하기 시작하였다. 「재한외국인 처우 기본법」(2007년 제정)은 결혼이민자를 대한민국 국민과 혼인한 적이 있거나 혼인관계에 있는 재한외국인이라고 정의하고 있다(같은 법 제2조 제3호). 한편 「다문화가족지원법」은 결혼이민자를 재한외국인 처우 기본법상의 결혼이민자와 국적법(제4조)에 의해서 대한민국 국적을 취득한 자라고 정의하고 있다(같은 법 제2조 제2호).

4) 유학생의 증가

한국의 경제발전과 국제경쟁력 수준의 향상은 중국을 비롯한 주변 국가들의 관심대상이 되었다. 제2차 세계대전 이후 신생국인 한국이 전쟁을 겪었음에도 불구하고 고도성장을 하여 국제경쟁력이 높아진 것을 배우려는 유학생들이 늘어났다. 한국의 유학생의 대부분은 중국학생으로 파악되지만, 그 밖의 동남아 국가들과 영미 국가에서의 유학도 증가하고 있다. 유학생 집단은 한국의 이주정책의 주요 대상으로 부상하고 있다.

3. 다문화사회가 되면서 생긴 문제점

1) 원주사회와 문화적 갈등 증가

생활습관과 언어 등 문화가 다른 이주자의 증가는 원주민과의 사이에서 문화, 생활양식과 접촉하는 가운데 긴장과 갈등이 야기되기도 한다. 특히 원주사회가 순혈주의 등 단단한 결속을 유지하면서 배타성을 유지해온 사회인 경우에는 이주민의 유입은 원주민에게 상당한 충격이 될 수 있다.

한국은 전통적 가치를 중시하면서 순혈주의적 민족주의를 바탕으로 하는 생활양식과 문화를 오랫동안 지속하여 왔다. 법체계도 이러한 경향을 반영하고 있다. 헌법은 국가의 과제로서 전통문화의 계승 발전과 민족문화의 창달을 규정하고 있다(헌법 제9조). 대한민국의 국민이 되는 요건을 정하는 「국적법」도 혈통주의 원칙에 의하고 있다.[8] 그런데 한국사회가 여러 문화가치 및 다양한 문화적 배경을 가진 사람들로 구성되는 다문화사회로 전환되고 있는 곳이 역설적으로 전통적 및 순혈주의 가치가 상대적으로 강한 농어촌 지역에서부터이다. 많은 수의 외국인 여성들이 혼인을 통해서 농어촌에 정착하기 시작하면서 노령층이 중심인 농어촌사회가 여러 형태의 문화적 갈등을 겪고 있다. 가부장적인 사회문화에 익숙한 농촌 총각과 노년층들이 한국 문화에 대한 이해가 없거나 매우 부족한 젊은 외국인 여성(신부) 사이에서 언어소통의 부족과 생활습관의 차이, 문화적 전통의 차이로 인한 갈등이 생겨나고 있다. 부부간의 언어, 문화, 생활습관의 차이, 연령의 차이, 시부모와의 갈등, 자녀의 교육문제 등 많은 문제들이 노정되고 있으며, 무엇보다도 외국인 배우자 스스로가 한국사회에 적응하는 데 많은 어려움을 겪고 있다.

도시는 농촌에 비해서 다양한 일자리를 찾을 수 있으며, 익명성이 강하기 때문에 외국인들의 생활이 용이하다는 장점이 있다. 공업도시의 경우 많은 수의 외국인들이 일자리를 중심으로 집단으로 거주하면서 커뮤니티를 형성해가고 있다.9) 또한 특정 국가나 종교를 중심으로 집단 거주하는 경향도 나타나고 있다.10) 그에 따라 해당 지역이 급속히 변화하면서 원주민과의 생활관계를 맺는 과정에서 갈등이 나타나고 있다.

2) 외국인에 대한 인권 침해의 증가

외국인 노동자는 처음에는 근로자로서가 아니라 이른바 산업기술

---

8) 헌재 2000.8.31. 97헌가12-「국적법」은 헌법재판소의 위헌결정이 있기 전까지는 부계혈통에 의한 국적취득만을 인정하고 있었다.

9) 경기도 안산의 경우 안산지역 공업단지를 중심으로 많은 외국인들이 집단으로 거주지를 형성하고 있다.

10) 서울의 영등포구 대림동의 조선족 집단 거주구역 등이 그 예이다. 독일 베를린의 Kreuzberg은 터키계 무슬림이 다수 거주하고 있는 지역이다.

연수생(이하, '산업연수생')이라는 이름으로 노동시장에 공급되었다. 이들은 산업연수생으로서 한국에 들어와 다른 노동자와 동일한 노동을 제공하면서도 노동자로서의 권리는 물론 자유권마저도 침해를 당하는 사례가 매우 많았다.[11] 산업연수생 제도는 처음부터 외국인 노동자에 대하여 노동자의 권리를 부정하면서 노동력만을 이용하는 편법적인 제도로서 도입 때부터 기본권을 침해하는 제도라는 비판이 매우 많았었다.[12][13] 이러한 비판에 직면하자 정부는 「외국인 근로자의 고용 등에 관한 법률」(2003년)을 제정하여 고용허가제를 도입하였고, 일시적으로 기존의 산업연수생 제도와 병행하여 실시하였다. 하지만 현재 시행되고 있는 고용허가제도 노동 현장에서 많은 문제를 야기하고 있는 것으로 알려져 있다.[14]

---

11) 법제처 법령해석 회답, 외국인 산업연수생이 산재보험보호대상 근로자인지 여부, 건설교통부 1997.5.17. 질의: 법제처는 1997년 건설교통부 장관이 법령해석요청 건에 대해서 회답한 것을 보면, 외국인 산업연수생은 고용보험 적용제외 근로자에 해당하며, 취업목적이 아니라 기술습득 등을 연수목적으로 입국한 외국인은 적법한 근로계약을 체결할 수도 없다고 하고 있다.

12) 산업연수생제도는 본래 해외 현지진출 한국기업이 현지에서 고용한 인력의 기능을 향상시킨다는 것을 목적으로 하여 관계 법령에 따라 비자를 발급하여 국내 사업체에서 연수를 받게 하였으나 실제로는 해외인력을 도입하여 국내산업체에 취업시키는 것으로 활용되었다. 산업기술연수제도는 인력난을 경험하고 있던 중소기업이 이용하지는 못하고 있어서 정부는 1992년 하반기부터 소위 3D업종으로서 국내근로자들이 기피하는 업종에도 연수생을 들여오기 시작하였다. 이후 노동현장에서 기업체의 외국인 노동력 공급의 수요가 계속 증가하자 산업연수생 제도를 확대하고 연수 취업제를 실시하였다.

13) 헌재 2004헌마670, 2007.8.30(산업기술연수생 도입기준완화결정 등 위헌확인) - 외국인 근로자의 경우도 자본주의 경제 질서하에서 근로자가 기본적 생활수단을 확보하고 인간의 존엄성을 보장받기 위하여 최소한의 근로조건을 요구할 수 있는 권리는 자유권적 기본권의 성격도 아울러 가지므로 이러한 경우 외국인 근로자에게도 그 기본권 주체성을 인정함이 타당하다.

14) 고용허가제는 국내 인력을 구하지 못한 기업이 적정규모의 외국인 근로자를 합법적으로 고용할 수 있도록 허용하는 제도로서 외국 인력의 도입·관리를 국가가 직접 담당하여 외국인 구직자 선발조건·방법·기관 및 상호 간 권리의무사항 등을 국가 간 양해각서(MOU)에 규정하는 등 외국인 근로자 도입과정에서 민간기관의 개입을 배제하였다. 이 법률에 의해 한국에 취업한 외국인 근로자는 내국인과 동등하게 노동관계법을 적용받아 산재보험·최저임금·노동3권 등 기본적인 권익이 보장된다. 그러나 고용허가제는 산업연수생제도와의 병행실시 및 복잡한 고용절차 등으로 사용자의 선호가 저조하였다. 이에 현행 외국인력 제도를 개선할 필요성이 대두되었고, 이에 정부는 2007.1.1.부터 산업연수생제도를 폐지하고 외국인 노동자의 노동 관련 제도를 고용허가제로 일원화하였다. 외국인 노동자에 관한 정책의 비판에 대해서는

외국인 및 외국계 한국인에 대한 인권침해는 노동영역뿐만 아니라 결혼이민자를 비롯한 다문화가족 내에서도 발생하고 있다. 특히, 「국적법」은 결혼이민자가 대한민국 국적을 취득하기 위해서는 혼인상태 유지와 국내거주요건을 충족하는 경우에만 가능하도록 규정하고 있어서(국적법 제3조, 제4조) 이 기간 전에는 외국인으로서 대한민국의 헌법과 법률적용에 상당한 제한이 따르고 있다. 국민배우자 가운데에는 이러한 국적법의 규정을 악용하여 결혼이민자, 특히 동남아시아 지역 출신 여성들의 인권을 침해하거나 유린하는 사례가 보고되고 있다.[15] 또한 결혼이민자들은 국민배우자를 선택하는 과정에서 매우 제한된 정보만을 토대로 혼인을 하고 한국에 입국하여 전혀 다른 환경에 처하게 됨으로써 기본적 생존조건마저 충족하지 못하는 사례도 발생하고 있다.[16]

다문화가족의 자녀들의 급증과 이들에 대한 교육여건의 개선도 문제가 되고 있다. 한국어를 하지 못하는 부 또는 모의 영향과 상대적으로 빈곤한 가정형편을 가진 다문화가족의 자녀들의 경우에는 학교생활에서 언어의 어려움, 외모의 차이에 따른 따돌림, 가정 내에서의 부모 간의 문화의 차이로 인하여 발생하는 정체성 혼란 등으로 인하여 아동인권의 문제가 대두되고 있다.[17]

외국인이 한국에 입국하기 위해서는 입국허가(VISA)를 받아야 한다. 입국허가를 받는 외국인은 입국일로부터 일정기간 이내에 외국

설동훈, 「외국인 노동자와 인권」 등 참조.

15) 세계일보, 2010년 10월 9일(인터넷 판) 등 참조.

16) 결혼중개업의 관리에 관한 법률(법률 제11461호)은 국제결혼에서 발생하는 문제를 해결하려는 내용을 담고 있다.

17) 최경옥, 「한국에서의 다문화가정 아동의 교육권」; 정혜영, 「다문화가족 자녀의 권리보호」; 최윤철, 「다문화가족 자녀들의 교육을 받을 권리」 등 참조.

인관리 관청(출입국관리소)에 신고하고 체류자격을 확인받고 체류자격과 해당 체류자격에 따른 체류기간의 범위 내에서 활동을 하게 된다. 많은 외국인들은 이러한 한국의 출입국관리 규정을 준수하고 있으나 그러하지 않은 외국인도 증가하고 있다. 이처럼 정해진 체류자격이나 체류기간을 준수하지 않고 체류 중인 외국인을 이른바 '불법체류자'라고 한다. 정부는 이들 불법체류자를 막기 위한 여러 가지 조치를 하고 있으며, 불법체류자가 발견이 되면 이들을 보호한 뒤에 강제출국을 시키고 있다. 그런데 정부의 불법체류자 발견과 보호, 강제출국 과정에서 적법절차가 준수되지 않음으로 인하여 다수의 인권침해 사례가 발생하고 있다.

3) 외국인 관리의 어려움

한국에 장기 체류목적으로 입국하여 체류하고 있는 외국인이 체류자격과 그에 따른 체류활동을 하지 않거나, 체류기간이 넘어서 계속 체류하거나 하는 등이 발생하면 이러한 외국인은 원칙적으로 한국에서 출국하여야 하는 대상이 되고 이를 이른바 불법체류외국인이라고 하여 「출입국관리법」은 이러한 외국인의 체류를 금지하고 있다.18)

우리나라에 입국 당시 체류목적 허가를 받고 채류목적에 부합하는 활동을 하고 있는 외국인이 대부분이지만, 상당수의 외국인들은

---

18) 「출입국관리법」은 한국에 정주의 목적 등 3개월 이상 장기체류하려고 하는 외국인에 대하여 외국인 등록을 하도록 하고 있으며(제31조), 체류외국인의 체류목적 형태에 따라 각각 체류자격을 부여하고 있다(제17조 이하). 외국인은 부여받은 체류자격에 따라 체류자격에 해당하는 활동만이 허용되며 해당 체류자격의 실현과 관련된 체류기간 동안만 한국에 체류할 수 있다 (제17조, 제20조). 체류자격의 변경이나 체류기간의 연장을 하고자 하는 외국인은 다시 별도의 신청을 하여 법무부장관의 허가를 얻어야만 한다(제24조, 제25조).

체류기간이 지났음에도 출국하지 않고 국내에 체류하면서 활동을 하거나, 법무부장관의 허가 없이 본래의 체류목적과 다른 활동을 하고 있는 이른바 불법체류자가 증가하고 있다. 불법체류자의 대부분은 경제적 목적에 따른 생계형 불법체류자가 대부분이며, 외국인 집단 거주지가 확대되고, 보다 값싼 노동력을 선호하는 중소기업의 수요가 가중되면서 정부의 관리에서 벗어난 채 활동을 하고 있다. 법무부는 체류외국인 관리를 위한 법제도와 시설을 운영하고 있으나, 급증하는 외국인과 불법체류자의 증가로 인하여 외국인 관리, 특히 불법체류자 관리에 어려움을 겪고 있다.

Ⅲ. 다문화주의 담론

1. 다문화주의 담론의 전개

다문화주의[19]는 1980년대 이후 정치이론·법철학·윤리학의 세계에서 전개된 자유주의와 공동체주의 논쟁이 한창일 때 '차이의 정치'를 기원으로 해서 제3의 입장으로서 등장한 사조이다.[20] 다문화주의에 대한 본격적인 논의는 주로 캐나다를 중심으로 이루어졌고 이후 많은 국가들이 자국의 상황들에 대한 검토와 분석들을 하면서

---

19) 일본에서는 다문화공생(馬渕 仁,「多文化共生」は 可能か 참조), 유엔은 문화적 다양성이라는 용어를 더 사용하고 있다(유엔 문화다양성 협약 등). 각 개념상의 차이에 관해서는 서윤호,「다문화주의와 문화다양성-이주법제의 기본개념 분석」, 283쪽 이하 참조.

20) 자유주의 정치철학자인 윌 킴리카와 공동체주의 정치철학자인 찰스 테일러의 다문화주의 논의가 대표적이다. 이들의 주장은 각각 W. Kymlicka, Multicultural Citizenship; C. Taylor, Multiculturalism 참조.

다문화주의에 대한 관심이 확대되었다.[21] 우리나라에서도 최근 10년간 다문화주의와 관련한 많은 연구가 이루어졌다.[22] 한국의 다문화주의 논의는 캐나다, 미국, 호주 등과 같이 전통적인 이민국가이면서 동시에 원주민과의 관계 등이 복잡하게 얽혀 있는 나라들과 1990년대 상대적으로 많은 외국인의 유입을 겪고 있는 한국사회를 비교하는 것이 주류를 이루고 있다.[23] 이러한 비교를 통하여 다문화 사회화하고 있다는 한국사회에 대한 분석과 한국사회의 미래를 설계하는 데에 그 목표를 두고 연구가 시작된 것으로 보인다. 즉, 이 국가들이 인종, 언어, 종교, 계급, 성, 출신국가 등이 복합적으로 얽혀 있는 가운데 이러한 문화적 차이에 따라 생겨난 사회 현상과 갈등을 해소하기 위해 각종 법제 및 정책들을 사용하고 있다는 점을 주목하였다. 한국에서는 다문화주의를 모든 사회문제에 관련된 정부 정책의 기본목표로서 설정하고 문화적 다양성의 추구가 규범적으로 확립되어야 한다는 주장까지 나타나고 있다.[24] 또한 다문화주의를 하나의 국가 내지 사회의 내부에, 복수의 다른 문화가 공존할 수 있도록 집단 간의 정치적·경제적·사회적인 불평등을 시정하려고 하는 운동 및 주장하는 것으로 파악하기도 한다.[25]

---

21) 주로 영국의 식민지였던 미국, 캐나다, 호주 등에서 활발한 논의가 있었다. 이들 국가는 공통적으로 이민자가 원주민을 축출하거나 지배하면서 이민자가 주류가 되어 원주민을 지배하는 구조를 갖고 있었다.

22) 2008년까지의 한국에서의 다문화 연구 현황을 정리하고 있는 자료는 전영준, 「한국의 다문화 연구 현황」 참조.

23) 일본의 경우는 다문화주의라는 용어보다는 다문화공생(多文化 共生)이라는 용어가 주로 쓰이고 있고, 다문화주의 입법 및 정책도 중앙정부보다는 지방정부 차원에서 이루어지고 있다. 일본의 다문화공생에 대해서는 馬淵 仁, 「多文化共生」 は 可能か 참조.

24) 최성환, 「다문화주의의 개념과 전망」, 294쪽; 김비환, 「포스트모던 시대에 있어 합리성, 다문화주의 그리고 정치」, 206쪽.

25) 유네스코 아시아·태평양 국제교육원, 「다문화사회의 이해」, 89쪽 참조.

다문화주의는 사전에서는 이중적 의미로 사용되고 있다. 첫째, 어떤 집단이나 공동체에 복수의 문화가 공존하고 있는 상태. 둘째, 그와 같은 다문화 공존의 상태를 바람직하다고 생각해서 적극적으로 그 공존을 추진하는 정책이나 사상적 입장이라고 소개되고 있다.[26] 다문화주의는 보는 입장에 따라 크게, 때로는 근본적으로 다르게 보인다.[27] 따라서 각국의 입장에 따라 다르게 나타나며, 동일한 국가 내에서도 각각의 처한 입장(주류문화, 이방인, 소수자, 다수자, 기득권)에 따라 다문화주의에 대한 이해가 다를 수밖에 없다. 이러한 점은 학계에서도 예외가 아니다.[28] 이러한 다문화주의 논의가 지향하는 바는 기본적으로 이 세상이 다양한 인종과 문화로 이루어져 있다는 사실을 인식하는 것이다. 이어서 타자의 이해를 전제로 하는 자기 자신의 정체성에 대한 사고를 하여야 함을 이야기한다.[29] 그러나 단순히 여기에만 머무르게 되면 문화상대주의의 입장과 크게 다르지 않게 된다. 다문화주의는 단순한 타자의 이해를 넘어서 타자를 승인하고 자신의 문화를 포함하여 타문화가 공존하고 있는 공동체 내의 구성원들의 실재 삶에 기여할 수 있어야만 한다는 것을 강조한다.[30]

---

26) 니시카와 나가오, 『신식민주의론』, 146쪽 이하. 니시카와 나가오는 다문화주의에 접근하는 경우 가장 먼저 주목하여야 할 것은 다문화공존이라는 '현상'에 보다 비중을 두고 논의를 하여야 하며, '이념'이 앞서 달리는 것에 주의하여야 한다고 한다. 특히 일본의 경우 Multiculturalism이 다문화주의로 번역되면서 '이념'만이 강조되는 경향이 있다고 비판하고 있다.

27) 니시카와 나가오, 위의 책, 147쪽.

28) 다문화주의와 관련해서는 캐나다의 대표적인 공동체주의 철학자인 찰스 테일러와 자유주의적 철학자인 윌 킴리카를 들 수 있다.

29) 같은 뜻, 최성환, 위의 논문 300쪽.

30) 최성환, 앞의 논문, 301쪽. 최성환은 여기서 병존적인 다문화주의의 한계를 넘어서는 새로운 문화 작용의 틀로서 '초문화주의'라는 말을 한다.

2. 다문화주의의 주요 흐름

1) 킴리카(Will Kymlicka)의 자유주의적 다문화주의

캐나다의 대표적인 자유주의적 다문화주의 정치철학자인 킴리카
(W. Kymlika)는 다문화주의를 정의의 관점에서 바라본다.[31] 소수자
들이 자신의 권리를 관철하기 위해서는 정의를 앞세워야 한다는 것
이다. 킴리카의 입장은 자유주의적 입장, 즉 정의의 원칙과 정의가
주는 명령에 따라서 차별이 없어야 한다는 것이다. 다시 말해서 소
수자가 자신의 권리를 주장하고 소수자의 권리를 보장하거나 보호
하는 것은 소수자의 주관적 자기실현을 위해서이기도 하지만 보다
근본적으로는 정의가 실현되어야 하기 때문이라고 보게 된다. 소수
자의 구체적 권리의 실현이 문제가 되는 경우 소수자의 권리를 보호
하기 위해서 마련되는 법제도나 정책은 '정의'라고 하는 보편적 가
치에 기초를 두는 것이지 소수자 그 자체의 상황 때문에 그러한 것
이 아니라고 한다.[32]

이러한 킴리카의 입장에 따르는 다문화주의는 다음과 같은 구조
를 가지게 될 것이다. 다문화주의는 기득권을 가지고 있는 다수자로
서의 원래의 집단에 새로이 진입하는 다른 문화적 배경을 가지고 있
는 소수자 사이의 관계에서 다수자가 소수자에 대하여 정의의 관점
에서 그들을 차별하지 않아야 하며 법제도 및 정책은 이를 구체화한
것이 된다.[33] 소수자에 대한 다수자의 배려 및 관용(tolerance)의 태

---

31) 그러나 킴리카의 정의의 원칙은 롤스(Rawls)의 정의원칙과는 다른 의미이며, 나아가 롤스의 정
   의원칙을 받아들이는 데 주저하고 있다고 한다. 보다 자세한 내용은 설한, 「킴리카의 자유주의
   적 다문화주의 비판 고찰」, 『한국정치학회보』 제44집 제1호, 61쪽 이하 참조.

32) W. Kymlicka, op. cit, p.75.

도, 이를 제도화하는 것 등이 그 예가 될 수 있다.

2) 테일러(Charles Taylor)의 공동체주의적 다문화주의

공동체주의자의 대표자의 한 사람인 테일러는 "인간들은 사회(공동체 내에서)에서 자신의 존재에 상응하는 적절한 인정을 받기를 원하는데 이는 인간의 핵심적 욕구 중의 하나라고 볼 수 있다"[34)]는 전제에서 다문화주의 논의를 시작한다. 개인들의 정체성은 내적 목소리를 지닌 자신만의 독특한 진정성(authenticity)이며 이러한 진성성은 공동체에 완전히 참여하면서 형성된다고 한다.[35)] 즉, 인간은 보편주의적 추상적 개인의 동등성을 통해서가 아니라 자신이 살아가고 있는 공동체의 문화 속에서만 자신의 인간됨을 누릴 수 있다는 것이다.[36)] 이에 따르면 "사람들은 타자와의 관계 속에서 언어와 표현을 획득함으로써 완전한 인간이 되고, 자신을 이해하게 되며, 정체성을 확인하게 된다"[37)]고 주장한다.

테일러는 각 개인이 자신의 정체성을 인정받고 타자를 승인하는 것이 인간의 본질적 내용이며 이는 집단에게도 동시에 적용될 수 있음을 주장한다.[38)] 즉, 공통의 정체성을 가지고 있다고 믿는 일정한 집단의 경우도, 자신의 집단의 정체성이 집단이 형성될 때부터 본래부터 있었다고 주장할 수는 없다는 것이다. 동질성을 가지고 있는

---

33) W. Kymlicka, ibid., pp. 106-161.

34) C. Taylor, ibid., p. 25.

35) C. Taylor, op. cit, pp. 28-32.

36) C. Taylor, op. cit, p. 30.

37) C. Taylor, op. cit, p. 34.

38) C. Taylor, op. cit, p. 34.

집단이 그러한 동질성을 가진 고유한 정체성이 있어서 다른 집단과 구별된다고 하기 위해서는 해당 집단이 다른 집단과 다른 고유성이 있고 그러한 고유성이 해당 집단의 정체성으로 다른 집단과 구별되는 고유한 표지로서 나타나야 한다. 그런데 이러한 집단의 정체성(고유성)은 결국 다른 집단에 의해서 그러하다고 인정받고 승인이 되어야 한다. 집단 상호 간에 각자가 차이가 있음을, 따라서 고유성을 가지고 있으며, 그에 따른 정체성이 있음이 집단 간에 상호 승인을 통해서 나타나게 된다.[39] 이처럼 집단 간의 상호 승인도 개인 간의 상호 승인의 경우처럼 공적 영역에서 각 집단이 평등하게 참가하고 토론하는 가운데 진정한 승인이 이루어지게 되는 것이다. 그런데 만일, 민주적 토론이 불가능한 상황에서 상호 승인이 이루어진다면, 예를 든다면, 한 집단이 다른 집단에 대하여 우월적 지위를 통하여 우월적 집단의 정체성 및 고유성에 대한 인정을 강제하여 나타난 결과는 상호 승인으로 보일지 모르나, 결국은 인정을 받은 집단이나 승인을 한(강요받은) 집단 모두가 진정한 정체성을 확인받지 못하는 결과가 될 것이므로(그룹 간의 사이비 승인, Pseudo Anerkennung zwischen Gruppen) 이를 회피할 수 있는 민주주의적 제도가 세워지는 것이 매우 중요한 요소가 된다.

3. 주요 국가의 다문화주의

미국, 캐나다, 호주와 같은 전통적 이민 국가는 원주민과 이민자,

---

39) C. Taylor, op. cit, p. 38.

이민자의 경우도 초기 이민자와 후속 이민자 등이 섞여 살면서 형성된 다문화국가이다. 이들 국가의 경우는 원주민은 이민자에 의해서 축출되거나 소수자로 전락하여 이민자 문화에 사실상 흡수되어 가는 추세에 있고, 주로 이미 기득권 집단이 되어 있는 초기 이민자와 경제적·정치적 이유로 인하여 이민을 온 후기 이민자 사이에서 다문화주의 문제가 대두되고 있었다.[40]

프랑스, 영국과 같은 과거 제국주의 아래 광대한 식민지를 보유하고 있던 국가들의 경우에는 식민지 출신 이민자가 식민모국으로 이주하면서 이들 가운데 다문화주의 문제가 발생하고 있다. 독일, 일본의 경우는 제2차 세계대전 이후 급속한 경제발전을 겪는 과정에서 자국의 노동력 보충을 위하여 대거 노동이민을 받아들인 경우로서, 경제발전이 안정궤도에 오는 현재 과거 노동력 제공을 위해 유입되었던 외국인들이 정착하는 과정에서 기존 사회와의 갈등을 겪고 있는 가운데 다문화주의가 논쟁이 되고 있다.

독일에서는 '물티쿨티(Multikulti)'와 '주도문화(Leitkultur)' 사이의 논쟁이 있다. '물티쿨티'를 주장하는 입장은 1980년대 등장하였는데 외국인 및 다문화를 배타적 입장으로 바라보는 것이 아니라 이들이 오히려 독일의 문화를 풍부하게 하는 데 기여할 것이며, 따라서 장기체류 외국인들을 독일사회에 통합할 것을 주장하였다. 반면에 '주도문화' 논의는 2000년대 들어와 보수정당을 중심으로 '물티쿨티'에

---

40) 다문화주의의 실현 형태에 대한 주장으로 익숙한 것은 용광로이론(동화주의), 모자이크이론(통합주의), 샐러드접시이론(다문화주의)으로 분류하는 것이다. 미국이 대표적인 용광로이론에 있다고 하고, 프랑스의 경우는 모자이크이론에 의해서 설명이 이루어진다. 현대의 다문화주의 논의에서는 상대적으로 낮은 것이 샐러드접시이론이라고 주장되기도 한다. 이에 대해서는 서윤호, 앞의 논문, 292쪽 이하 참조.

대한 비판으로 제시되었다. '주도문화' 논의는 기민당(CDU)의 기본
입장으로 채택되어 독일에 거주하는 외국인들을 '독일문화'에 적응
시키기 위해 독일어·독일 역사·독일 관습 등을 의무적으로 익히
게 하여야 한다고 하였다. 독일의 정체성을 나타낸다고 하는 문화적
표지들이 이른바 '주도문화'가 되고 이러한 '주도문화'가 유입된 외
국인 및 그들의 '주변문화'들을 포용하지만, 결국은 '주변문화'는 말
그대로 주변에 머무르고 결국은 '주도문화'에 의해서 주도되어야 한
다는 것을 의미한다. 그러나 '주도문화'는 결국 국수주의적이며 민
족주의적인 것으로 시대착오적이라는 비판을 받고 있다.[41]

4. 다문화주의에 대한 회의

1980-90년대 적극 옹호되었던 다문화주의는 2008년 국제금융위
기 등 국제경제의 어려움과 그 이전에 발생한 미국에서의 9·11 테
러를 겪으면서 근본적인 검토가 필요하다는 의견이 강해졌다. 독일
은 적극적인 유입정책과 유입 외국인의 증가, 특히 종교적 배경을
달리하는 많은 유입 외국인과 자국민 간에 노동시장을 놓고 격화된
갈등을 겪고 있다. 프랑스의 경우도 많은 식민지를 경영하던 제국주
의적 배경에 의해서 다양한 외국인과 과거 식민모국에 거주하고 있
는 과거 식민지 출신의 국민들이 갈등하고 있다. 원주민을 축출하거
나 격리하면서 주류 주민이 대체되어 유입인이 주류가 되어버린 호
주, 미국, 캐나다의 경우도 유사한 양상을 보이고 있다. 또한 식민지

---

41) 보다 자세한 내용은 서윤호, 앞의 논문, 296쪽 이하; 독일의 이주민 및 외국인에 대한 통합정
책에 대해서는 Bundesministerium des Innern, Migration und Integration, Berlin 2008 참조.

배자가 상이한 이유로 해당 식민모국의 언어와 문화의 기원이 달라서 상호 간 갈등을 하고 있는 캐나다(영국과 프랑스계) 등지에서도 다문화주의에 대한 회의적 목소리가 커지고 있다. 일본의 경우는 제2차 세계대전과 이전의 제국주의적 팽창에도 불구하고 일본 내부에서 위의 국가들처럼 다문화주의를 국가의 주요 정책으로 선택하여야 하는지를 고민하는 정도에 이르지는 않은 것으로 보인다. 일본의 경우 다문화주의는 국가나 중앙정부에 의한 주도적 형태로 나타나지 않고 주로 지방자치단체 단위에서 '다문화공생'이라는 이름으로 나타나고 있다.[42)

IV. 다문화주의를 헌법에 수용할 수 있는가?

1. 헌법 과제로서 다문화주의

한국사회가 급속히 다문화사회로 변하기 시작한 것은 1990년대 이후이며 2000년을 기점으로 그 변화속도는 더욱 빨라지고 있다. 이제 외국인 및 외국계 한국인은 한국사회에서 중요한 구성요소가 되었다. 그동안 다양한 입법이 마련되었고, 정부의 여러 행정기관이 각각 외국인 및 외국계 한국인들에 대한 지원과 관리를 하고 있다. 그러나 정작 이러한 입법과 정책 실시의 최고 수권규범인 헌법이 새로운 사회현상을 담아낼 수 있는지에 대한 논의는 상대적으로 적다.

---

42) 일본에 대한 연구는 馬渕 仁, 위의 책; 니시카와 나가오, 『국민을 그만두는 방법』 등 참조.

현행 헌법은 지금부터 28년 전인 1987년 개정되어 지금에 이르고 있다. 권위주의적 헌법체제를 혁파한 결과물로써 현행 헌법은 한국 헌정사에 매우 의미가 있는 헌법이다. 그러나 헌법 개정을 한 지 30년이 다 되어가고 있다. 이른바 '87헌법'이 지향한 가치가 한 세대가 지나간 현재에도 동일한 가치와 의미를 유지하고 있는지에 대한 논의가 많아지고 있다. 헌법의 개방성은 새로운 현상, 변화하는 현상에 대한 대응을 가능하게 하지만, 그러한 적응도 일정 정도에 이르면 한계에 도달한다. 결국 헌법의 개정이 불가피하게 된다. 다문화사회, 다문화주의는 1987년 헌법이 예상하지 못하였던 현상과 가치이다. 헌법은 한 사회의 구조에 대한 규범적 정립과 선언을 의미하기 때문에 헌법 정립의 기초인 사회의 구조가 단일문화사회에서 다문화사회로 변화하고 있다면, 새로이 등장하거나, 등장할 사회(Sein)와 이에 대한 헌법적(Sollen) 정립을 모색하여야 한다.

2. 다문화주의의 헌법적 근거로서 헌법 제9조

1) 문화국가원리의 근거조항으로서 헌법 제9조

한국의 헌법 제9조는 "국가는 전통문화의 계승·발전과 민족문화의 창달에 노력하여야 한다"고 규정하고 있다. 이 조항은 헌법의 총강 부분에 위치하고 있다. 헌법에서 총강 부분은 우리 헌법의 구성원리, 기본원리 및 원칙을 정하는 것으로서 다른 조항들의 토대 및 해석을 위한 기초가 된다.[43] 따라서 헌법 제9조는 헌법 전체에 영향을 미친

---

43) 대부분의 헌법 교과서들이 총강 부분으로부터 대부분의 헌법원리를 도출하여 설명하고 있는 것으로도 잘 알 수 있다. 총강으로부터 국민주권원리, 법치국가원리, 국제평화주의, 문화국가

다고 볼 수 있다. 실제로 많은 학설은 우리나라의 헌법원리로서 문화국가원리를 들고, 헌법상 근거로 헌법 제9조를 들고 있다.[44]

헌법의 기본원리로서 문화국가원리는 국가가 문화국가를 실현할 것을 헌법적 책무로 하는 것을 말한다. 따라서 문화국가원리를 실현하는 국가는 당연히 문화국가이어야 한다. 문화국가 그 자체는 문화에 대한 일체의 개입을 하지 않는 그러한 국가가 아니라 문화에 대하여 국가가 개입하는 것을 전제로 하고 있다는 것을 의미한다.[45] 문화국가인 그 국가가 문화국가원리를 구현하기 위하여 문화와 관련한 어떠한 법과 정책 등을 수립하고 추진하는지가 문제가 되는 것이다.[46] 그러한 의미에서 문화국가원리의 근거 조항으로 논의되고 있는 헌법 제9조는 상당한 의미를 지닌다.

문화국가원리로서 문화국가는 국가가 자국 내에서 어떠한 문화적 입장과 방식을 통해서 문화에 개입하여야 하는지를 헌법적으로 원칙을 마련한 것으로 볼 수 있다. 우리 헌법은 전문에서 '문화의 …… 각인의 기회를 균등히' 하기 위하여 국가에 대하여 각종 문화적 기본권을 보장하고 개인의 존엄성과 행복추구권 등이 구체적으로 실현되고 발현될 수 있도록 하는 과제를 국가에 부여하였다.[47] 그리고 다시 문화의 각 부문과 영역 가운데 제9조와 헌법 제69조에서 문화국가의 법제와 정책을 통하여 특히 '민족문화'와 '전통문화'를 각각 '창달'하고 '계승·발전'할 것을 국가에 주문하고 대통령에게도 이

원리 등 기타 원리들을 도출하고 있다.

44) 성낙인, 앞의 책, 287쪽 이하; 한수웅, 351쪽 등.

45) 같은 의견 정종섭, 앞의 책, 242쪽.

46) 헌재 2004.5.27. 2003헌가1 참조.

47) 헌재 2003.12.18. 2002헌가2; 헌재 2004.5.27. 2003헌가1.

를 확인하고 있다. 따라서 문화국가원리를 헌법원리로 받아들이고 이를 실현하는 것을 과제로 하고 실현되고 있는 국가를 문화국가라고 한다면, 우리 헌법은 문화국가를 지향하면서 그 내용으로 '전통문화의 계승·발전'과 '민족문화의 창달'을 특히 강조한 것으로 보아야 한다. 이렇게 본다면, 헌법 제9조와 헌법 제69조의 의미를 애써 희석시키면서 문화국가의 개방성을 논의할 필요는 없어진다. 이렇게 보아도 헌법재판소가 동성동본(同姓同本) 불혼 규정에 대한 위헌판단,[48] 호주제도에 관한 위헌판단[49]에서 보여준 전통문화의 의미에 대한 현재의 입장에서의 의미부여도 헌법 제9조의 문언과 모순이나 유추 없이도 이해될 수 있다.

그럼에도 불구하고 대부분의 학설[50]과 판례[51]는 문화국가원리 및 문화국가와 관련하여 헌법 제9조의 문언이나 헌법 제69조의 문언 그 자체보다는 해석을 통해서 새로운 의미를 부여하고자 한다.[52] 헌법 제9조 및 헌법 제69조의 해당 내용은 국가를 적극 기속하지 않는다고 보기도 한다.[53] 또한 우리나라가 단일민족국가 원리를 표방하면서 현대 헌법원리와 충돌하지 않는 범위 내에서 이른바 수용한 개방적 민족국가원리를 채택하고 있는 결과 외래문화를 수용하는 것이 문화국가원리와 모순을 일으키지 않는다고 한다.[54] 그러나 이 경우 민족국가원리의 헌법적 원리의 수용 가능성 여부는 차치하고 민

---

48) 헌재 1997.7.16. 95헌가6 등.

49) 헌재 2005.2.3. 2001헌가9 등.

50) 성낙인, 앞의 책, 283쪽; 정종섭, 앞의 책, 247쪽.

51) 헌재 1997.7.16. 95헌가6 등; 헌재 2003.1.30. 2001헌바64; 헌재 2005.2.3. 2001헌가9 등.

52) 헌재 2003.1.30. 2001헌바64; 헌재 2005.2.3. 2001헌가 9 등.

53) 정종섭, 앞의 책, 247쪽.

54) 류시조, 앞의 논문, 81쪽.

족국가와 문화국가와의 관계, 개방적 민족국가이기 때문에 외래문화의 수용에 문제가 없다고 하는 견해에 대해서는 어떠한 과정을 통해서 외래문화의 수용이 모순 없이 가능한지에 대한 보다 정밀한 설명이 필요하다. 헌법 제9조의 문언에도 불구하고 이를 문화국가원리의 근거로 인정하고 다시 문화의 개방성, 다문화사회 및 다문화주의를 접목시키려고 하는 과정에서 생겨난 견해로 생각된다.

2) 헌법 제9조는 다문화주의의 헌법상 수권규정이 아니다

문화국가원리와 우리나라의 문화국가의 성격, 내용을 위와 같이 이해한다고 하여도 그러한 이해가 다문화주의를 우리 헌법이 수용할 수 있는지에 관한 답을 주는 것은 아니다. 특히 문화국가의 중요한 방향과 내용을 담고 있는 헌법 제9조가 다문화주의의 헌법적 수권규정이 될 수 있는지에 대해서는 부정적이다. 헌법은 '전통문화'와 '민족문화'라고 하는 일원적이고 폐쇄적인 영역의 계승·발전과 창달을 국가에 주문하고 있어서 다원성과 개방성을 그 본질로 하는 다문화주의와는 처음부터 조응하기 어렵다. 따라서 헌법 제9조를 다문화주의의 근거조항으로 보려는 주장은 찬성하기 어렵다.[55] 헌법 제9조는 헌법문언이 가지고 있는 내용적 한계로 인하여 사회구조의 변화라고 하는 본질적 문제를 해결할 수 없는 매우 심각한 약점을 가지고 있다. 문화국가원리의 성문법적 기초가 되는 헌법 제9조는

---

55) 예를 들면 서원상 박사가 그러한 입장에 있다. 서원상 박사는 헌법 제9조가 '민족문화의 창달'을 통하여 민족주의를 강조하고 있어 오해의 소지도 있다고 보면서 우리 헌법의 민족주의적 경향은 독립한 신생국가의 일반적 경향이라고 주장하고 있다(서원상, 위의 논문, 165쪽). 그러나 현행 헌법 제9조는 제헌헌법에서는 없다가 1980년 제8차 헌법 개정에서 처음으로 규정되었으며, 이 시기는 대한민국이 독립한 지 이미 상당한 시간이 지나 있을 때이다. 오히려 이후 여러 사정으로 인하여 민족주의적 입장이 더욱 강해진 것은 아닌지 생각해볼 필요가 있다.

'전통문화', '민족문화'라는 용어를 사용하고 있어서 다양성과 개방성 등이 중요한 사항인 다문화주의와 상당 부분 조화되기 어렵다. 다문화주의에 대한 헌법적 접근은 다문화주의의 핵심적 내용을 이루고 있는 이주민(법적으로는 외국인)에 그 초점을 맞추어서 전개를 하는 것이 현재의 헌법적 시각에서 보다 현실적이다.

다문화주의의 논쟁의 핵심은 공통의 생활양식을 가지고 있는 원주민 사회에 다른 생활양식을 가진 이주민이 유입되면서 다수를 차지하는 원주민과 이주민과의 관계를 법제도적으로 어떻게 파악하고 정립할 것인가의 문제라고 할 수 있다. 다문화사회가 사회구조 및 현상에서 일반적인 것으로 되어가고 있다는 것을 인정한다면 한국사회에 유입되고 있는 외국인, 특히 정주 의사를 가진 이주자에 대한 인식과 법적 이해의 틀도 변화가 있어야 한다. 종래 단일국가, 단일문화에 기초한 외국인에 대한 법적 접근은 단지 외국인은 한국사회 및 법질서로 동화(同化)되어야만 하는 대상일 뿐이라는 매우 경직된 입장이 남을 뿐이다. 그렇게 본다면 개방된 민족국가원리의 한계와 그러한 국가원리가 외래문화의 수용을 어떠한 입장에서 할 것인지는 명백하게 예상할 수 있다.[56]

3. 헌법 전문

다문화주의의 헌법적 수권 근거를 헌법 전문에서 찾을 수 있는지는 의문이다. 헌법 전문은 다문화주의의 실질적 내용을 이루고 있는

---

56) 류시조, 앞의 논문, 81쪽 이하의 견해 참조.

외국인의 내국인과의 생활관계에 관한 내용은 언급하고 있지 않다. 다만, 헌법 전문 가운데 "밖으로는 세계평화와 인류공영에 이바지함으로써"라는 내용이 다문화주의와의 연관이 있는지 살펴볼 필요가 있다.

헌법 전문의 관련 부분은 헌법의 기본원리라고 말해지는 '국제평화주의'의 근거로 제시되고 있다.[57] 그러나 국제평화주의의 근거로서 헌법전문의 해당 내용은 침략전쟁의 부인(헌법 제5조 제1항), 국제법질서의 존중(헌법 제6조 제1항)과 함께 대한민국이 국제사회에서 전쟁이나 무력에 의한 분쟁을 주도적으로 야기하지 않고 국제평화질서 유지에 국제사회의 일원으로서 기여한다는 일반적인 내용을 밝히고 있을 뿐이다.[58] 헌법 전문의 해당 부분은 외국인과 내국인의 화학적 결합을 통한 대한민국 사회의 통합 또는 공존을 지향하는 다문화주의와 관련한 구체적인 헌법적 근거로 되기에는 어려움이 있다.

4. 헌법 제6조 제2항

헌법 제6조 제2항은 외국인의 지위 보장에 관하여 규정하고 있다. 이에 근거하여 외국인은 국제법과 조약이 정하는 바에 의하여 상호주의에 따라 지위가 보장된다. 헌법 제6조에서 규정하고 있는 외국인은 대한민국 국적을 가지지 아니한 자로서 그러한 자가 자국 또는 외국에서 대한민국과 법적 관계를 맺는 것을 포함하여 대한민국에

---

57) 정종섭, 앞의 책, 251쪽 이하; 성낙인, 앞의 책, 290쪽 이하; 그 밖에 한수웅, 앞의 책, 331쪽 이하에서는 '평화국가원리'라고 표현하고 있다.

58) 정종섭, 앞의 책, 291쪽; 성낙인, 앞의 책, 251쪽; 한수웅, 앞의 책, 333쪽 등.

입국하여 체류 중인 모든 외국인을 의미한다. 해당 조항은 외국인과 대한민국의 법질서와의 관계에 관한 포괄적이고 일반적인 원칙을 정해 놓은 조항이다. 외국인과 대한민국 사이에 발생하는 모든 법적 관계 및 문제는 국제평화주의 원칙에 따라 호혜적으로 처리하는 것을 원칙으로 하지만, 구체적인 부분에서는 국제법과 국내법과의 관계, 해당 외국인의 국적 국가와 대한민국과의 조약 등 각종 법률관계, 해당 외국인에 대한 대한민국의 고권적 관계 등에 따라 정해지게 된다. 궁극적으로는 대한민국의 국가주권에 근거해서 이루어지게 된다.[59)]

헌법 제6조 제2항의 외국인의 지위보장 조항은 다문화주의 논의의 중심이 되고 있는 정주 내지는 장기 체류목적으로 대한민국에 체류 중인 외국인과 대한민국 국적을 후천적으로 취득한 '외국인이었던' 대한민국 국민과 다수로서 원주민으로서 생활하고 있는 이른바 '생래적 국민'[60)]과의 관계에 대한 헌법적 설명으로는 부족하다. 이미 설명한 바와 같이 헌법 제6조 제2항은 외국인과 대한민국 법질서 관계에 대한 기본 원칙을 천명하고 있는 것이지 다문화주의에 대한 대한민국 헌법의 기본적 입장을 규정하고 있는 것이 아니기 때문이다. 우리나라의 다문화주의 논의의 결과 중 하나라고 볼 수 있는 「다문화가족지원법」은 그 적용 대상을 외국인은 물론 해당 외국인과 혼인 또는 가족관계를 가지고 있는 대한민국 국민 및 귀화를 통

---

59) 같은 의견, 정종섭, 앞의 책, 264쪽.

60) '생래적 국민'이라는 표현은 속인주의를 취하고 있는 우리나라의 「국적법」에 따라 부, 모 중 일방이 대한민국 국민이어서 출생에 의해서 당연히 대한민국 국민이 된 자를 의미한다. 이에 반하여 대한민국 국적법의 규정에 따라 귀화절차를 통해 대한민국 국민이 된 자는 '후천적 국민'이라고 할 수 있다.

해 대한민국 국민이 되어서 더 이상 외국인이 아닌 자까지 모두 포함하고 있다(지원법 제2조 제1호, 제2호). 대한민국의 법에 따라 이미 대한민국 국민이 된 '이전의' 외국인은 이미 헌법 제6조 제2항의 적용대상이 아니고 대한민국의 주권자로서 국민의 지위를 가진다. 다문화주의는 국적을 비롯한 다양한 생활배경과 환경(문화)적 배경을 가진 사람들이 국가공동체 내에서 어떠한 방식과 태도를 가지고 상호관계를 맺게 할 것인가의 문제로서 본질적으로 외국과의 관계 문제라기보다는 국내의 법질서 관계설정의 문제이다. 따라서 문언 그대로 외국인의 국제법상의 지위를 보장하는 것을 내용으로 하고 있는 헌법 제6조 제2항은 다문화주의의 헌법적 수권규정으로 보기에는 어려운 점이 있다.[61]

5. 기본권 조항

1) 외국인의 기본권 주체성 인정

외국인도 대한민국 헌법에서 보장하고 있는 기본권의 주체가 되는지에 대해서 외국인의 기본권 주체성을 전면적으로 부인하고 있는 학설은 찾아보기 어렵다. 대부분의 학설은 기본권의 성질에 따라 외국인에게도 기본권 주체성을 인정하고 있다.[62] 판례의 경우도 일

---

61) 성낙인 교수는 헌법 제6조 제2항의 외국인의 법적 지위 보장의 구체적인 입법으로서 「재한외국인 처우 기본법」을 들고 있다(성낙인, 앞의 책, 309쪽). 재한외국인 처우 기본법은 대한민국에 정주할 목적을 가진 외국인에 대한 대한민국의 태도에 대한 것을 내용으로 하고 있는 것으로 헌법 제6조 제2항의 외국인의 법적 지위 보장 중 국내에 장기체류 중인 외국인의 법적 지위를 입법적으로 구체화한 것으로 볼 수는 있다. 그러한 의미에서도 이 법은 비록 법문에서 '다문화'라는 용어를 직접 사용하고 있기는 하지만(법 제18조) 다문화주의의 기본적 입법으로 볼 수 있는지는 의문이다.

62) 한수웅, 앞의 책, 384쪽 이하; 정종섭, 앞의 책, 324쪽; 성낙인, 앞의 책, 341쪽 등.

부 소수의견63)을 제외하고는 외국인의 기본권 주체성을 개별적으로 분류해서 인정 여부를 판단하고 있다.64) 특히 인간의 권리로 볼 수 있는 기본권에 대한 외국인의 기본권 주체성에 대해서는 학설 및 판례 모두 당연히 인정하고 있다.65) 특히 헌법재판소는 최근 결정에서 외국인의 기본권 주체성이 당연히 인정되는 '인간의 권리'에 해당하는 기본권은 해당 외국인의 대한민국 내의 체류자격과 관계없이 인정되는 것으로 불법체류자라 하더라도 인정되는 것으로 보고 있다.66) 우리 헌법상 외국인에게도 기본권 주체성을 인정하고 있는 기본권은 인간의 존엄과 가치 및 행복추구권, 외국인에게 인정되는 기본권 영역에서 차별이 발생한 경우의 평등권, 원칙적으로 자유권에 해당하는 기본권, 경제적 영역에서도 직장 선택의 자유, 자유권적 기본권 보장과 밀접한 관련을 가지는 사회권 등을 들 수 있다. 그러나 정치적 기본권, 대부분의 사회권과 청구권 등은 국민에게만 인정을 하고 외국인에게는 인정하지 않고 있다. 다만, 청구권의 경우는 상호주의에 입각하여 일부 청구권에 대해서는 인정하고 있다.

63) 헌재 2011.9.29. 2007헌마1083 김종대 재판관의 반대의견(각하의견); 김종대 재판관은 "기본권의 주체를 '모든 국민'으로 명시한 우리 헌법의 문언, 기본권 주체에서 외국인을 제외하면서 외국인에 대해서는 국제법과 국제조약으로 법적 지위를 보장하기로 결단한 우리 헌법의 제정사적 배경, 국가와 헌법 그리고 기본권과의 근본적인 관계, 헌법상 기본권의 주체는 헌법상 기본적 의무의 주체와 동일해야 한다는 점, 외국인의 지위에 관한 헌법상 상호주의 원칙, 청구인이 주장하는 기본권의 내용이 인간으로서의 권리인지 국민으로서의 권리인지 검토하여 기본권 주체성 인정 여부를 결정하는 것은 구별기준이 불명확하고 판단 순서가 역행되어 헌법재판 실무처리 관점에서도 부당한 점, 외국인에 대해서는 국제법이나 조약 등에 의하여 충분히 그 지위를 보장할 수 있는 점에 비추어보면 모든 기본권에 대하여 외국인의 기본권 주체성을 부정함이 타당하다"고 한다. 그 밖에도 헌재 2011.9.29. 2009헌마230 사건에서도 동일한 의견을 냈다.
64) 헌재 2001.11.29. 99헌마494; 헌재 2007.8.30. 2004헌마670 등.
65) 한수웅, 앞의 책, 384쪽 이하; 정종섭, 앞의 책, 324쪽; 성낙인, 앞의 책, 341쪽; 헌재 2001.11.29. 99헌마494; 헌재 2007.8.30. 2004헌마670; 헌재 2011.9.29. 2007헌마1083; 헌재 2012.8.23. 2008헌마430.
66) 헌재 2012.8.23. 2008헌마430.

외국인의 기본권 주체성을 인정하고 있는 기본권 조항들을 다문화주의의 헌법적 근거로 보는 견해들이 있다.[67] 이 견해들은 대체적으로 한국사회가 다문화사회 내지는 그러한 경향을 보이고 있다는 것을 현실적이고 사실적인 것으로 보고 새로운 현상을 헌법에서, 특히 기본권과 관련하여 어떻게 접근하여야 하는지를 문제의 출발점으로 삼고 있다. 이 견해들 가운데에는 문화국가원리를 논의의 출발점으로 하면서 외래문화로서의 소수자로서 외국인의 문화와 다수로서의 국민의 문화 간의 문화적 평등의 성취를 바탕으로 한 통합과 공존을 모색하여야 할 것을 주장하는 것이 있다.[68] 자연권에 기반을 둔, 즉 인간의 권리라고 할 수 있는 자유권에 대해서는 특별한 사유가 없는 한 외국인에게도 전면적으로 인정되어야 하며 그러한 기본권에는 양심의 자유 등 일신전속적인 자유권 이외에 통신의 자유, 언론·출판, 집회·결사의 자유 등도 내국인과 다르게 취급하지 않아야 한다고 한다. 이를 구체화하기 위해서 외국인들의 국내 거주와 권리의 주장을 위한 각종 정치적 기본권의 확대, 복수국적의 인정 및 경제활동의 자유 확대 등이 필요하다고 한다.[69]

외국인에 대한 사회적 기본권 인정 여부 및 그 범위에 관한 논의로부터 다문화사회와 헌법적 관계를 파악하는 견해도 있다.[70] 사회적 기본권이 추상적 권리로서 입법자에 의해서 구체화되고, 국가에 의해서 비로소 실현되면서 동시에 향유자인 국민에 의한 부담에 기

---

67) 류시조, 「다문화사회와 자유권적 기본권」, 72쪽 이하; 전광석, 「다문화사회와 사회적 기본권」, 106쪽.

68) 류시조, 앞의 논문, 99쪽.

69) 류시조, 앞의 논문, 87쪽 이하 참조.

70) 전광석, 앞의 논문 참조.

초하기 때문에 결국은 국민의 기본권일 수밖에 없다는 주장은 새로이 등장한 시대적 도전으로서 다문화사회의 사회적 기본권 문제를 해결하는 데 한계를 가지게 될 것이라는 문제의식에 이르게 된다. 이러한 문제의식은 기존의 단일문화 사회에 새로이 유입되어 지속적인 관계를 맺으면서 끊임없이 현실로써 새로운 사회를 만들어가는 성원(Membership)으로서 외국인들이 단지 외국인이라는 이유로 사회적 기본권으로부터 배제되는 것이 현대 헌법이념에 부합하는지 의문을 제기하기에 이르며, 특히 사회적 통합과 관련한 특유한 과제를 가지는 사회적 기본권을 다문화사회와 연계하여 논의하는 이론적 틀을 모색하여야 한다고 한다.71) 이를 위해서 우선은 유입 외국인의 문제가 법적 기준에 따른 평가의 대상이며, 그 결과 가치판단의 대상이 된다고 하는 점을 인정하고 있다. 아울러 국가는 다양한 방법론에 기초한 적극적인 행위를 통하여 가치를 향유하기 위해 필요한 제도적인 혹은 개별적인 환경을 조성·배려하여야 하며, 또 구체적으로 가치실현의 결과를 보장하여야 하기 때문에 새로이 등장한 헌법에 대한 시대적 도전으로서의 다문화사회와 외국인, 특히 정주목적 또는 최소한 상당 기간 생활할 목적으로 다른 사회에 체류 중인 외국인에 대해서 어떠한 형태이든지 대응을 하여야만 한다. 그리고 그 방향은 결국 해당 국가가 외국인 자체 및 외국인이 해당 국가에서 생활하고 있다는 사실에 대한 가치판단으로 나타날 수밖에 없고 그러한 가치판단의 기준은 법적 기준이게 된다. 그런데 이때의 법적 기준은 해당 국가의 현재 통용되는 일반적인 법적 기준, 특히

---

71) 전광석, 앞의 논문, 116쪽 이하.

최고법인 헌법적 기준이 될 것이다. 이 견해는 외국인의 한국사회로의 일방적인 동화가 아닌 개별적인 문화의 다양성에 대한 인정과 향유에 대한 보장과 우리 문화에 대한 자유로운 접근을 보장하여 다문화사회에서의 문화적 동화 및 통합을 이끌어내야 하는 측면과 이러한 내용은 동시에 사회적 기본권의 출발점인 인간다운 생활이 기반이 되어야 할 것을 주장하고 있다.[72] 즉, 다문화사회의 성원으로서의 외국인이 인간다운 생활을 할 수 있기 위한 기반으로서 사회적 기본권의 인정 여부에 대한 헌법적 검토가 근본적으로 필요하다는 것을 강조하는 것으로 이해할 수 있다. 이 견해는 한 국가의 다문화주의 정책의 한 내용을 나타내고 있는 것으로서 대체적으로 통합주의적 입장(모자이크이론)에 서 있는 것으로 생각된다.

V. 다문화주의의 헌법 수용 가능성 모색

1. 한국의 다문화사회 원인과 현상에 대한 정확한 이해

다문화주의라는 용어는 매우 다의적이다. 그러나 다문화주의가 단순히 문화적 다양성을 존중하고 관용하여 여러 문화가 동일한 공간에서 자유롭게 향유되는 것을 지향하는 것은 아니라는 것은 명확하다. 오히려 주목하여야 할 것은 '다양한 문화적 배경'을 가지고 우리 사회에 삶을 영위하고 있는 많은 외국인들이 실제에서는 '다문화'라

---

72) 전광석, 앞의 논문, 133쪽.

는 포장으로 가려진 채 소수자로서 차별을 받고 있다는 사실이다. 우리 사회에 생활하고 있는 외국인 및 외국인이었던 국민, 이른바 '다문화가족'으로 범주화하여 분리하거나 분리된 채 국민과 함께 살아가고 있는 사람들에 대한 정확한 인식이 필요하다. 우리 사회에서 이들의 삶은 법과 제도에 의해서 범주화되고 정형화되어서 획일적인 방식으로 존재하는 것이 아니라 사회적 맥락 안에서 다양한 모습을 갖추고 있음을 직시하고 이를 존중하고 승인하는 것이 중요하다.[73]

그러함에도 불구하고 우리는 지금까지 단일문화, 단일민족 신화에 안주하고 있었고, 여전히 이러한 입장에서 외국인과 외국계 국민을 바라보고 있다. 한국사회는 현실에서는 다문화사회화하고 있지만, 관념적이나 감성적으로는 여전히 단일문화, 단일민족사회라고 할 수 있다. 그러하기 때문에 한국에서 논의되는 다문화주의는 다문화주의 본래의 내용과는 달리 단순한 동화주의에 가까우며, 동화주의를 은폐하고 있는 것으로 보이기까지 한다. 「재한외국인 처우 기본법」, 「다문화가족지원법」, 「외국인 근로자 고용 등에 관한 법률」 등도 그러한 점에서 동화주의에 근거하고 있는 것으로 생각된다. 동화주의적 다문화주의는 다른 한편에서는 배타주의를 의미한다. 동화되지 못한 사람은 해당 사회 또는 집단의 성원이 되지 못하므로 결국은 분리될 수밖에 없다. 동화를 미국사회처럼 각자에게 맡기는 경우도 있지만 국가에 의해서도 이루어지지도 한다.

결국 우리나라의 다문화사회에 대한 이해와 입장은 단일문화, 단일민족의 입장을 그대로 견지한 채 우리 사회에 유입해오는 외국인

---

73) 같은 의견, 서윤호, 앞의 논문, 285쪽.

들이 가능한 한 빠르게(자발적이면 더욱 바람직하지만) 동화하여 기존의 '전통적인 단일문화, 단일민족적인' 한국사회가 안정적으로 지속되어야 한다는 전제를 하고 있다. 그러한 의미에서는 우리 사회를 다문화사회라고 보는 것을 원하지 않고 계속해서 단일한 문화사회로 되기를 원하고 있는 것으로 보인다. 그러나 전체 인구의 약 3%를 차지하는 외국인과 외국계 국민의 증가, 생래적 국민과의 혼인의 급증과 자녀들의 증가, 전통적 사회의 급변 및 가치관의 변화 등으로 한국사회는 이미 다문화사회가 되었거나 곧 그렇게 된다는 인식의 전환이 있어야 한다. 이러한 인식을 기초로 다문화사회의 유지를 위해 어떠한 입장의 다문화주의를 택할 것인지에 대하여 합의를 하여야 한다. 그러한 합의가 이루어지면 이를 실현하기 위한 헌법적 논의와 그에 기초한 법제와 정책 등 규범적 대응의 방향이 정해질 수 있는 것이다.

2. 다문화주의 인식론과 규범화 가능성 모색

한국사회는 오랜 동안 단일민족, 단일국가, 단일언어, 단일생활양식 등을 정체성의 표지로 하는 단일문화사회로 오랫동안 지속되어 왔다.[74] 그런데 최근 불과 20여 년에 걸친 사회구조의 변화에 의해서 단일문화사회의 정체성에 대한 의문이 제기되었다. 단일하고 순수한 정체성에 젖어 있던 사회가 다문화, 다양성 앞에서 혼란을 겪고 있다. 그러나 이러한 현상은 사회의 본질적인 모습이다. 자신이

---

74) 단일민족, 단일 국민국가의 순수성, 정체성 등에 대한 논의는 태평양전쟁에서 패한 전후 일본에서도 활발히 일어났던 논의이기도 하다.

속한 사회가 다른 사회와 구별되는 일정한 정체성을 가지고 있다고 하는 이 정체성도 다양한 출신의 구성원과 그들의 문화들이 지속적인 긴장과 갈등, 통합을 통해서 형성된 것이다. 즉, 이러한 집단적 정체성을 구성하는 것은 동시에 정체성 형성에 기여한 개인들의 개별적 정체성이다. 그런데 나를 나로서 있게 하는 것, 어떤 집단을 다른 집단과 구별되게 하는 것은 결국은 타자 그리고 다른 집단이 있기 때문에 가능하다. 타자, 다른 집단을 나 또는 내가 속한 집단과 동일하게 만드는 것(동화)은 나의 존재를 확인할 수 있는 다른 나를 소멸시키는 것일 수 있다. 자기 자신에 대한 이해와 자존은 필연적으로 타자에 대한 이해와 인정을 전제로 한다.[75]

다문화주의는 결국 타자 및 다른 집단을 인정하고 승인하는 것을 의미하고 이는 궁극적으로는 나와 내가 속한 집단의 존재의미를 밝혀주는 것이다. 이러한 이해는 단순히 타자를 이해하는 데 그치는 것이 아니라 나와 우리를 포함한 모든 인간에 대한 이해이어야만 한다. 그렇게 본다면 구별과 배제를 담고 있는 우리의 헌법과 법체계들에 대한 이해도 달라질 수 있을 것이다. 소수인 타자에 대하여 다수에 속한 내가 우월적 지위에서 타자를 단순히 관용하는 것[76]이 아니라 상호 간에 본질적인 차이를 인정하고 이를 승인하는 가운데 통합 또는 공존이 가능해질 수 있다. 국가는 타자와 나, 타 집단과 우리 집단 간에 상호 승인을 통한 공존이 생겨날 수 있는 규범적·제도적 장치의 마련을 하여야 한다.[77] 단일민족과 순수혈통을 강조해

---

75) 같은 의견, 서윤호, 앞의 논문, 314쪽.

76) 킴리카의 입장에서 본다면 다문화주의가 대두되는 것은 소수자의 입장이 논의의 대상으로 떠오르고 사회적인 관심사로 등장했을 때 기득권의 입장에서 용인하는 과정을 거치면서라고 한다.

77) 테일러는 이를 위한 기초로서 민주주의 제도가 매우 중요하다고 강조한다.

온 우리나라의 전통적 관념이 새로운 패러다임으로서 다문화사회를 담지 못한다는 점, 새로운 사회에서 공존하고 발전하기 위한 이념적 기초로서 다문화주의에 대한 노력이 필연적으로 있어야만 한다는 점을 인식하여야 한다. 그러한 점에서 지나친 민족주의 입장은 경계되어야 할 부분이기도 하다.[78]

3. 헌법 정책적 입장의 정립

한국사회가 다문화사회로 바뀌어가는 것이 확실해서 이에 대한 헌법적 대응이 불가피하다고 한다면 보다 구체적인 헌법 정책이 모색되어야 한다. 적어도 우리 헌법은 제헌 이래 지금까지 단일문화와 단일혈통이라는 일원적인 사고에 기초하고 있다. 그러나 새로이 전개되는 다문화사회를 이해하는 틀로써 다문화주의에 대한 헌법적 논의는 매우 빈약한 실정이다.

헌법이 사회통합을 객관적 과제로 하면서 이러한 사회통합의 성패가 결국 국가의 정당성을 좌우한다는 주장[79]에 공감을 한다. 따라서 만약 우리 사회가 이미 다문화사회화 되었음에도 불구하고 헌법이 그대로 있다는 것은 헌법이 자신의 과제를 포기하는 것이다.[80] 기존의 외국인의 기본권 주체성 인정론이 한계가 있음에도 불구하

---

78) 카야노 도시히토, 『국가란 무엇인가?』, 198쪽은 시사점을 준다. 카야노는 "민족주의는 인종주의를 통해서 주민의 집합체에 민족적 동일성을 확립한다. 국민이라는 단어에서 나오는 '자연스러움'을 민족주의는 인종주의로부터 수용한다. 이 자연스러움은 혈통이라는 관념에 근거한 '배제의 제도화'를 필수적인 계기로 삼는다. 그런 의미에서 인종주의는 '정상적인' 민족주의의 비합리적인 일탈이 아니다. 양자의 관계는 지극히 내재적"이라고 주장하고 있다.

79) 전광석, 앞의 논문, 116쪽.

80) 같은 의견, 전광석, 앞의 논문, 116쪽.

고 이를 기초로 하여 새로운 현상과 대응으로서의 다문화주의적 인식에 기초한 외국인의 지위문제를 해결하려는 시도,[81] 다문화주의를 문화국가원리 속에 포섭시켜서 이해하려는 논의들은 기존의 헌법이론과 해석을 기본 틀을 그대로 둔 채 헌법의 개방성이라는 특성을 앞세워 포괄적으로 이해하고 해결하려는 것으로 한계가 있다.

다양한 스펙트럼의 다문화주의와 각국의 경험들을 보면 모든 국가와 사회에 일반적 효과를 가지는 다문화주의는 있을 수 없다. 다만, 그러한 논의 가운데 어떠한 주장과 경험들이 우리 사회에 더 적합할 수 있는지를 면밀히 검토하고 이를 규범화하는 것이 최선이라고 본다. 어떠한 내용의 다문화주의를 적용할 것인가의 문제는 외국인과 외국계 국민을 어떠한 관점에서 바라보고 이를 어떻게 법적·정책적 틀 속에서 수용하여 궁극적으로 서로 공존을 할 수 있는가에 관한 것이다. 결국은 다문화주의의 규범화 가능성과 그 방향 및 구체적 내용 확정에 관한 문제인 것이다. 다문화주의의 규범화는 '인간'인 '외국인', 주권자인 '국민', 인권 및 기본권의 주체로서 '외국인'과 '국민' 등 일차적으로 헌법적 규범화가 가장 먼저 있어야 하며, 이에 수권하여 '사이비' 다문화사회[82]가 아닌 '현상 그대로'의 다문화사회 현상에 대응하기 위한 구체적 입법에 의한 규범화가 수반되어야 한다.

외국인 및 외국 배경을 가진 국민과 생래적 국민이 같은 공간에서 상호관계를 형성하고 생활관계를 맺어가는 사회가 다문화사회이다.

---

81) 전광석, 앞의 논문, 121쪽에서는 '다문화사회라는 시대적 과제 속에서 변형되어 논의되어야 한다'고 한다.

82) 다문화사회가 사실문제임에도 불구하고 이를 의식적으로 부정하면서 단일문화사회를 표방하는 것을 의미한다. 구체적인 설명은 위의 V. 1.에서 언급하였다.

상호관계가 때로는 갈등으로, 때로는 평화적으로 맺어질 수 있다. 다문화사회에 일찍 진입한 여러 국가의 경험과 다문화주의적 입장이 우리에게 많은 점을 시사해줄 수 있다. 국가는 관여하지 않고 유입인 스스로가 생존을 위해서 그 사회에 동화되어야만 하는 미국의 경우도 있으며, 유입외국인에 대한 적극적인 법적·정책적 프로그램 등을 통해서 원주사회에 외국인이 통합될 수 있도록 하는 독일의 경우, 다민족, 다언어, 다인종 간의 통합의 문제가 사회긴장과 갈등의 원인이 되고 이를 해결하기 위한 다문화주의적 정책을 모색하는 미국, 호주, 캐나다 등의 예에서 우리의 사례를 찾아 비교하는 것은 의미가 있다고 본다. 동시에 보편적 인권과 차별을 부정하고 있는 국제규약과 협약들이 다문화사회에서의 다문화 헌법 형성에 도움을 줄 것으로 생각된다.83)

---

83) 예를 들면, 국제인권규약, 유럽인권협약 등이다. 국제인권규약 제2조는 '이 규약의 당사국은 이 규약에서 선언된 권리들이 인종·피부색·성·언어·종교·정치적 의견 또는 기타의 의견, 민족적 또는 사회적 출신, 재산, 출생 또는 기타의 신분 등에 의한 어떠한 종류의 차별도 없이 행사되도록 보장할 것을 약속한다'고 규정하고 있으며 시민적·정치적 권리에 관한 국제규약 제2조 제2항에서는 '이 규약의 당사국은 이 규약에서 인정되는 권리들이 현행의 입법조치 또는 기타 조치에 의하여 아직 규정되어 있지 아니한 경우, 그것들을 실현하기 위하여 필요한 입법조치 또는 기타 조치를 위하여 자국의 헌법상의 절차 및 이 규약의 규정에 따라 필요한 조치를 취할 것을 약속함'을 규정하고 있다. 또한 '유럽인권협약'(1950) 제14조는 '성, 인종, 피부색, 언어, 종교, 정치적 또는 기타의 의견, 민족적 또는 사회적 출신, 소수민족에의 소속, 재산, 출생 또는 기타의 신분 등에 의한 어떠한 차별도 없이 이 협약에 규정된 권리와 자유의 향유가 확보되어야 한다'는 점을 규정하고 있다.

제2장 이주와 다문화주의에 대한 헌법적 시각

Ⅰ. 서설

현재는 세계인류들이 한곳에 정주하여 사는 것이 아니라 결혼, 직장, 사업 등 여러 가지 이유로 필요에 따라 세계 각국으로 이동하며 살아가고 있다. 이러한 이동에는 일시적인 이동과 정주의 이동 등 여러 유형으로 분류할 수 있을 것이다. 이러한 이동들이 지속되면서 시간과 장소에 따른 여러 가지 변화가 그 사회를 변동시키는 경제적·사회적·정치적·문화적 변화를 초래한다. 이러한 상황을 포함하여 흔히 '다문화'라는 용어로 사용되고 있다. 이러한 의미의 다문화란 장기간의 이주와 동시에 발생하게 될 것이다.

그러므로 '이주와 다문화'란 별개의 용어가 아니라 동전의 양면처럼 하나가 되어 여러 가지 현상들이 발생하며 이에 따른 제도와 법의 정비가 필요하게 된다. 그러나 한국에서는 현제에도 '다문화'라는 용어가 국제결혼을 한 가족만을 의미하거나 또는 이들과 외국인 근로자 등을 포함한 다의적 의미로 사용되기도 한다.

아래의 예도 그중의 하나가 될 것이다.

> "우리도 그냥 한국인이에요. 그런데 왜 군이 '다문화 가정'이라는 말로 구분하는지 이해가 안 돼요. 사춘기 아이들이 마음에 상처를 입어요."[1]

이는 우크라이나 출신으로 한국 농촌에 시집온 김해의 한 주부가 전한 말이다. '다문화 가정' '다문화 아동'이라는 단어가 오히려 그들을 구분하고 차별하는 것으로, 그보다는 외국인 출신 신부, 또는 남편이라고 하였으면 좋겠다는 내용이다.

'우리'라는 단어 속에는 '나와 그리고 나와 동질적인 부류의 사람들'이라는 내용이 포함되어 있다. 즉, 화법(話法)에 있어서 '나'라는 존재가 중심적인 위치에 있는 것이다. 그러다 보니 '나'를 중심으로 본 타자(他者)를 포함하는 '다문화'라는 단어가 성립되는 것이다. 언어 선택에 있어서 화자(話者) 중심적인 사상이 언어적 차별 내지 사회적 차별을 포함하고 있는 것이다.

이는 나와 타자가 동등하게 대등한 지위에 존재하고 있지 않다는 간접화법이기도 하다.

어느새 한국에서도 '단일민족'이라는 단어는 과거 속으로 사라진 역사적 단어가 되어가고, 그로 인하여 다민족국가라기보다는 '다인

---

1) 2010.2.10. 부산일보, Opinion난에 실려 있는 글이다.

종 국가'라는 단어가 등장하게 되었으며, 이에 따라 '다문화'라는 단어가 1990년대 이후부터 자연스럽게 만들어진 단어이기도 하다.

그러나 이러한 표현이 그들에게는 '구별 내지 차별'[2]로 인식되는 것이다. 언어로서의 차별 내지 구별은 또 다른 사회적 구별 내지 차별로서, 이는 인간이 언제 어디서나 누구나 행복하게 살 수 있는 권리－인간과 시민으로서의 행복을 추구할(헌법 제10조)-를 원천적으로 구별로 인한 차별로 연결될 수 있다는 것에 그 헌법적 의미가 있다 할 것이다.

그러므로 이러한 언어적 사용에 관한 연구는 언어학자와 사회학자가 모여서 공동으로 진지하게 토론해보아야 할 과제로 남겨두고, 여기에서는 기존에 사용하고 있는 용어를 그대로 사용한다는 양해를 구해두고자 한다.

그리하여 이하에서는 한국에 있어서의 다문화주의의 헌법적 개념(Ⅱ)과, 이와 관련된 여러 가지 헌법적 사안 중에서도 다문화의 사회통합적 유형과 인권을 중심으로, 그 주된 내용으로는 1. 국적취득, 2. 다문화주의와 교육, 3. 외국인 노동자의 인권(Ⅲ)을 집중 조명하여, 한국에서 이주와 다문화라는 정책이 채택되고 현재까지의 이러한 내용의 진행과정에 있어서 초국가적인 인간과 한국 내의 시민으로서의 인권에 관한 문제점과 발전적 방향을 헌법적 시각에서 살펴보고자 한다.

---

2) 오현선, 「다문화사회에서 '차이'를 '차별'화하는 폭력성의 극복을 위한 기독교 평화교육의 한 방향」 참조.

Ⅱ. 이주와 다문화주의에 대한 헌법적 개념

1. 이주와 다문화주의의 개념

오늘날 한국은 과거의 단일민족이 아니라, 산업과 교통의 발달로 인하여 국제결혼, 고용허가제 등을 통하여 세계 각국으로부터 여러 형태의 사람들이 이주하여 유입되고 있다. 단기간 동안의 단순한 이동이 아니라 이동하여 한곳에서 일정 시간 이상 생활을 영위하여 가는 것이다. 이주라는 개념을 어느 정도의 기간을 의미할 것인지는 개개의 사안에 따라 그 범위도 달라질 것이다.

이러한 이유들로 인하여 현재 한국은 단일민족에서 다민족국가로 변모하고 있는 중이라 할 수 있을 것이다. 그러나 아직까지는 집단적 다민족의 형태로 전환된 상태라고는 할 수 없을 것이다. 이러한 현상으로 인하여 다양한 민족 구성원으로 이에 부합되는 정치적 문제, 인권, 복지 등을 아우를 수 있는 사회적 통합이란 의미를 내포한 '다문화' 내지 '다문화주의'라는 용어가 생성된 것이라 할 수 있을 것이다.

이렇게 생성된 '다문화주의'라는 용어가 미국에서 초기에는 '정치적으로는 배제와 동화에 대한 도덕적·사회적·정치적 저항, 사회적으로는 세계화가 초래한 새로운 갈등의 해결을 위한 대안으로, 인식론적으로는 근대의 획일성에 대한 비판이란 측면에서 그 규범적 당위성을 인정받았다. 그러나 현재는 '집단 이기주의와 학문적 퇴행'이라고 비판받고 있는 실정이다. 게다가 기존에는 자유주의적 보편주의나 민족주의적 보수주의 진영이 다문화주의에 대하여 적대적이었으나, 현재는 공동체를 복원하고, 소외된 계층을 구조하고, 획일적인 민족국가에 대하여 저항을 하며 다문화주의에 우호적이었던 진영에서도 이를 비판하고 있다.[3]

이러한 비판의 구체적인 예로서는, 시민적 공화주의 또는 공동체주의자들은 다문화주의를 개인주의 극복과 공동체 문화의 복원이라고 하였으나, 현재는 이러한 정책을 시민적 덕성의 추락이라고 하거나, 소외된 계층을 대변한다고 다문화주의를 지지했던 사회민주주의들은 부의 재분배라는 보다 본질적인 정치·사회적 문제를 도외시한 채 문화라는 추상적이고 심리적인 인정에만 주력한다고 비판하고, 상호주관적 관계 속에서 정체성이 형성된다고 보는 인류학자들은 다문화주의를 민족국가 건설과정에서 등장한 민족주의보다 더 결정적이라고 비판하기도 한다.

더 나아가 다문화주의에 대한 다양한 입장들이 있다. 즉, 합리적 선택이론가들은 다문화주의를 자기 입지를 구축하기 위한 종족적·민족적 소수집단들의 전략적 선택이라고 주장하고, 자유주의적 교육학자들은 새로운 영역을 개척하여 자신들의 위치를 확보하려는 학문적 동기가 포스트모더니즘의 사회적 운동으로의 위장이라고 하기도 하고, 자유주의적 평등주의자는 집단주의로 인하여 파괴될 개인성에 더 주목하여야 한다고 주장하기도 한다.[4]

---

3) 곽준혁, 「미국에서의 다문화주의」; 「다문화 공존과 사회적 통합」, 25쪽에서 재인용. 이 외에도 각국의 다문화제도에 관한 구체적인 것은, 강주현, 「해외 다문화사회 통합 사례 연구 - 덴마크 사례를 중심으로」; 장정애, 「세계화 시대의 국제 협력과 다문화의 시민 윤리 - 프랑스의 문화 갈등 사례를 중심으로」; 조상균, 「일본의 다문화 정책과 재일동포의 인권」; 김선영, 「한국과 독일의 다문화 비교 - 다문화정책 환경과 정책 특징을 중심으로」; 오성배, 「한국사회의 소수민족 '코시안(Kosian) 아동의 사례를 통한 다문화 교육의 방향모색」; 윤인진, 「국가주도 다문화주의와 시민주도 다문화주의」 참조.
4) 곽준혁, 「다문화 공존과 사회적 통합」, 25쪽 이하 참조. 또한 그는 이 논문을 1. 다문화주의에

이러한 주장들 가운데에서 합리적 선택이론가들의 견해가 상당히 현실적 선택이라는 데 동감하지 않을 수 없다. 즉, 캐나다에서 비롯된 다문화주의의 정치적·역사적 측면에서 보아도, 미국에서의 다인종·다민족 블랙홀이라는 현장5)에서도 그러하고, 호주의 백호주의6)에서도, 한국 실정에서도 현재 유지하고 있는 자신들의 정치적·사회적·경제적·문화적 입지를 지탱하기 위한 사회와 국가 구성원의 변화에 따른 하나의 전략적 선택이라고 할 수 있을 것이다. 그러나 이러한 선택이 반드시 합리적 선택이론가들이 주장하듯이 그 지역에 속하는 소수집단들만이 선택한 정책은 아닐 것이다. 이러한 전략적 선택 배경은 국가마다 다르다고 할 수 있을 것이다. 물론 이러한 다문화주의에는 한 공동체 내에서 다양한 문화의 대등한 공존이라는 국제적이고, 헌법적인 규범이 현실적으로 내재되어 있다. 그러나 한 국가라는 지리적 위치는 그 나라만의 고유한 역사에 근거한 문화와 정치가 형성되어 왔으므로 이를 근거로 노동인구 이동의 탈영토화 내지 탈국가화에 따른 시대추이를 수용한다는 의미의 '다문화 개방주의'라는 용어가 적합하지 않을까 한다.

한편, 이러한 다문화주의에 대한 장점을, 앤서니 기든스는 『제3의 길』에서, '많은 국가들이 당면한 주요 쟁점들 중의 하나는 이민이다. 미국은 그 시초부터 이민 사회였다. …… 보통 이민자들은 반감 혹

대한 도전을 사회적 연대, 개인성의 파괴, 그리고 분배의 문제에서, 2. 민족국가의 타당성 옹호와 지구적 연대를 강조한 입장을 다문화 공존과 사회적 통합의 상관관계적 측면에서, 3. 자유주의적 공화주의의 사회적 연대가 아니라, 법과 제도가 정비된 사회적 통합을 통한 비지배적 상호성으로 인하여 배려와 관용이라는 추상적 규범을 넘어 소수집단의 문화적 권리가 보장되면서 정치제도의 통합을 확보할 조정원칙으로 구체화시키려 한다.

5) 태혜숙, 「미국문화 읽기와 '비판적인 다인종 다문화 페미니즘」 참조.
6) 문경희, 「호주 다문화주의의 정치적 동학; 민족 정체성 형성과 인종·문화 갈등」 참조.

은 증오를 유발하는 바로 그 문화적 차이들이 그 사회 전체를 활성
화하는 경향이 있다'[7]라고 본다.

이와 같이 이주와 다문화 내지 다문화주의라는 용어에는 다의적
인 해석과 비판이 동시에 존재하고 있음을 인식하면서 한국에서의
이주와 다문화라는 현상을 헌법적으로 분석하고자 한다.

2. 한국에서의 이주와 다문화주의의 헌법적 개념

현재 한국에서는 국제결혼의 비율이 10%를 넘어 일반화되었다.
그중에 2010년을 기준으로 보면, 결혼이민자가 20만여 명,[8] 한편 국
내 거주 외국인은 지난해 110만 명을 넘어섰고 40년 뒤에는 20명
중 1명은 외국인일 것이라는 보고서도 나왔다.[9]

2014년 7월 현재, 다문화가족은 '14년 기준 79만 명 내외이며, 그
분류를 보면, 결혼이민자 및 인지·귀화자가 29.5만 명, 배우자가
29.5만 명, 자녀가 20만 명 정도이며, 매년 지속적으로 증가하여 '20
년 100만 명이 예상된다.[10]

아래 표에서 2014년 7월 현재, 결혼이민자의 수는 약 15만 명, 그
중에서도 여성의 결혼이민자가 약 13만 명으로 집계되고 있다.

한국에서 사용되고 있는 다문화가족이란 「다문화가족지원법」 개
정('11.4.4개정, '11.10.5시행)으로 인해 2012년부터는 혼인귀화자

---

7) Anthony Giddens, The Third World: The Renewal of Social Democracy; 한상진·박찬욱 역, 『제3
   의 길』, 202쪽 참조.

8) 2010.2.1. 동아일보.

9) 2010.3.6. 부산일보 사설 참조.

10) 2014.7. 안전행정부 다문화정책과 자료.

외에 기타사유 국적취득자(인지·귀화)도 다문화가족에 포함된다(위 안전행정부 자료 참조).

<표 1> 결혼이민자 및 인지·귀화자 현황 [외국인주민현황조사('14년 7월), 안전행정부]

연도	계			결혼이민자			혼인귀화자			기타사유 국적취득자		
	계	남	여	계	남	여	계	남	여	계	남	여
2014	295,842	48,787	247,055	149,764	21,953	127,811	90,439	4,261	86,178	55,639	22,573	33,066

이러한 현상은 한국사회에 다문화가정이 가족 형태로 자리를 잡아가고 있는 중이라고 할 수 있겠다. 한편 재한외국인의 유형을 분류하여 보면, 합법적 외국인, 합법적 단기체류 외국인, 국제결혼 이민여성, 다문화가족 자녀, 귀화외국인, 난민 등을 들 수 있을 것이며, 이 외에도 같은 민족이었으나 역사적 사실로 인하여 북한을 이탈하여 한국으로 입국한 새터민(정부공식명칭; 북한이탈주민), 1990년대 한국으로 영주 귀국한 사할린 동포,11) 국내에 체류 중인 조선족 동

---

11) 2010.3.22. 일본에서 '사할린 잔류 한국·조선인 우편저금 등 보상청구 소송' 변호인단에 따르면, 일본 정부는 지난해 3월 사건을 심리 중인 도쿄지법 민사합의 32부에서 "한국 국적 취득이 확인된 자는 1965년 6월 22일(한일협정 체결일) 시점에서 재산권이 소멸된 것으로 해석하는 것이 합리적이다"라는 판결을 하였다. 이는 1940년대 러시아 사할린 탄광에 징용되어 강제 노동을 한 피해자와 유족 11명은 당시 받지 못한 급여를 현재 가치(당시 액면가의 2,000배)로 환산하여 2,800여만 엔(약 3억 5,000만 원)을 돌려달라며 2007년 3월 도쿄지법에 청구소송을 내었던 사건이다. 이들은 당시 급여를 현금이 아닌 우편저금이나 간이보험의 형태로 간접 지급받았던 것이다. 일본 정부에 따르면 1997년 현재 사할린 동포들이 우편저금에 넣어둔 돈은 59만 계좌에 액면금액 1억 8,700만 엔(약 23억 원), 간이보험은 22만 건에 7,000만 엔(약 8억 7,000만 원)으로, 이는 현재 가치로 따지면 5,140억 엔(약 6조 4,367억 원)에 이른다. 일본 측의 이러한 청구권 소멸 주장에 대하여, 한국 외교통상부는 "한일협정은 서명일 기준으로 존재하는 양국 및 국민 간의 재산권이 대상"이라며 "이후에 한국 국적을 취득한 이유로 재산권이 소멸되었다고 해석하는 것은 타당하지 않다"는 입장이다. 동아일보, 2010.3.23. 참조. 한편 한국 정부는 1990년대부터 러시아 및 일본 정부와의 협의를 통하여 사할린 동포 1세대의 영주 귀국 사업을 추진하여 왔으며, 이에 따라 그동안 1,685명이 영주 귀국하였다. 이들은 일제 말기 징용노동자로 사할린에 강제 연행되었으며, 종전 후 일본 정부의 일본 귀환 불허와 일방적인 국적 박탈로 사할린에 잔류하게 되었으며, 구소련 정부도 노동력 확보 차원에서 이들을 계속 억류하였었다. 2007.7.27. chosun.com; 그 이후에도 영주 귀국 인구는 증가하여 2009년 9월 영주 귀국한 동포는 현재 2,942명이며, 현재 잔류 사할린 한인 1세대는 1,500여 명이며, 300여 명이

포[12] 등으로 나누일 것이다. ─ 그들은 장기간 다른 문화권에서 살아왔기 때문이다. ─ 물론 이러한 분류에는 미등록이주자(불법체류외국인)가 포함되어 있지 않는데, 이러한 현실 문제도 해결하여야 하는 것이 다문화주의의 또 다른 헌법적 과제이기도 하다.

한국에서의 역사적 변화는 일제 식민지, 미군정기 등을 거쳐 오늘에 이르고 있다. 그러나 이러한 시기의 문화의 다양성에는 '다문화'라는 용어가 도입되지 않았다. 이러한 시기에는 한국정부가 그 정치적 역할의 중심에 있지 않았기 때문에 그러한 용어가 도입될 필요가 없었을 것이다. 그러나 현시점에서 여러 경로로 한국에는 수많은 형태의 다민족·다인종 외국인들이 정주하게 되었으며, 특히 한국 남성과 외국인 여성과의 결혼 이민이 증가하게 되어 그들과 그 2세들이 정착하게 되었다. 또 다른 부류에는 외국인 근로자들이 그 대부

영주 귀국을 희망하고 있다고 한다. 그러나 이 사업은 2007년부터 한일 양국 간 '사할린 동포 영주 귀국 확대사업' 협의에 따라 진행되고 있으나, 2010년이면 종료된다고 한다. 외교부가 이에 대하여 더 이상 일본 정부와 협상을 하지 않겠다고 한다고 한다. 이에 대하여 외교부 관계자는 2010년 이후에도 계속 일본 정부와 협의 중이라고 한다. 귀국한 동포들은 '사는 게 아니다'라고 경제적·문화적 어려움을 호소하고 있다. 또한 이들은 "우리야 그럭저럭 산다지만 사할린에 남아 있는 자식들은 한국어와 한국문화, 예절 등을 가르쳐 줄 사람이 없어 정체성을 잃어버리는 것이 안타깝다. 한국정부가 신경을 써주기 바란다"고 하소연하고 있다; 연합뉴스, 2009.9.3. 이 또한 다문화의 영역에서 제외될 수 없는 대상이다. 이제 한국정부는 국내뿐만 아니라 국외에 있는 다문화가족들에게도 한국인으로서의 정체성도 유지할 수 있는 정책을 펴야 하는 시점이 된 것이다.

12) 2009.7. 현재 90일 이상 한국에 체류하고 있는 조선족 동포는 44만 3,000여 명, 장기체류 전체 외국인 110만 6,000여 명 중 40%를 차지한다. 이들은 노동, 결혼, 주거, 육아, 소비 등 다양한 형태로 내국민과 밀접한 관계에 있음에도 불구하고 주로 한국에서의 다문화 정책은 비한국계 외국인만을 대상으로 이들의 이주민 적응과 사회통합에만 논의를 한 측면이 있다. 이들은 중국에서 항일전쟁과 해방전쟁을 거치며 옌볜의 조선족 자치구를 일구었으며, 일본에서는 일본 사회의 차별을 딛고 일어선 재일동포들, 한민족 정체성을 유지한 채 코리안 드림을 일군 재미동포 등 이들을 한국 다문화의 표준으로 삼아야 한다는 주장이 제기되고 있다. 그리하여 한국에 살고 있는 베트남계 한국인도 모국과 아버지 나라 한국의 문화유산을 잘 접목할 수 있는 다문화 정책이 필요하다는 고려대 윤인진 교수는 "재외동포와 디아스포라(離散), 거기에 한국 다문화의 길이 있다"는 주장이다. 또한 "전 세계 170여 개국에 살고 있는 700만 명의 재외동포는 오랫동안 다인종, 다문화사회에서 상이한 문화집단과 공존하는 방법 및 기술을 체득한 사람들이므로 이들의 경험을 다문화사회에 벤치마킹하자"는 제안을 한다. 2010.4.5. 동아일보.

분을 구성하고 있다고 할 수 있겠다. 이러한 두 부류의 특징은 그들이 집단적 문화 정체성을 지닐 수 없기 때문에 그들이 다문화주의 시대의 문화적 주체가 될 수 없다는 데 있다. 그러므로 현재의 한국에서의 다문화주의는 한국 내 타 약소민족의 이주·정착 현상을 그 주 대상으로 한다고 할 수 있을 것이다. 이러한 점에서 '다문화주의'라는 용어가 차별13)과 구별을 내포하고 있다고 볼 수 있을 것이다.

이와 같은 현상에 대하여 우리 사회에서 '결혼이민자'는 물론이고 '다문화가족의 자녀'까지 '우리가 아닌 존재', 즉 '타자'로 간주하고 있고 이것은 우리의 인식 속에 각인된다고 비판하면서 민족을 '문화공동체'로 정의하는 발상의 전환을 촉구하기도 한다.14)

한편 헌법재판소는 결혼이민자들에 대한 시각에서, '혼인과 가족의 보호는 헌법이 지향하는 자유민주적 문화국가의 필수적인 전제조건이다. 개별성·고유성·다양성으로 표현되는 문화는 사회의 자율성을 바탕으로 하고, 사회의 자율영역은 가정에서 출발한다'15)라고 판시하였다.16)

그러므로 이미 앞에서 정의한 바와 같이, 오히려 내가 또는 우리가 포함된 다문화를 수용한다는 의미의 '다문화 개방주의'라는 용어의 사용을 주장해본다.

---

13) 이러한 차별이 문화적 우월감에서 오는 것으로 보기도 한다. 최근 티베트 사태의 진상에 대하여 中國 南方都市報 주필 장핑이 파이낸셜타임즈에서, '서방매체의 왜곡보도가 문화적 우월감에서 비롯됐다면 중국 내 소수민족의 민족주의 역시 한족의 문화적 우월감이 초래한 것 아니겠느냐'고 투고한 후 그는 직위 해제되었다(동아일보, 5.8), 이러한 시각이 소수자 차별의 근본원인인 문화적 우월감에서 비롯된다고 본다; 전영평, 「다문화시대의 소수자운동과 소수자행정 -담론과 과제」, 11쪽에서 재인용.

14) 설동훈, 「국민 민족 인종: 다문화가족 자녀의 정체성」, 3쪽 이하 참조; 이종수, 「다문화사회와 국적」, 49쪽에서 재인용.

15) 헌재 2000.4.27. 98헌가16 등.

16) 성선제, 「다문화주의의 헌법적 기초」, 9쪽.

그러나 한편으로는 이러한 다문화라는 용어 도입은 한 국가가 정책을 집행하기 위하여 그 대상을 결정하기 위한 정책 용어인 측면도 있음을 부정할 수가 없다. 여기서 이러한 정책 용어를 선택하는 헌법적 근거를 찾는다면 언제 어디에서나 인간으로서의 존엄과 행복추구권(헌법 제10조)을 그 근거로 찾을 수 있겠다. 그럼에도 불구하고 한 국가 내에서 인간과 시민으로서의 두 가지 인격권이 동시에 존재하는 범위가 어디까지이냐에 그 초점이 맞추어질 것이다.

이 외에도 헌법 전문에서는 '정치·경제·사회·문화 모든 영역에서 각인의 기회를 균등히 하고……'라고 되어 있다. 그러나 이 또한 '각인'의 범위를 국민으로 할 것인지, 아니면 국내에 살고 있는 외국인까지를 포함할 것인지는 한 국가의 정책이 내포되어 있다 할 것이다.

한편 대한민국 헌법에서 문화공동체를 보장한다는 것은 '국가가 국민의 생활양식과 이를 형성하는 요소들을 적극적으로 조성, 변경, 통제할 수 없으며, …… 특정한 문화를 적극적으로 유포하거나 수용하기를 강제하는 것은 허용되지 않는다'[17]라고 하여 적극적이고 강제적인 문화 조성에는 반대하고 있다.

이와 같이 다문화라는 용어 속에는 문화라는 그 자체의 좁은 의미보다는 인권과 복지, 정치적·문화적 요소가 내포된 넓은 의미로 보아야 할 것이다. 그러므로 '다문화'라는 용어에 초점을 맞추어 헌법 제9조(전통문화의 계승발전과 민족문화의 창달)를 적용시키는 해석은 '다문화'라는 용어 자체에 한정된 적용으로 보인다.[18]

이와 같이 다문화 내지 다문화주의라는 단어의 개념은 다양하고

---

17) 정종섭, 『헌법학원론』, 189쪽; 성선제, 앞의 논문, 13쪽.
18) 김선택, 「다문화사회와 헌법적 문제」, 17쪽 이하 참조.

광범위하지만 본 논문에서는 그중에서도 다문화를 구성하고 있는 구성원들의 국적취득, 다문화 가정의 교육, 외국인 근로자의 인권 문제 등을 집중적으로 살펴보기로 한다.

Ⅲ. 한국에서의 이주와 다문화주의의 사회 통합적 유형과 인권

1. 결혼이민자의 국적취득

한 국가는 특정지역에서 정치적 공동체를 형성하는 집단이며 이를 지키는 총체적이고도 최고의 규범이 헌법이다. 이러한 정치적 공동체의 구성원이 국민이 될 것이며, 이러한 국민에게 국가는 그 나라의 국적을 부여하게 될 것이다. 그러나 오늘날 교통발달과 여러 가지 산업적·사회적 요인들로 인하여 세계 인류들은 전 지구를 가리지 않고 더불어 살아가야 하는 시대가 되었다. 즉, 주권의 탈영토화로 바뀌게 된 것이다. 이러한 경우에 한 국가에서의 정주 내지 영주로 인한 그 나라의 국적취득을 필요로 하게 되는 경우가 생긴다.

대한민국 헌법 제2조 제1항에서는 '대한민국의 국민이 되는 요건은 법률로 정한다'로 규정하여 국적취득에 법률유보주의를 취하고 있으며, 현행 국적법은 1948년 12월 20일 제정·시행되었으며, 얼마 전까지만 하여도 부계혈통주의를 취하다 헌법재판소가 이를 위헌이라고 판시하였다.[19]

최근의 한국사회는 이주노동자와 결혼이민여성의 증가로 인하여 다문화라는 용어가 정부의 정책집행의 수단으로 채택되어 관주도적인 측면이 있다. 특히 결혼이민자의 경우에는 결혼과 동시에 본인의 희망에 따라 한국 국적을 취득하기를 원한다면 이는 당연히 부여됨이 인간으로서의 존엄과 가족의 유지라는 측면에서 허용되어야 할 것이다. 이러한 경우에 이중국적[20] 내지 복수국적이나 국적취득 기간을 완화함으로 인한 부작용도 부정할 수는 없다. 그러나 진정으로 결혼할 의사가 있어서 결혼을 하였으나 여러 가지 사정상—남편 사망, 신랑·시부모 구박—등으로 2년 이내에 이혼을 당하게 된 경우들이 많다.[21] 그러므로 이 지면에서는 특히 결혼이민자들의 국적취득에 있어서 문제점을 살펴보고자 한다.

우선 현행 「국적법」(법률 제8892호, 2008.3.14. 일부개정·시행)의 제6조(간이귀화 조건)의 제2항 1에는 '그 배우자와 혼인한 상태로 대한민국에 2년 이상 계속하여 주소가 있는 자'로 규정되어 있다. 이로 인하여 대한민국 남성과 결혼한 대부분의 외국 여성들이 2년이 되지 않은 채 이혼을 하게 될 경우 자국으로 돌아가거나 이들은 대한민국 국적을 취득하지 못하고 불법체류자로 남게 된다. 또한 2년 이후 이혼 소송을 제기하더라도 이주여성 스스로 이혼의 귀책사유를 밝히기란 쉬운 일이 아니다.

---

19) 헌재 2000.8.31. 97헌가12. 다문화사회에 있어서의 국적취득에 관하여는, 이종수, 「다문화사회와 국적」, 43쪽 이하 참조.

20) 이중국적의 문제에 관하여서는, 김영석, 「국제법상의 이중국적의 취급」; 정근식, 「이중국적, 어떻게 보아야 하나」; 이철우, 「이중국적의 논리와 유형」 등 참조.

21) 부산일보, 2010.3.5. 참조. 부산 이주여성다문화가족센터 어울림에 따르면, 이주여성들의 총 상담건수가 2005년 203건에서 2009년에는 646건으로 증가하고, 같은 기간 이혼 상담도 32건에서 99건으로 증가하였는데, 그 이유로는 초기에는 남편의 폭력에 시달리던 여성들이, 최근에는 결혼 초반 남편들이, 더럽다, 게으르다는 이유로 이혼을 요구하는 추세이며, 이는 부모 봉양이나 자식 양육 등으로 특정목적으로 결혼을 하다 보니 이러한 결과가 빚어진다고 본다.

그러므로 진정으로 결혼할 의사를 가졌던 결혼일 경우에 이들에게 결혼과 동시에 영주권을 부여하고 아울러 취업, 결혼, 비자, 복지까지 원스톱 서비스를 하는 '외국인 전담기관'을 두자는 의견도 있다.22) 왜냐하면 특히 국제결혼으로 이주해오는 여성23)들은 언어·문화적 차이와 사회적 편견, 폭력 등으로 인간으로서의 존엄과 행복을 추구할 수 없는 환경이 되기 때문이다. 그러므로 이는 단순히 국적취득의 문제로만 남는 것이 아니라, 이와 관련되어 자연인으로서의 인간의 존엄과 행복을 추구할 권리를 보장받지 못하는 결과를 초래하게 된다. 그러므로 현행 국적법 제6조와 같은 국적취득의 기간이 반드시 2년이어야만 한다는 등의 국적취득법은 개정되어야 할 것이다.24) 게다가 특히 국제결혼을 하는 당사자들의 상대방에 대한 배려 내지 다양한 문화를 배경으로 결혼이라는 가정을 이루는 한국 남성들의 상대방 문화에 대한 시민의식 내지 인권의식에 대한 교양도 결혼을 하기 위한 필수항목으로 강화될 필요가 있을 것이다. 아울러 비영리단체의 국제결혼중개를 위한 기구를 수립하여 결혼과 가족이라는 행복추구권을 제대로 보장하여야 할 것이다.25)26)

---

22) 부산일보, 2010.3.6. 사설 참조. 한편 석동현 법무부 출입국·외국인정책본부장이 결혼이민자와 이주노동자 문제를 전담할 이민청 혹은 이민본부의 설립 필요성을 언급했다. 석 본부장은 22일 열린 국제이주기구(IOM) 이민정책연구원 관련 기자회견에서 "이민청 혹은 본부의 필요성에 공감한다"며 이같이 밝혔다. 석 본부장은 "(법무부) 내부에서도 이민청이 필요하다는 의견이 제기됐지만, 아직 업무보고 형식 등으로 진행되지는 않았다"며 "구체적 논의를 거치지 않았지만, 설립된다면 법무부 산하가 될 것으로 예상한다"고 말했다. 2010.3.23. 뉴시스통신사 참조.

23) 여성들의 국제결혼으로 인한 국적이나 차별에 관한 협약으로는, 1957년 '기혼여성의 국적에 관한 협약(Convention on the Nationality of Married Women)'은 혼인, 남편의 국적 변동, 이혼에 의한 기혼여성의 국적이 자동적으로 변경되어서는 안 된다고 선언하였으며, 또한 1979년 '여성에 대한 모든 형태의 차별철폐에 관한 협약(Convention on the Elimination of All Forms of Discrimination Against Women)' 등이 있다; 이종수, 앞의 논문, 51쪽에서 재인용.

24) 최근 국적법개정안에 대하여는, 이종수, 앞의 논문, 53쪽 이하 참조.

25) 캄보디아 정부 '한국인과 결혼 당분간 금지', 현지여성 집단 맞선을 '인신매매'로 간주한 듯, 게다가 한국인과 결혼한 캄보디아 여성들이 당하는 가정폭력과 학대, 이혼 등의 소식도 현지

2. 다문화주의와 교육

현재 한국에서의 다문화가족 자녀도 증가하여 101,477명인데 2050년에는 985,881명으로 9.7배 증가할 것으로 추계된다. 이는 같은 기간 부모세대의 증가폭인 5.7배보다 훨씬 높은데 그 이유는 다문화가족의 높은 출산율 때문이다. 한편 이러한 문제는 한국의 저출산 문제와도 맞물려 2050년에는 영·유아기 아동의 24.7%, 초등학생의 15.3%, 중학생의 12%, 고등학생의 10.1%가 다문화가족 자녀들로 구성된다고 추산하고, 이는 다문화가족이 총인구의 5%를 상회하게 될 것이라고 본다.[27]

그러나 그럼에도 불구하고 외국인 근로자로서 불법체류의 경우에는 정상적인 교육을 받는 것이 어려워진다. 예를 들어 경상남도 교육청의 집계에 따르면, 2010년 1월 초에 경남지역에서 유치원과 초·

여론을 악화시켰다. 통계청에 따르면, 한국에 시집온 캄보디아 여성은 2003년 19명에서 2007년 1,804명으로 급증했다가 캄보디아 정부가 규제에 나서면서 줄어드는 추세이다. 캄보디아 전체 국제결혼 중 한국인과의 비율이 60%에 이르는 것으로 추산된다. 2010.3.20. 동아일보 참조.

26) 2010.7.8. 20살 베트남 여성(Thach Thi Hoang Ngoc)이 정신 병력이 있는 한국 남성과 결혼한 지 8일 만에 살해되었다. 그 이전에도 2007년 남편에게 맞아 죽고 나서도 그 시신이 일주일이나 방치된 베트남 여성 후안마인 씨, 2009년 남편의 폭력으로부터 배 속의 아이를 보호하려다 남편을 살해한 캄보디아 여성 초은 씨 등은 한국에서의 결혼이주여성의 인권을 대변하고 있다 하겠다. 이를 계기로 한국에서의 결혼이주여성의 인권은 여전히 문제로 남아 있다. 이와 관련하여 정부는 오는 11월부터 「결혼중개업의 관리에 관한 법률」을 시행하기로 하였다. 이에 따르면 혼인 경력이나 범죄경력 등 신상정보에 관한 것을 서면 공개하도록 하고 있다. 파이낸셜 뉴스, 2010.7.27. 참조.

27) 이는 한국보건사회연구원 저출산고령화 센터에서 2010.2.22 내놓은 보고서 '다문화가족의 증가가 인구의 양적·질적 수준에 미치는 영향'에서, 다문화가족(여기서는 결혼이민자와 그 후손)의 규모는 현재 27만 2,613명인데 2050년에는 216만 4,886명으로 지금보다 7.9배 증가하고, 반면, 같은 기간 한국인은 4,875만 명에서 4,234만 명으로 줄어들 것'으로 추산한다. 그러므로 이는 총인구 대비 다문화가족 비율이 2009년-0.56%, 2015년-1.05%, 2025년-1.99%, 2030년 -3.04%, 2050년-5.11%로 2050년에는 한국 인구의 20명 중 1명이 다문화가족이 되는 것이다. 이러한 결과는 다문화가족이 인구감소폭을 25% 줄이고, '생산가능인구'에도 영향을 줄 것으로 분석한다; 동아일보, 2010.2.23일자 참조.

중·고교에 다니는 다문화가정의 학생 수는 2,159명으로, 도내 전체 원생과 학생 55만 3,590명의 0.4%에 해당한다고 한다.[28]

이들 중 국제결혼을 한 가정의 자녀가 2,138명으로 대부분을 차지하였고 외국인 근로자의 자녀는 21명에 불과하였다. 그런데 외국인 근로자 자녀가 이처럼 적은 것은 외국인 근로자 중 불법체류자가 많아 그 자녀들이 정상적인 교육을 받을 수가 없기 때문이다.[29]

한편 경남도 교육청은 다문화 가정의 자녀가 해마다 20%씩 증가하고 있어 이들이 소외받지 않고 제대로 된 교육을 받도록 하기 위하여 다양한 정책을 추진 중인데, 이들을 위한 교육자료 개발·보급, 다문화가정 방문교사제 운영, 다문화가족 사랑 어울림마당, 한국어·다문화 이해교실 등을 개최할 계획이다.[30]

게다가 중간입국 자녀(결혼이민자가 한국인과 결혼하기 전에 본국 사람과의 사이에서 낳은 자녀)의 초중고교 재학률이 50%에도 못 미치는 것으로 조사되었다. 즉, 중간입국 자녀 982명 중 47%인 464명만이 학교에 다니는 것으로 나타났다. 그중 초등학교 재학률은 60%, 중학교 재학률은 56%, 고교 재학률은 31%로 나타났다.

반면에 한국에서 태어난 다문화가족 자녀의 진학률은 초등학교 85%, 중학교 84%, 고교 71%로 중간입국 자녀보다 훨씬 높다. 그리고 2009년 현재로 다문화가족 자녀와 중간입국 자녀들의 취학연령

---

28) 세부적으로는, 초등학생이 1,545명, 중학생이 230명, 고등학생이 80명이다. 또한 초등학생이 전체 70% 이상을 차지하고 있다. 2010.1.25. 부산일보 참조.

29) 다문화가정 학생은, 창원시가 408명, 김해시가 252명, 마산시 153명, 진주시 124명, 밀양시 125명, 창녕군 37명 순이다. 그런데 그 부모의 국적으로는 일본이 925명, 중국 457명, 필리핀 409명, 베트남 135명 순으로 전체의 99% 이상이 어머니가 외국인이다. 2010.1.25. 부산일보 참조.

30) 2010.1.25. 부산일보 참조.

자녀의 수는 4만 2,676명이다. 이에 한나라당 원희목 의원은 '중간 입국 자녀들을 위한 대안학교나 정규학교 안에 이들을 위한 별도 학급을 신설하는 맞춤형 교육이 필요하다'고 주장한다.[31]

또한 불법체류자의 자녀들에 대한 교육문제도 부모의 체류지위에 관계없이 그 자녀들에게 그들이 정상적으로 교육을 받을 수 있는 정책이 요구되는 시점이다. 왜냐하면 교육은 인간에게 인격형성과 전문지식을 습득하는 데 없어서는 아니 되는 인간의 권리인 동시에, 그 배움의 시기를 놓쳐서는 아니 되는 한 인간의 삶을 형성하는 데 결정적인 요소이기 때문이다. 물론 교육의 기회를 제공하는 대상을 다문화가정 자녀와 영구 정주외국인 자녀는 물론 단기체류 외국인의 자녀, 불법체류자의 자녀에게도 제공되어야 할 뿐만 아니라, 교육을 받는 경우에도 그들이 충분하고도 편안한 환경에서 교육을 받을 수 있도록 교육환경도 조성하여야 할 것이다.

이는 국제결혼 가정 자녀들이 학교에서 겪는 어려움으로, 2005년 보건복지부 조사 결과에 따르면, 이들 중 17.6%가 학교에서 집단따돌림을 받았으며, 집단따돌림의 이유로는 '엄마가 외국인이라서'(34.1%), '의사소통이 잘 안 되어서'(20.7%), '특별한 이유 없이'(15.9%) 순으로 나타나면서, 피부색과 언어소통 문제로 정규학교에서 적응하지 못하는 현상이 나타나고 있음을 보아도 교육환경을 조성하여야 하는 당위성이 나타난다. 이는 동시에 전 국민의 시민의식이 다문화현상에 대한 점진적인 민주의식의 변화도 동반되어야 할 것이며, 국가는 이러한 환경 조성을 위한 정책도 시행하여야 하는 시점이다.

---

31) 한나라당 원희목 의원실이 2010.3.7. 행정안전부의 '2009년 외국인주민조사통계'와 교육과학기술부의 교육행정정보시스템(NEIS) 자료를 분석한 결과이다. 2010.3.8. 동아일보 참조.

다문화가정 자녀를 위한 교육관련법이나 제도를 살펴보면, 우선 유엔의 '아동의 권리협약'(1989)이 있으며, 한국은 1991년도에 이 협약에 가입하였다. 이 협약에 따르면, '외국인 근로자 자녀들도 자기 자신을 위해서가 아니라면 부모와 헤어지는 일이 있어서는 안 된다'(제9조), 또한 '부모가 다른 나라에 살고 있으면, 부모에게 돌아가 같은 나라에서 살 권리가 있다'(제10조)고 규정되어 있다.

그러므로 이 규정은 국내에서 합법적으로 체류하는 외국인 자녀뿐만 아니라 불법체류 근로자의 자녀들도 한국 국적을 가진 아동들과 동등한 권리를 가진다고 해석하고 있다.[32] 또한 1990년 12월 18일 유엔총회에서 채택되고 2003년 7월 1일 발효된 '모든 이주근로자와 그 가족의 권리보호에 관한 국제협약(International Convention on the Protection of the Rights of All Migrant Workers and Members of theirs Families; UN Doc., A/RES/45/158; 한국은 아직 이에 비준하지 않음)' 에서는 이주근로자와 그 가족들에게 법적·정치적·경제적·사회적·문화적 권리를 보호하기 위한 최소한의 기준이 제시되고 있으며, 그중에서도 특히 아동의 교육권이 보호자의 신분에 상관없이 그 자녀는 초등교육은 의무적으로, 그리고 중·고등 교육은 그 이용과 접근이 용이하도록 국가 차원의 조치를 요구하고 있기도 하다.[33]

그러므로 한국에서도 「다문화가족지원법」(2008.3.21. 제정, 2008.9.22. 시행)[34]을 제정하여, '국가와 지방자치단체는 아동의 보육 및 교육에 있어서 다문화가족의 구성원인 아동을 차별하여서는 안 된다'(동

---

32) 김미나, 「다문화교육정책의 추진 체계 및 정책 기제 연구」, 80쪽 이하; 이 외에도 전우홍, 「한국의 다문화교육 정책」 참조.
33) 황범주, 「다문화가정 자녀를 위한 교육정책 분석」, 80쪽.
34) 그러나 이 법은 현재는 법률 제9932호, 2010.1.18. 타법개정, 시행 2010.3.19.로 되어 있다.

법 제10조 제1항)라는 규정이 있다.

이와 같은 정책은 한국에 거주하는 다문화가족의 아동에게 교육권[35]을 보장하고 있으나 다문화가족이 아닌 이주근로자나 불법체류자(미등록이주자)[36]의 아동의 교육권에 관한 규정은 없다. 그러므로 「초중등교육법」을 개정하여 외국인 근로자 가정의 자녀들이 초등학교에 입학하는 것을 허용하고 있으며(초중등교육법 시행령 제19조 1항, 2006.6.12; 2008.2. 재개정), 이를 졸업하면 다음 단계의 학교급으로 진학이 가능하게 된다(동 시행령 제75조 및 제82조). 또한 이러한 법 시행 이전에도 교육부의 지침에 따라 초등학교는 미등록 이주자의 자녀도 전월세 계약서, 이웃의 거주 확인 보증서 등의 제출 서류만으로 입학할 수 있도록 완화하고(학생정책과 지침 2003년) 동시에 그 아동의 졸업 시까지는 그 부모들도 한시적으로 체류할 수 있도록 구제 조치를 실시하고 있다. 그러나 중학교 이상은 그 학교장의 재량에 위임하고 있는 한계가 있다.[37]

이와 같이 다문화라는 정책을 집행하기 위하는 정부는 2006년에는 '여성결혼이민자 가족을 위한 사회통합지원 대책'과 '여성결혼이민자 가족 및 혼혈인·이주자 사회통합 지원방안', 교육부는 '다문화가정 자녀교육 종합대책'을 수립하고, 2007년에는 '다문화가정 자녀교육 지원 계획'을 수립하고, 「재한외국인 처우 기본법」(2007.5.17)을 제

---

35) 최윤철, 「다문화가족 자녀들의 교육을 받을 권리」, 147쪽 이하 참조.

36) '불법체류자'란 의도적으로 불법으로 체류하는 것을 의미하는 것처럼 보이므로 본인의 의사와 관계없이 등록을 하지 못하므로 발생하는 미등록 상태의 이주를 의미하는 '미등록이주자'란 단어로 사용하기로 한다. 한편 이보다 더 나아가 합법과 불법의 기준인 '체류자격 내 활동'과 '체류자격 변동'으로 나누어서, '미등록이주자'란 용어 대신 '체류자격 변동 외국인'이란 용어를 사용하는 경우도 있다. 최윤철, 앞의 논문, 162쪽.

37) 김미나, 앞의 논문, 83쪽 참조.

정하였으며, 2008년에는 '다문화교육 지원 중장기 계획'(2009-2012 년)을 수립하고 총 700여억 원의 예산을 투입하기도 하였다.[38]

그러나 이러한 정부의 노력에도 불구하고 아직도 한국의 다문화 정책은 그 시작에 불과하다고 할 수 있을 것이다. 즉, 다문화자녀교 육 프로그램에 그들의 한국 문화 내지 사회로의 적응을 위한 단일화 를 추구하는 정도에 그치고 있으며, 이는 한국으로의 동화 내지 통 합만을 강조하는 프로그램에 해당하므로 이제부터라도 관 주도적이 아닌 민간 자율적으로 다문화라는 새로운 자율과 독창성을 지향하 고 그들 문화의 다양성을 인정하는 가운데 한국사회와의 조화를 찾 으며 소수자의 자긍심을 고취시키는 방향으로 정책을 전환할 필요 가 있을 것이다. 이와 더불어 한국인 스스로 다문화를 이해하고 인 정하는 다문화 이해 교육도 추진되어야 할 것이다.

3. 외국인 근로자의 인권

1) 이주노동자의 문제, 미등록이주자의 문제

'알레르기가 심하지만 건강보험 혜택이 안 돼 병원에 못 간다. 일 은 너무 힘든데 임금이 형편없어 끼니 챙기기도 어렵다.'

'2001년 방글라데시 출신 불법체류 노동자인 밀론 씨가 뇌출혈로 쓰러져 병간호를 하고 있었어요. 불법체류자라서 아무런 도움도 못

---

38) 교육과학기술부 '2008년도 다문화가정 자녀교육 지원계획'(2008.6) 참고; 김미나, 앞의 논문, 76쪽 이하 참조.

받았죠. 식물인간 상태인 그가 내 손을 꼭 잡더군요. 가족에게 데려다 달라는 부탁 같았어요.'

'예술흥행 비자로 나이트클럽에 취업한 러시아 무용수에 대한 접대 강요, 강제추행 문제'[39]

이상의 사건들에서 한국에서의 이주노동자의 임금체불, 산업재해, 의료 문제 등, 특히 미등록이주자의 인권 상태는 심각하게 침해당하고 있음을 알 수 있다.

2010년 현재 한국정부의 다문화정책 수혜대상자는 116만 명 정도, 그중에 결혼이민자가 20만여 명, 주한미국인과 상주 외국인이 15만여 명, 나머지 80만여 명은 외국인 노동자다. 그런데 한국정부의 다문화정책은 결혼이민자와 상주외국인에게는 상당한 배려를 하고 있으나 외국인 노동자에게는 여전히 무관심 상태에 머무르고 있다고 하겠다.[40]

이처럼 외국인의 노동 내지 근로는 단순히 근로권만에 한정된 문제가 아니라 그들이 외국인이기 때문에 발생한 사회적·경제적·정치적인 상황이 포함된 문화적 차이에서 비롯되고 있음을 상기할 필요가 있을 것이다.

이와 관련된 국내외 법제들을 살펴보면, 먼저 '모든 이주노동자와 그 가족의 권리 보호를 위한 국제협약'이 있으며, 한국은 현재 이 협약에 가입하고 있지 않다. 앞으로 계속 노동인구가 감소할 한국은

---

39) 2010.2.1. 동아일보.
40) 경남외국인 노동자 상담소 소장 이철승 목사에 관한 기사 중 일부이다. 2010.2.1. 동아일보.

이 협약에 비준할 필요가 있다.[41]

국제연합은 1990년 12월 18일 제69차 총회에서 이 협약을 채택하였으며, 그 가운데 제27조 제1항도 외국인의 사회보장의 권리를 규정하고 있다. 즉, 그 내용으로는, '사회보장에 관하여, 이주노동자와 그 가족은 적용 가능한 그 국가의 법률 및 2국 간 또는 다국 간 조약에 의하여 규정된 요건을 충족하는 한, 고용국에서 국민에게 인정되는 것과 동일한 취급을 향유한다'로 되어 있다. 이와 같이 사회보장에 대하여 내외국인 평등의 원칙과 상호주의를 채택하였으며, 특히 이 조항은 미등록이주자를 포함한 모든 외국인 근로자의 보호를 정하고 있는 제3부에 규정된 내용이며, 미등록이주자를 특별히 제외하고 있지 않다.[42]

그러나 앞에서 보았듯이 한국은 현재 이 협약에 비준하고 있지 않다. 그럼에도 불구하고 '외국인 근로자의 고용 등에 관한 법률 제2조'[43]나 '출입국관리법 제94조 제5호의 2 및 제6호'[44]에 따르면, 외국인 근로자도 내국인과 동일하게 근로자로 인정하고 있으므로 불법체류 외국인 근로자는 취업기간 동안 내국인과 동일하게 「근로기준법」이나 「최저임금법」 등 노동관계 법령의 적용을 받으며, 불법취업자라도 기왕의 고용계약이나 임금채권은 유효하고 「산업재해보상보험법」상의 요양급여도 받을 수 있다고 대법원은 판결한 바가 있다.[45]

---

41) 2010.2.23. 동아일보 참조.

42) 한국헌법학회 '다문화사회와 헌법' 중 '다문화사회와 사회적 기본권'토론문(최홍엽; 조선대) 참조.

43) 외국인 근로자는 대한민국의 국적을 가지지 않은 자로서 대한민국에 소재하고 있는 사업 또는 사업장에서 임금을 목적으로 근로를 제공하고 있거나 제공하려는 자이다.

44) 취업활동을 할 수 있는 체류자격을 받지 않은 외국인이 취업을 하거나, 또한 취업활동을 할 수 있는 체류자격을 받지 않은 외국인을 고용하거나 그 고용을 업으로 알선 또는 권유하면, 3년 이하의 징역이나 금고 또는 2천만 원 이하의 벌금에 처해진다.

이 외에도 국제연합에서는 세계인권선언(1948년)에서 '……민족적 또는 사회적 출신에 의한 차별 없이……'(제2조 1항), 모든 사람은 '사회의 일원으로서 사회보장을 받을 권리를 가진다'(제22조)라고 선언하였으며, 한국도 비준한 국제인권규약 A(경제적·사회적 및 문화적 권리에 관한 국제규약)에서는 '이 규약의 체약국은 이 규약에 정하는 권리가 …… 민족적 또는 사회적 출신에 의한 어떠한 차별도 없이 행사되는 것을 보장할 것을 약속한다'(제2조 제2항)라는 내용 등으로 규정되어 있다.46)

이와 같은 국내외법 내지 규약들을 어떻게 조화롭게 적용시켜 운용할 것인가 하는 문제가 대두된다. 이와 관련한 상호주의 작용에 관하여 사회보장기본법에서는, '국내에 거주하는 외국인에 대한 사회보장제도의 적용은 상호주의 원칙에 의하되, 관계법령에 정하는 바에 따른다'(제8조)라고 규정되어 있는데 이는 상호주의를 원칙으로 개별 법령에 따를 수 있는 여지를 남겨둠으로써 여전히 해석적·정치적 적용문제가 내포되어 있다. 그러므로 한국도 앞에서 살펴본 '모든 이주노동자와 그 가족의 권리 보호를 위한 국제협약'에 비준을 서두를 필요가 있다고 본다.

2) 산업연수생에서 고용허가제로

어느 사이 한국도 외국의 노동인력을 필요로 하는 국가반열에 들어섰다. 그 결과 1994년부터 산업연수생제도가 시행되었다. 그러나

---

45) 대법원 1995.9.15. 94누12067; 위 헌법학회 제3주제, 류시조, 「다문화사회와 자유권적 기본권」 100쪽 참조.

46) 위 최홍엽 토론문, 2쪽에서 재인용.

이 제도는 정부가 주도로 하는 사업이 아니라 중소기업협동중앙회 (중기회)가 송출국가의 송출업체 사이에서 외국인 노동자와 고용주를 연결하여 주었으며, 외국인 노동자들은 계약을 체결한 업체에서 처음 1년간은 연수생 신분으로 직업교육을 받고 그 이후 2년간은 근로자 신분으로 일할 수 있었다.

그러나 이러한 과정에서 연수생으로서 교육을 받는 것이 아니라 높은 강도의 노동과 야근에 시달리고 있으며, 연수생 신분으로 노동권도 제대로 보호받지 못하고, 더 나아가 임금체불 문제뿐만 아니라 노동에 대한 정당한 보수를 받지 못하면서 부당한 대우를 받아도 본국으로 송환한다는 협박 등으로 신고도 제대로 하지 못하는 실정이었다.[47]

이러한 상황은 한국이 비준한 국제연합의 '경제적·사회적 및 문화적 권리에 관한 국제규약(A규약)'이나 국제노동기구(ILO) 및 동일노동가치에 대한 남녀근로자의 동일보수에 관한 협약(ILO협약 제100호) 등에 비추어 많은 문제점을 안고 있었으며, 2007년 8월 30일 헌법재판소에서도 다음과 같은 판결을 내리기도 하였다.

'⋯⋯산업연수생에게 외국인 근로자로서의 법적 지위가 보장되어야 할 것임에도 불구하고 노 동부 예규에 의거하여 근로기준법의 일부 규정만을 적용시키고 나머지 규정의 적용을 배 제시킨「외국인 산업기술연수생의 보호 및 관리에 관한 지침」의 소정의 규정들은 합리적 이유 없는 차별로서 위헌이다.'

---

47) 이에 관한 논문들은, 최홍엽,「외국인 고용의 현황과 문제점」; 김희성,「이주근로자 고용에 관한 법적 문제점과 개선방안」등이 있다.

위와 같은 판결을 내린 바 있다.[48] 이는 외국인 근로자들의 근로인권을 향상시키는 진전된 판결이라고 본다. 이러한 판결 이전에도 이러한 산업연수생의 근로인권 문제를 해결하기 위하여 2004년 8월부터 정부가 직접 고용허가제를 실시하고 있다. 또한 2007년부터는 산업연수생제도는 고용허가제로 일원화되어 시행되고 있으나 이 또한 여러 가지 문제점을 여전히 안고 있다.

한편 이러한 고용허가제는 제도운영의 주체가 정부이므로 외국인 근로자들과 사업주를 정부가 직접 연결하므로 중기회가 관할하던 때보다는 가장 큰 문제였던 송출비리 문제는 해결될 것이나, 그럼에도 불구하고 여전히 높은 입국비용, 임금체불, 사후관리 소홀 문제 등이 대두되고 있으며, 외국인 근로자들이 근무처를 이탈하지 못하도록 하고 있다.

그 근거 규정을 보면 '……외국인 근로자는 지정된 근무처 외에서 근무해서는 아니 된다'(출입국관리법 제18조 제2항)로 규정되어 있다. 왜냐하면 이러한 근로자들이 대부분 근로조건이 좋은 사업장으로 몰려들 것을 우려하여 이러한 제한을 두고 있다고 한다. 그러나 이는 직업선택의 자유와 거주이전의 자유를 제한하므로 개선책을 찾아야 할 것이다.

이상으로 여러 가지 문제가 있으나 특히 미등록이주자를 양산하고 있는 사업주들로 인한 사업장변경신고 회피, 부당한 근로계약, 업무상 재해, 질병 등으로 취업활동을 할 수 없게 되어 미등록이주가 될 경우가 많았다. 이에 국민고충처리위원회는 2007년 10월 24

---

48) 헌재 2007.8.30. 2004헌마670 참조.

일, 외국인 근로자가 질병이나 산재와 같은 '불가피한 이유'로 2개월의 구직기간을 넘길 경우 강제출국을 유예하고, 현행 3회로 제한되어 있는 사업장 변경을 원칙적으로 3회로 제한하되, 사용자가 부당한 해고를 하거나, 폭행·협박·임금체불 등 근로자의 귀책사유가 아닌 경우에는 그 횟수에 포함시키지 않는 등 외국인 근로자도 동등하게 노동관계법을 적용하여 그들의 인권을 보장하려는 개선책을 마련하도록 노동부에 권고하였다.[49]

한편 호주 이민부에서는 미등록이주자를 추방절차를 밟기 전에 수용소에 구금하던 것을 미등록이주 중 1차 적발 시에는 임시 브리징 비자를 발급받아 수감되는 일 없이 출국하도록 하였다. 호주에서는 현재 5만 명 이상의 미등록이주자가 있다고 한다.[50]

한편 한국 법무부는 2009년 11월 20일부터 미등록이주 외국인 고용업주들의 고용편의를 제공하고, 사증발급요건을 완화하도록 하였다. 그 방안에 따르면, 미등록이주 외국인 고용이 적발되어 3년간 외국인을 고용할 수 없었던 사업주들도 범칙금이나 벌금을 내면 외국인을 계속 고용할 수 있다. 또한 사업주가 중대사유[51]로 형사고발된 경우라도 사증발급제한 기간이 3년에서 1년으로 단축된다. 기존에 처벌된 업체도 이번 방안이 소급 적용된다. 이러한 조치로 현재 외국인 고용제한을 받고 있는 4,043개 기업의 70%가 혜택을 받게 된다고 법무부는 밝혔다.[52]

---

49) 서울특별시 외국인 근로자 홈페이지-불법체류 완화조건-2007.10.30.

50) http://www.naeil.com, 2009.5.15.

51) 중대사유로는, 통고처분 불이행(범칙금 미납), 수사기관의 고발 요청, 최근 3년 이내 4회 이상 위반한 경우, 11명 이상 불법고용, 출석요구 3회 이상 불응한 경우 등이다. http://asiailbo.com, 2009.11.18.

52) http://asiailbo.com, 2009.11.18.

그러나 이러한 조치들에도 불구하고 미등록이주자들은 하루하루를 숨죽이고 사는 비인간적인 생활을 하게 된다. 그 결과 인간으로서의 존엄성을 상실하게 될 것이다. 게다가 최소한의 생계유지도 힘들어지는 생활을 하게 되므로 이 또한 생존권을 보장받지 못하게 될 것이다. 이들이 특별히 중한 범죄에 연루되어 있지 않는 한 이들에게 체류조건을 완화 내지 합법화시켜 주어야 할 것이다.

Ⅳ. 결어

앞에서 살펴본 바와 같이 이미 세계 각국에서는 '다문화'라는 용어는 참으로 다의적으로 해석되고 그에 따른 정책들이 형성된 사회가 되었다.

이상에서 한국에서도 눈부신 발전으로 인하여 1990년대 이후부터 결혼이민, 외국인 근로자, 북한이탈주민, 장기체류 조선족, 사할린 영주 귀국 동포 등 다양한 민족, 다양한 인종, 다양한 문화권에서 들어와 살게 되었다. 물론 이러한 각 부류의 입장에 따라 한국에서 한 인간으로서 생존하는 데 필요한 조건들은 다를 수밖에 없을 것이다. 그러므로 한국정부는 이들을 포용하는 데 있어서 정책도 각 부류에 적합한 정책을 집행하여야 할 것이다. 특히, 결혼이민자나 외국인 근로자 등에게는 생소한 문화권에 적응하는 것이 용이하지는 않을 것이다. 그러나 그럼에도 불구하고 인간은 어디에서든지 누구에게나 인간으로서의 존엄과 가치를 인정받아야만 하는 인간으로서의 권리는 초국가적 보편적 권리로서 누릴 자유가 있다. 한국정부가 이들을 다문화라는 용어로 통합하려고 한다. 그 정책 중에는 앞에서 살펴본 바와 같이 결혼이민자의 국적취득 문제, 다문화가족의 교육문제, 외국인 근로자의 인권 문제-산업연수생이나 불법체류자 등을 포함하여-등이 포함되어 있다.

첫째, 한국의 헌법재판소는, 결혼이민자들의 다문화가족에게는 헌법 제36조 제1항의 혼인과 가족생활은 인간의 가장 사적이고 자율적 생활이며, 이를 국가가 결정한 이념이나 목표에 따라 일방적으로 형성하는 것은 인간 존엄을 최고의 가치로 삼고 민주주의와 문화국가원리에 터 잡고 있는 우리 헌법상 인정될 수 없다(헌재 2000.4.27. 98헌가16 등)는 취지에서 밝히고 있듯이 한국에서의 혼인과 가족생활에 잘 적응하도록 정책을 집행하되 한국적인 문화요소만을 강조하는 것은 지양되어야 하며 상대방의 문화도 당당하게 상호 존중하는 다문화공생 사회가 형성되도록 하여야 할 것이다.

둘째 이러한 방향은 다문화가족의 교육이나 장·단기간 외국인 근로자들의 자녀들에 대한 교육에서도 인간의 자율과 창의성이 신장될 수 있는 교육 방향 설정이 중요할 것이다. 한국적 문화나 정치적 이념을 강조하거나 일방적으로 유도하여서는 아니되며, 문화의 다양성과 고유성을 포용하는 양심과 사상의 자유를 인정하는 방향으로 나아가야 할 것이다. 헌재에서도 이러한 사상의 다양성이 문화국가원리의 필수불가결한 조건이라고 본 바 있다(헌재 2000.4.27. 98헌가16 등).

마지막으로 외국인 근로자의 인권 문제로서는 과거의 산업연수생, 고용허가제의 직장이동 횟수 제한, 불법체류, 주거지 문제 등이 포함될 것이다. 헌법재판소는 산업연수생 도입기준 사건에서 그들의 근로자로서의 기본권 주체성을 인정한 바 있다(헌재 2007.8.30. 2004헌마670). 또한 그들이 국가에 대하여 사회적·경제적 정책을 요구할 수 있는 권리(헌재 2002.11.28. 2001헌바50)는 사회권적 권리인 동시에 인간으로서의 존엄을 보장받기 위한 최소한의 근로조건은 동시에 자유권적 기본권이기도 하다[53]고 하여 외국인 근로자에게 그 기본권의 주체성을 인정하기도 하였다. 또한 미등록 이주근로자의 강제추방정책도 가능한 범위 내에서는 합법화시킬 수 있는 방안을 모색하여야 할 것이다.

동시에 한국정부는 '모든 이주노동자와 그 가족의 권리 보호를 위한 국제협약'에도 가능한 한 가입을 서두를 필요가 있을 것이다.

이상으로 현재의 시점은 주권의 탈영토화 시대이므로, 한 인간은 언제 어디에서나 자유로운 인격체로서 그만의 고유성을 지닐 수 있으며, 또한 이러한 다양성이 타인을 해치지 않는 범위 내에서 그 또는 그들만의 다양성을 수용하고 나아가 상호 존중하는 사회적·문화적 배경을 형성하는 것이 오늘날 현대를 살아가는 모든 국가가 포용하여야 하는 정책 방향인 동시에 풍요로운 국가를 이끌어갈 수 있는 필요충분의 헌법적 과제일 것이다. 한 국가에 있어서 이러한 각 문화의 다양성을 인정하고 존중하는 정책 방향이 이질성을 배제하거나 통합하려는 것이 아닌 최고도의 정책이 될 것이다.

더 나아가 이들 다문화가족을 한 국가의 정책 결정에 참여시키는 정치는 이미 오바마 미국 대통령이나 한국의 이참 한국관광공사 사장 등을 그 예로 들 수 있을 것이다. 이와 같이 그들에게 정치적 참

---

53) 위 헌법학회 토론문(2010.3.12), 다문화현상과 헌법적 대응(이명웅; 헌법재판소 부장연구관) 각주 6 참조.

여를 할 수 있는 선거건·피선거권을 인정하는 단계로 발전시켜 가야 하는 헌법적 책무도 여전히 안고 있다.[54]

　마지막으로 '다문화주의'라는 용어는 어느 특정지역(한 국가)에서도 어느 문화·민족·인종을 배제하거나 통합하는 것이 아니라, 있는 그대로의 고유성을 인정하고 존중하는 상호주의의 '다문화 개방주의'로 가야 할 것이다.

---

54) 위에서 살펴본 바와 같이 이미 한국에서도 상당한 비중의 다문화가정 및 외국인 근로자들이 정주하고 있다. 이를 반영하여 2010년 6월 2일, 기초단체장과 광역·기초의원, 비례대표(광역·기초·교육)의원 등을 뽑는 지방선거가 있을 예정이다. 이에 한나라당 부산시당에서는 이번 공천과정에서 다양한 사고와 경험을 한 인물을 공천할 방침인데, 이들 중에 특히 다문화가정을 대표할 수 있는 인물을 공천하겠다고 입장을 밝히고 있다; 2010.1.26. 부산일보 참조.

제3장 다문화 논의의 기본개념:
다문화주의와 문화다양성

Ⅰ. 서설: 다문화의 범람과 이론적 문제점

'다문화'라는 말은 이제 일상 속의 용어가 되었으며 심지어 범람의 상태에 놓여 있기까지 하다. 그러나 정작 다문화에 대한 논의에서 필요한 기본개념에 대한 이해라든가 다문화주의를 둘러싼 사회철학적 함의는 우리 사회에서 아직까지 충분히 다루어지고 있지는 못하다.[1] 이러한 문제는 특히 다문화 및 이주정책에서도 뚜렷하게 나타나고 있다. 현재의 '다문화' 논의는 결혼이주여성이나 국제결혼 가정의 자녀들을 지칭하는 용어로 축약되어 있다.[2] 그래서 정작 우

---

1) 최성환, 「다문화주의의 개념과 전망」, 287쪽 이하 참조.

2) 우리나라에서는 다문화가족, 다문화가정, 다문화정책 등의 용어를 사용하면서 정책대상을 결혼이주자 또는 재한외국인 등에 국한하고 있다. 이와는 달리 일본은 '다문화공생'이라는 용어를 채택함으로써 일본에서 서로 다른 인종들이 지역사회에서 함께 협력하면서 살아갈 수 있는 방

리 사회의 구성에서 점차 커다란 의미를 차지하고 있는 이주자들의 다양한 삶의 맥락을 시야에서 놓치는 경우가 많다.

우리 사회에 들어와 있는 이주자들의 구성 비율 중 가장 많은 비중을 차지하고 있는 사람들은 이주노동자들이다. 이들은 외국인의 유입 통계에서 60%에 가까운 비율을 차지하고 있다. 그리고 결혼이주여성들이 10%를 넘는 비율을 차지하고 있으며, 그 외에도 난민, 외교관, 유학생, 상사주재원 등 다양한 경로를 통해 들어와 있는 이주자들이 있다. 그럼에도 불구하고 정책과 언론 등에서 이주자들과 관련한 많은 사안들이 세밀한 분석과 검토 없이 결혼이주여성과 그 자녀들에 대한 교육문제 등에 초점을 맞추어 다문화 논의가 이루어지고 있다. 그 결과 우리 사회에서 커다란 비중을 차지하고 있는 이주노동자들에 대해서는 비가시화 전략을 취하고 있는 것이 일반적이다. 이주노동자에 대해서는 오로지 '불법체류자'에 대한 위험성과 범죄성을 부각시키면서 주어진 기한 내에 노동을 하고 자국으로 돌아가고 있는지 그렇지 않는지 통제와 관리의 측면에서만 바라보고 있는 것이다.[3]

실제의 상황이 이러함에도 불구하고 우리 사회는 '다문화'라는 말

법을 고민하고 있다. 일본에서도 다문화, 다문화사회라는 용어를 사용하고 있으나, 다문화가족이라는 용어는 사용하지 않고 있다. 우리나라의 다문화가족이라는 용어는 아직 정책의 중심이 가족에 국한되어 있고, 다문화와 상반되는 가부장적 가족제도를 고착시킬 수 있다는 우려도 제기된다. 이에 대해 자세한 것은 정상우, 「일본에서의 다문화사회 지원을 위한 조례연구」, 88쪽 이하 참조.

3) 한편 국가적 위기와 내전 또는 전쟁으로 인한 난민에 대해서는 전혀 사회적 보장 장치나 그들을 수용하는 난민수용국가로서의 정책은 부실하다. 난민을 심사할 전문가들의 전문지식의 부족과 몰이해가 문제되고 있으며, 난민에게 가장 필요한 경제적 지원과 주거안정의 문제를 도외시하고 그들 스스로 알아서 살아가도록 방치하고 있다. 난민문제의 법적 문제에 대하여는 고문현, 「난민수용의 실태와 인정절차」, 35쪽 이하; 장복희, 「국제인권법상 난민의 보완적 보호와 국내법제도 개선」, 651쪽 이하; 정인섭, 『난민의 개념과 인정절차』 참조.

로 마치 문화의 다양성을 존중하고 관용하는 나라임을 가장한다. 다문화가족, 다문화교육, 다문화정책 등등 범람하는 다문화와 관련된 여러 다양한 용어와 정책의 봇물 속에서 '다문화'로 포장된 우리 사회의 허구적 다양성 뒤에 가려진 이들 보이지 않는 이주자들의 삶을 이제 더 이상 간과해서는 안 된다. 또 우리 사회에서의 이주자들의 삶은 획일적인 방식으로 존재하는 것이 아니라 사회적 맥락 안에서 다양한 모습을 갖추고 있음을 직시하고 이를 존중하고 승인하는 일이 필요하다.[4]

여기에서는 다문화 및 이주정책과 입법에서 기초를 이루는 기본 개념들과 다문화와 관련된 사회철학적 논의들을 주로 다문화주의와 문화다양성 개념을 중심으로 살펴보고자 한다. 먼저 우리 사회에서 전개되고 있는 다문화 상황과 그에 대한 다양한 다문화정책과 입법이 어떤 방식으로 진행되고 있는지 간략하게 살펴보면서, 이러한 논의에서 보완이 필요한 부분이 무엇인지 검토하고, 이주법제의 체계적 연구의 가능성을 확보하기 위해 다문화와 관련된 다양한 개념들에 대한 이론적 검토를 진행할 것이다(Ⅱ). 이어서 이주법제에서 중요한 철학적 기초를 이루는 핵심개념인 다문화주의에 대해 그 논의와 관련된 독일에서의 다문화 관련 논쟁 사례를 먼저 살펴보고, 찰스 테일러가 주장하는 다문화주의와 승인의 정치에 대해 그 기본입장과 핵심내용이 무엇인지, 그리고 이주법제의 연구에 어떠한 시사점을 던져주는지 살펴볼 것이다(Ⅲ). 다문화주의와 더불어 이주법제에서 중요한 기초개념을 이루는 문화다양성에 대해서는 유네스코

---

4) 김영옥, 「새로운 시민들의 등장과 다문화주의 논의」, 129쪽 이하 참조.

선언과 문화다양성 협약 등에 대한 분석을 통해서 그 의의와 한계를 구체적으로 살펴볼 것이다. 문화다양성 협약에 대한 분석과 비판에서 테일러의 다문화주의가 가지는 의미가 현실적 법제의 차원에서 어떻게 구체화될 수 있는지 그리고 그 한계가 무엇인지 살펴볼 수 있을 것이다(IV). 마지막으로 다문화주의와 승인이론의 토대 위에서 다문화사회에 대한 이해와 태도를 어떻게 정해야 할 것인지 살펴보면서 이주법제의 체계적 연구를 위한 논의의 가능성과 한계를 제시하고자 한다(V).

II. 다문화 논의의 기본개념

1. 우리나라의 다문화 상황과 다문화정책의 문제

우리 정부가 생산직 인력난을 해소하기 위해 1991년 산업연수제도를 도입하면서 공식적으로 이주노동자의 취업을 허용한 지 상당한 시간이 흘렀다. 이제는 도처에서 경험할 수 있듯이 최근 우리 사회는 국제결혼 및 이주노동자의 유입과 북한이탈주민의 증가로 서로 다른 문화적 배경을 가진 다양한 민족과 인종이 공존하는 다문화사회로 급격하게 변화하고 있다. 이와 같이 이주노동자의 유입과 더불어 한국인과 결혼해 정주하는 외국인들도 증가하면서 우리 사회는 다문화사회로 급속하게 이행하게 되었고, 또 그에 따라 우리 사회의 순혈주의적인 문화도 상당히 바뀌고 있다. 그렇지만 아직도 다문화와 관련한 이주노동자 및 이주민에 대한 인식과 정책은 크게 바

꾀지 않고 있다. 정부는 초창기 이주정책과 관련하여 노동력 확보라는 측면에서 관리와 통제 위주의 외국인정책을 펼쳐오다가 이제는 사회통합을 강조하는 다문화정책으로 전환하고 있다. 이러한 정책 변화의 배경에는 이주노동자뿐만 아니라 국제결혼 등의 증가로 인하여 우리 사회가 급속하게 다문화사회로 변해가고 있다는 현실적 인식이 짙게 깔려 있다.

이와 같이 급격한 인구 구성 및 사회 환경의 변화에 따라 정부 차원에서도 이주정책에 대한 전반적인 정책수립을 위한 검토와 체계화를 시도하지 않을 수 없게 되었다. 2006년부터 본격적으로 '다문화정책'이라고 불리는 중앙정부 및 지방정부의 정책이 추진되기 시작하였으며 2006년 4월 처음으로 '여성결혼이민자 가족의 사회통합 지원대책'이 만들어졌고, 이후 「외국인정책기본법」, 「다문화가족지원법」 등 관련 법률이 제정되었다.

우리나라의 중앙정부나 지방자치단체에서 기획하고 추진하는 다문화정책은 크게 다음의 넷으로 분류할 수 있다: 다문화교육정책, 복지지원정책, 법률지원정책, 다문화이해정책.[5] 그중 다문화교육정책이 가장 비중이 크다.[6] 중앙정부와 지방자치단체, 공공기관 등에서 여러 가지 다문화정책을 실시하고 있지만, 정부의 각 부처와 지방자체단체는 다문화사회에 대한 이해와 철학 없이 서로 주도권을 장악하고 예산을 확보하는 차원에서 다문화정책을 수립하여 실시하고 있는 실정

---

5) 권순희 외, 『다문화사회와 다문화교육』, 109쪽 이하 참조. 박성혁은 다문화정책을 다문화교육정책, 보건·의료·복지지원정책, 법적 지원 정책, 상호 이해 정책으로 구분한다. 박성혁, 「우리나라 다문화교육 정책 추진 현황, 과제 및 성과 분석 연구」, 6-8쪽 참조.
6) 우리나라 다문화정책의 분석과 개선방향, 다문화 관련 법과 제도의 분석과 개선방향에 대해서는 권순희 외, 앞의 책, 101-172쪽 참조.

이다. 그 결과 각 부처와 지방자치단체의 다문화정책이 중복된 경우가 많으며, 또한 대부분의 다문화정책 및 프로그램이 동화주의의 관점에서 이주자들에게 한국어와 한국문화를 전수하여 우리 사회에 적응시키는 데 주로 초점을 맞추는 한계를 보이고 있다.[7)]

물론 정부의 정책들은 이전의 외국인정책에 비해 발전적이고 긍정적인 것으로 평가되지만, 정주의 대상자인 결혼이주자와 IT산업을 포함한 고급 전문기술 인력에만 사회적 수용과 통합을 적용하고 저숙련 노동인력에 대해서는 사회적 수용과 통합보다는 적절한 활용과 배제의 입장을 고수하고 있는 것은 여전히 문제라고 할 수 있다. 이주정책에 있어서 서로 다른 두 개의 접근방식, 즉 값싼 노동력 확보와 사회적 수용과 통합이라는 이중적인 정책으로 인해 우리 사회에서 일정한 시기 동안 머물다 가는 이주노동자의 인권과 그들의 문화 권리를 보호하고 진작하려고 하는 진지한 노력은 매우 미약한 편이라고 할 수 있다. 이주노동자에 대한 논의는 더 이상 일시적 현상이 아니라 우리 사회의 구성과 관련하여 중요한 주제를 이루고 있다는 점에서 보다 근본적인 인식의 변화가 요구된다. 이러한 인식 전환의 기초를 위해 다문화 논의에서 기초를 이루는 다양한 기본개념들에 대해 이론적인 검토가 필요하다.

2. 다문화 논의의 기본개념에 대한 이해

다문화 논의를 전개하기 위해 기본적으로 살펴봐야 할 개념들은

---

7) 다문화사회의 정책과 입법에 대한 다양한 견해에 대해서는 국회도서관에서 발간한 다음의 팩트북을 참조하라. 국회도서관, 『다문화가정 - 한눈에 보기』.

문화, 다문화, 다문화사회, 다문화주의, 문화상대주의, 문화다원주의, 문화다양성 등 매우 다양하다. 다문화주의와 문화다양성에 대해서는 이하에서 별도로 그 내용을 자세히 살펴볼 것이기 때문에, 여기에서는 전통적인 문화 개념이 가지는 문제점이 무엇인지 먼저 살펴보고, 이어서 다문화와 다문화사회 그리고 다문화주의에 대한 이해의 폭을 넓혀가도록 하겠다. 주로 다문화사회, 다문화주의 그리고 다문화 정책의 유형 등에 관한 지금까지의 학문적 논의를 중심으로 이주법제의 체계를 위한 기본개념들을 검토할 것이다.

무엇보다 먼저 분명히 해야 할 일은 단일한 문화로서 이해되는 전통적인 문화 개념은 오늘날 우리가 경험하고 있는 문화 현상에는 더이상 어울리지 않는다는 사실이다. 전통적인 문화 개념의 구상은 18세기 말 독일의 철학자 헤르더에 의해서 정식화되고 있다. 헤르더의 문화 개념은 크게 사회적인 동질화, 인종적인 기반 그리고 상호 문화적 경계설정이라는 세 가지 요소로 특징지어진다. 그러나 이러한 전통적인 문화 개념은 오늘날 더 이상 적절하지 않으며, 현대의 문화가 표출하고 있는 내적인 복잡성에 도저히 부응할 수 없는 것으로 평가된다.[8]

전통적 문화 개념이 기초하고 있는 인종적인 기반은 애매하며, 민족에 대한 정의도 허구적이다. 이러한 문화 개념이 관철되기 위해서는 역사적으로 분명한 혼합의 다양한 증거를 모두 부인해야 하는 어려움에 빠진다. 더욱이 그러한 편협한 민족에 대한 정의는 정치적으로 매우 위험한 것이기도 하다. 이러한 전통적 문화 개념이 가지는

---

[8] 문화 개념에 대한 일반적인 설명으로는 다음의 책을 참조하라. 드니 쿠슈, 『사회과학에서의 문화 개념』. 문화 개념에 대한 비판은 니시카와 나가오, 『국경을 넘는 방법』 참조.

본질적 한계를 직시하는 것이 무엇보다 중요하다. 전통적인 문화 개념의 구상은 외적인 경계 설정을 요구하는데, 여기에서 문제되는 타자의 문제는 근대의 특징적인 산물 중의 하나이다. 근대 주체의 형성에는 바로 타자와의 경계 설정이 전제되어 있다. 이와 같이 전통적인 문화 구상은 내적인 동질화와 외적인 경계 설정을 동시에 추구한다. 이 구상은 자신의 개념적인 귀결에서 문화적 인종주의라는 경향을 가지고 있다. 이와 같이 전통적인 문화 개념은 오늘날의 문화 현상을 고려할 때 경험적으로 잘못되었을 뿐만 아니라 규범적으로도 위험하고 근거가 미약하다.

전통적인 문화 개념이 아닌 새로운 문화 개념 위에서 전개되는 다문화사회란 어떤 사회이며, 어떠한 유형의 다문화사회가 존재하는가? 일반적으로 다문화사회는 사회를 구성하는 사람들의 민족적·인종적 특성에 따라 크게 다민족사회와 다인종사회로 구분되고 있다. 다민족사회는 인종보다는 다양한 민족이나 부족 및 그들의 문화로 구성된 사회이다. 반면에 다인종사회는 여러 민족보다는 다양한 인종으로 구성된 사회를 말한다. 여러 인종의 이민으로 형성된 미국이나 캐나다가 대표적인 다인종사회의 사례라고 할 수 있다. 이런 다문화사회의 두 가지 유형에 비추어볼 때 우리나라는 다민족사회의 유형의 다문화사회에 속한다고 할 수 있다.

1990년대 이후 우리나라에 이주한 외국인의 통계를 분석해보면, 우리나라에 이주한 외국인은 주로 아시아에서 온 아주노동자, 결혼이민자, 유학생들이 대부분을 차지하고 있다. 이와 같이 우리나라는 결혼 이민과 취업을 통해 아시아에서 유입된 여러 민족으로 구성된 다민족사회로 변화하고 있다고 할 수 있다. 이러한 사실로부터 일부에서는 미국이나 캐나다와 같은 다인종사회에서 실시되는 다문화정책과는 다르게 우리나라의 다민족사회에 적합한 다문화정책을 실시해야만 한다고 하는 주장을 내세우기도 한다.9) 물론 이러한 주장은 경청할 만한 내용을 담고 있기는 하지만 아직 어느 쪽의 다문화사회이든 뚜렷한 다문화정책의 방향성이 잡히지 않은 상황에서 이와 같이 차별성을 강하게 주장하는 것은 반드시 바람직한 모습은 아니다. 이와 관련해서는 실제 이들의 연구 속에서 서구의 다문화정책과 구체적인 차별성을 가지는 우리의 다문화사회에 적합한 한국적 다문화정책을 성공적으로 제시하고 있지 못하다는 점을 지적할 수 있을 것이다.

다문화주의는 학자에 따라 다양하게 정의되고 있지만, 일반적으로 학교, 기업, 도시 또는 국가와 같은 조직적 수준에서 인종의 다양성을 기초로 특정장소의 인구학적 구성에 적용되는 다양한 인종 문화를 수용하는 것으로 정의할 수 있을 것이다. 넓은 의미에서의 다문화주의는 현대사회가 평등한 문화적·정치적 지위를 가진 상이한 문화집단을 끌어안을 수 있어야 한다는 믿음으로 표현되기도 한다.10) 국내의 학자 중에서 윤인진은 다문화주의를 "일반적으로 한 사회 내 다양한 인종집단들의 문화를 단일한 문화로 동화시키지 않고 서로 인정하고 존중하면서 공존하게 하는 데 그 목적이 있는 이념체계"로 이해하고 있으며,11) 정상준은 "체계적인 이론이나 조직적인 운동이라기보다 특정한 사회의 지배적인 문화의 억압으로 인하

---

9) 김혜순 외, 『다문화주의의 한국적 이론화』; 최종렬 외, 『다문화주의의 이론적 패러다임과 국가별 유형비교』 참조.

10) 유네스코 아시아·태평양 국제이해교육원, 『다문화사회의 이해』, 89쪽 참조.

11) 윤인진, 「국가주도 다문화주의와 시민주도 다문화주의」, 73쪽 참조.

여 실현되지 못한 다양한 문화적 차이에 대한 인식 혹은 그 차이를 열린 마음으로 인정하고 포용할 수 있는 감수성 배양 및 이 목적을 달성하기 위한 일련의 전략과 행위"로 이해하고 있다.[12] 그 외에도 학자에 따라서 다양한 개념정의가 가능할 수 있을 것이다. 이러한 다양한 개념정의의 배후에는 다음과 같은 기본적인 이해가 자리 잡고 있다. 그것은 인식 및 실존의 측면에서뿐만 아니라 개인, 사회, 국가의 측면에서 다양한 문화의 혼재와 공존은 이미 되돌릴 수 없는 현실이 되었으며, 문화적 동일화의 논리만을 고집하여 다른 문화나 다양한 소수자들의 정체성을 무시하는 것은 일종의 문화적 폭력으로 간주될 수 있다는 것이다.[13]

다문화주의의 특성인 문화적 다양성을 인정하면서 사회통합을 이룬다고 하여도 그 다양성을 어느 정도까지 인정할 것인가에 따라서 다문화주의의 유형도 다양하게 분류될 수 있다. 일반적으로 다문화주의의 유형은 자유주의적 다문화주의, 공동체주의적 다문화주의, 급진적 다문화주의 셋으로 나누어진다. 자유주의적 다문화주의는 사회통합을 위해 문화적 다양성을 허용하여 민족 집단의 존재를 인정하지만 시민생활과 공적 생활에서는 주류사회의 문화, 언어, 사회관습 등을 따라야 함을 주장하며,[14] 공동체주의적 다문화주의는 자유

---

12) 정상준, 「문화적 다양성과 다문화주의」, 81쪽 참조.

13) 찰스 테일러는 "승인의 정치"라는 그의 논문에서 다문화주의를 문화적 다수집단이 소수집단을 동등한 가치를 가진 집단으로 인정하는 승인의 정치라고 정의하였다. 따라서 불인정과 잘못된 인정은 그 인정의 대상이 되는 다른 사람에게 상처를 주고 억압하며 허위의식에 빠지게 함으로써 그 사람의 존재양식을 변형시킨다고 보고 있다. Charles Taylor, Multicuturalism, 25쪽 이하 참조.

14) 자유주의적 다문화주의의 대표자로는 윌 킴리카가 있다. 킴리카는 사회적 문화로의 통합을 증진시키고자 하는 국민형성의 과정에는 이로부터 불이익을 받는 사회적 소수자들이 다음과 같은 네 가지의 선택에 직면하게 된다고 한다. 첫째, 그들 주변에 대규모 이민을 받아줄 만한 경제적으로 발전되고 우호적인 국가가 있는 경우 이들 국가로 이민하는 경우, 둘째, 좀 더 공정

주의적 접근방법보다는 다양성의 승인을 더 보장하면서 차별을 금지시키는 데 그치지 않고 사회적 소수자의 경쟁에서의 불이익을 인정하여 이들의 사회참여를 위한 적극적인 재정적·법적 지원을 통해 결과의 평등을 추구하고자 하며, 급진적 다문화주의는 소수집단이 자결의 원칙을 내세워 문화적 공존을 넘어서는 소수민족 집단만의 공동체를 지향하는 경향이 매우 강한 경우를 말한다. 이 밖에도 다문화주의의 유형을 상징적 다문화주의, 리버럴 다문화주의, 코퍼레이트 다문화주의, 연방제 다문화주의, 분단적 다문화주의, 분리독립적 다문화주의로 구분하면서 문화적 다양성의 인지 정도와 그 허용의 강약의 측면에서 분석하는 입장도 있다.[15]

그리고 많은 학자들이 커다란 관심을 가지고 연구하고 있는 다문화주의가 실현되는 정책의 유형은 동화주의, 통합주의, 다문화주의라는 세 가지 유형으로 분류하는 것이 일반적이다. 이러한 유형과 비슷하면서도 약간 다른 표현을 사용하는 경우도 있다. 그에 따르면 다문화정책의 유형은 용광로이론, 모자이크이론, 샐러드접시이론으로 구분된다.[16] 여기에서는 후자의 구분을 중심으로 동화주의, 통합주의, 다문화주의를 결합하는 방식으로 다문화정책의 유형을 간단하게 설명하겠다.

용광로이론은 기본적으로 동화주의의 관점에서 다문화정책을 실

하고 나은 통합의 조건을 협상하면서 주류문화에 통합을 수용하는 경우, 셋째, 자신들의 사회적 문화를 유지하는 데 필요한 일종의 자치권력을 추구하는 경우, 넷째, 사회의 주변부에서 단지 간섭받지 않기를 바라면서 영구적인 한계화를 받아들이는 경우 각각의 소수민족이나 인종 집단은 상이한 대응방식을 취한다는 것이다. Will Kymlicka, Contemporary Political Philosophy, Second Ed., 346쪽 이하 참조.

15) 이에 대해 자세한 것은 이순태, 「다문화사회의 도래에 따른 외국인 출입국 및 거주에 관한 법제연구」, 67쪽 이하 참조.

16) 권순희 외, 앞의 책, 108쪽 이하 참조.

시하는 것을 말한다. 한 국가의 주류집단인 다수 인종이나 민족의 문화와 소수 인종이나 민족의 문화를 용광로에 모두 녹여서 새로운 문화를 만들어냄으로써 사회를 통합하려는 정책이 그것이다. 용광로 이론은 동화주의의 관점에서 다문화정책을 추진하기 때문에 실제로 는 소수인종과 민족이 자신의 언어, 종교, 관습 등을 포기하고 그 사회의 주류집단의 문화에 동화되도록 강요함으로써 소수인종과 민족의 문화와 인권이 침해되고 주류집단과 소수인종이나 민족 간의 갈등을 심화시키는 문제를 초래할 수 있다.

모자이크이론은 통합주의와 다문화주의의 입장에서 다문화정책을 추진한다. 주류집단의 문화뿐만 아니라 소수인종과 민족이 자신의 문화를 유지하도록 허용함으로써 다양한 소수집단의 문화들이 공존하는 것을 인정하는 정책이다. 모자이크이론에서는 소수인종과 민족의 문화를 허용하기 때문에 문화의 다양성이 충분히 보장되는 것처럼 보이지만, 이 이론에서는 다수의 인종과 민족이 누리는 문화를 주류집단의 문화로 인정한 상태에서 부수적으로 소수인종과 민족의 문화를 허용하기 때문에, 결국 소수인종과 민족의 문화는 주류집단의 문화에서 소외되어 있는 주변문화로 전락하게 된다는 문제를 안고 있다.

샐러드접시이론은 다문화주의에 기반을 둔 다문화정책을 추진한다. 이는 다문화주의에 따라 주류집단이 소수집단의 문화를 동등한 가치를 지닌 것으로 인정함으로써 그 문화적 정체성과 다양성을 인정하고 보존하는 정책을 말한다. 샐러드접시이론은 여러 인종, 민족, 집단의 문화를 녹여서 새로운 문화를 만드는 것도 아니며, 단순히 여러 인종, 민족, 집단의 문화를 나열해 놓은 것도 아니고, 여러 인종, 민족, 집단의 문화를 결합하지만 각 집단의 고유성과 정체성을 유지하면서 전체 사회의 통합을 유지하는 정책을 지지한다. 이 이론에 기초한 다문화정책은 문화의 다양성을 중요한 가치로 인정하고, 여러 인종, 민족, 집단의 문화적 다양성이 동등하게 공존하도록 소수인종과 민족을 적극 지원하는 것에 초점을 맞춘다.

이렇게 볼 때 다문화주의에 대해 긍정적으로 파악하는 입장은 대체로 다문화주의 또는 샐러드접시 이론을 선호하는 것으로 드러나고, 자유주의적 입장에서 다문화주의 정책을 구상하는 경우에는 대체로 통합주의 또는 모자이크이론을 선호하는 것으로 파악된다. 이러한 고찰은 뒤에서 테일러의 승인이론적 다문화주의에 관한 부분에서 다시 한 번 다루어질 것이다.

마지막으로 문화상대주의에 대해서도 간단하게 살펴볼 필요가 있다. 문화상대주의는 문화는 다양하며 각 문화는 그 문화의 독특한 환경과 역사적·사회적 상황에서 이해해야 하며, 인간의 인식과 가치관은 문화에 따라 다르다고 보는 견해이다. 문화상대주의가 등장한 배경에는 과거 유럽, 즉 서구 중심의 문화 이해에 대한 비판적 반성이 깔려 있다. 문화상대주의의 입장에 따르면 문화에는 어떤 중심도 없으며 어떤 보편적 기준도 존재하지 않는다. 또한 문화는 각각 특수성과 독자성을 가지고 있어서 여러 개별 문화 사이에 가치 우열은 없다고 하는 것이 문화상대주의의 입장이다. 그러므로 특정 집단의 특정 문화를 이해하기 위해서는 관찰자의 관점이 아닌 그들의 관점에서 그들이 처한 문화적 맥락에서 보아야 하며, 특정한 설명적·이론적 틀을 들이댈 것이 아니라 동감적 태도로 조심스러운 현상학적 방법으로 보아야 한다는 것이다. 이러한 문화상대주의의 태도는 유럽 중심주의나 서구 중심의 문화관에서 벗어나 문화를 이해하는 데 기여하는 측면이 있다. 그러나 다문화를 문화상대주의적 입장에서 이해할 경우 각 문화의 고유한 특수성과 독자적 가치는 인정되겠지만 각 문화 서로 간의 대화에 대한 근거를 충분히 제시할 수 없다는 비판이 제기될 수 있다. 또한 문화의 충돌이나 갈등이 일어날 경우 문화상대주의는 '아무나 옳다'는 입장을 견지할 수밖에 없을 것이다. 문화 간의 충돌이 발생하는 경우, 특히 다수문화와 소수문화의 충돌과 갈등에서 문화상대주의는 아무런 대답도 줄 수 없으며, 결국에는 힘의 논리를 그대로 무기력하게 바라보아야 하는 입장에 빠질 수도 있을 것이다. 이와 같은 문화상대주의의 문제도 뒤에서 테일러의 다문화주의에 관한 고찰에서 다시 언급될 것이다. 이제 이주법제의 체계적 연구를 위한 중요한 핵심개념인 다문화주의와 문화다양성에 대해 살펴보도록 하자.

III. 다문화주의에 대한 이해

1. 독일에서의 다문화 논쟁: 물티쿨티와 주도문화

다문화주의는 미국과 캐나다와 같은 전형적인 이민국가에서 시작되었고, 점차 호주와 뉴질랜드 그리고 영국과 프랑스 등으로 확장되었다. 다문화주의에 대한 이해를 확실히 하기 위해서는 이들 국가에서의 다문화 논쟁을 자세히 살펴봐야 할 필요가 있지만,[17] 여기에서는 예시적으로 우리와 비슷한 여건이면서 우리보다 앞서 이주노동자 및 이주자와 관련한 문제를 겪었던 독일의 사례만 간단하게 살펴보도록 하겠다. 독일은 스스로 이주자의 나라가 아니라고 되풀이해서 주장하지만, 현재 약 1,400만 명의 외국인이 살고 있는 명실상부한 이주국가라고 할 수 있다. 수많은 이주노동자를 받아들였던 독일에서 다문화 관련 논쟁은 '물티쿨티(Multikulti)'와 '주도문화(Leitkultur)' 논쟁으로 특징지을 수 있다.

'물티쿨티'는 1980년대 말 독일의 외국인정책에서 처음으로 등장한다. 물티쿨티를 지지하는 입장은 다문화를 배타의 대상으로 바라볼 것이 아니라, 오히려 독일의 문화를 풍성하게 만드는 데 기여한다고 주장한다. 이러한 물티쿨티 개념은 1980년대 말 장기 체류하는 정착 외국인들에 대한 이주정책으로 구체화되었고, 1990년 말부터 점차 외국인정책으로 확대되어 전 사회 영역에서 활발하게 논의되었다. 특히 1998년에는 독일의 선거와 관련하여 녹색당이 선거 전략으로 물티쿨티를 강하게 주장했다.

이에 반해 '주도문화'는 2000년대에 들어와서 독일의 보수정당들이 물티쿨티에 대한 비판적 입장에서 제시한 개념으로, 한 사회에는 이를 주도하는 문화가 있기 마련이고, 이러한 주도문화는 그 사회의 정체성을 유지하기 위해 필수불가결하다는 것을 강조하고 있다. 2000년 11월 6일 CDU(기민당)는 지도부 회의에서 독일에 거주하는 외국인들을 독일 문화에 적응시키기 위해 독일어·독일 역사·독일 관습 등을 의무적으로 익혀야 한다는 '주도문화' 개념을 승인했다. 독일에 살기 원하는 외국인들은 독일 사회가 요구하는 문화와 법질서에

---

17) 각국의 다문화주의에 대한 설명은 최종렬 외, 앞의 책, 43쪽 이하 참조.

순응해야 하며, 이와 같은 원칙을 국가가 강제한다는 것이다.

당시 독일의 SPD(사민당)·녹색당 연립정부는 CDU의 '주도문화' 논쟁에 대해 시대착오적인 것이라고 비판했다. 그 당시 총리였던 슈뢰더는 CDU의 '주도문화' 개념에 대해 '매우 기괴하고 촌스러운 발상'이라고 폄하하고, CDU에 대해 소모적인 논쟁을 중단할 것을 촉구했다. 녹색당은 '주도문화'에 대항하는 '다양성의 문화'를 주창하며, CDU가 국수주의적 발상으로 세계적인 조류에 역행하고 있다고 비판했다. 귄터 그라스 같은 독일의 진보적 지식인들도 '주도문화' 개념이 게르만 민족의 우월성을 강조하던 나치 독일 당시의 외국인 정책과 유사한 느낌을 주고 있다고 비판했다.

이와 같이 물티쿨티와 주도문화 논쟁을 통해 구체화된 독일에서의 다문화 논쟁은 다문화와 관련한 논의에서 많은 시사점을 던져주는 매우 전형적인 논쟁의 형태를 보여주고 있다. 최근 우리 사회에서 반-다문화 현상이 두드러지게 나타나면서 외국인에 대한 반감과 적대감을 드러내는 경우가 빈번하게 발생하고, 다문화와 관련한 이론적 논쟁에서도 다문화 비판적 논의가 등장하고 있는데, 이러한 현상은 외국인정책에서 퇴보의 길을 걸었던 독일의 주도문화 논리와 매우 비슷한 양상을 보이고 있다. 그러나 주도문화의 논리는 문화의 다양성을 인정하지 않으며, 또 세계적인 조류에도 맞지 않는 시대착오적인 주장이라는 점에서 많은 비판을 받았음을 잊어서는 안 된다.18)

---

18) 최근의 다문화주의 실패 논쟁과 관련하여 새롭게 제기되는 공화주의적 주도문화에 대하여는 정창화, 「사회통합의 관점에서 바라본 다문화주의와 공화주의적 주도문화: 독일의 사례를 중심으로」, 73쪽 이하 참조.

2. 다문화주의의 철학적 기초: 승인이론적 다문화주의

다문화주의의 철학적 기초를 제대로 살펴보려면,[19] 윌 킴리카,[20] 찰스 테일러,[21] 비쿠 파레크[22] 등의 주장을 하나씩 면밀하게 살펴볼 필요가 있다. 킴리카는 자유주의적 입장에서 다문화주의의 철학적 기초를 다지는 입장이며, 테일러는 자유주의에 대한 비판자로서 공동체주의적 입장에서 '승인의 정치'와 관련하여 다문화주의의 철학적 기초를 밝히고 있다. 파레크는 소수 집단에게 예외적인 문화적 권리를 인정하는 것 역시 사회적 화합이나 문화적 다원성, 공동의 귀속감 등 집합적인 목적을 위해 가치가 있다는 점에서 단순히 다른 집단과의 평등만을 의식한 채 부정적으로 평가될 필요는 없다고 보며, 소수 집단의 문화적 권리 역시 사회가 존중해야 할 많은 가치들 가운데 하나라고 파악한다. 자유주의적 다문화주의의 문제점에 대해서는 앞에서 간단하게나마 살펴보았기 때문에, 여기에서는 다문화주의에 대해 승인이론의 차원에서 좀 더 진지하게 접근하고 있는 테일러의 다문화주의를 중심으로 그 내용을 간단하게 살펴보기로 하겠다.

테일러는 '다문화주의'에서 '진정성의 윤리'와 '승인의 정치'를 통해 소수자의 권리와 문화 차이라는 현대의 난제를 해결하고자 한다. 테일러는 개인의 '진정성 윤리'를 강조하지만, 윤리적 원자주의에 반대한다. 왜냐하면 개인의 정체성은 타자와의 관계 속에서 형성된

---

19) 다문화주의의 철학적 기초에 대하여는 진은영, 「다문화주의와 급진적 인권」, 259쪽 이하 참조.
20) Will Kymlicka, Multicultural Citizenship; 윌 킴리카, 『다문화주의 시민권』; 설한, 「킴리카의 자유주의적 다문화주의에 대한 비판적 고찰」, 59쪽 이하 참조.
21) Charles Taylor, 앞의 책.
22) Bhikhu Parekh, Rethinking Multiculturalism.

것이기 때문이다. 그는 소수자의 입장에서 국민국가의 민주주의적 형식에 대해 의문을 제기한다. 그 까닭은 근대 민주주의가 인민주권론에 기초하여 모든 사람의 자유와 평등을 보장하는 통합의 논리를 자체 내에 가지고 있지만, 동시에 배제의 논리로도 실제 작용하고 있기 때문이다. 절대 다수의 국민 구성원에 의해 운영되는 근대 민주주의 체제에서는 인민과 비인민, 국민과 비국민이 현실적으로 나누어질 수밖에 없다. 바로 여기에서 배제의 논리가 발생한다고 테일러는 지적하고 있다. 이러한 지적은 현대 민주주의국가에서 비국민으로서 이주노동자가 차별을 받을 수밖에 없는 구조적 문제를 분명하게 해주는 장점이 있다.[23]

소수자의 문제는 법적·정치적 측면에서도 합리적인 해결이 요구되는 영역이다. 이러한 문제 때문에 현대 민주주의국가는 대부분 대의민주주의를 근간으로 하면서도 대의민주주의가 포착하지 못하거나 처리하지 못하는 사안에 한해 예외적으로 직접민주주의적 요소를 가미하는 형태를 취하고 있다. 대의민주주의에서 주로 사용하고 있는 다수결주의는 모든 정치문제를 다수의 의결에 의해 또는 다수의 지지를 얻어 선출된 공직자 다수의 의결에 의해 결정해야 한다는 것을 고수하고 있다. 그러나 이것이 견고하게 구조화되면, 민주주의에서 소수에 대한 다수의 부정의한 억압을 배제시킬 수 있는 길은 존재하지 않는다. 실제로도 소수의 부정의한 횡포를 방지하고 다수의 주장을 대변하고자 했던 다수결 민주주의의 정의로운 절차가 항상 실질적으로 정의로운 결과를 산출해온 것만은 아니다. 테일러는

---

23) 한도현 외, 「이주노동자 등의 권익과 시민공동체」, 30쪽 이하 참조.

여기에서 비인민, 비국민으로 규정된 집단이 승인의 정치에 입각해 자기의 몫을 요구할 수밖에 없는 상황이 되었다고 본다.

테일러가 승인의 정치를 주장하게 된 배경에는 퀘벡 주 분리운동과 같은 구체적인 현안이 있었지만, 비인민과 비국민으로 규정된 집단의 권리를 인정하기 위해서는 승인의 정치가 필요하다는 것을 일반적인 이론의 차원에서도 잘 논증하고 있다. 이와 같이 테일러는 문화적 차원에서 차이의 승인에 기반을 둔 문화다원주의를 지지한다. 그는 인종이나 민족, 소수나 하위집단을 가리지 않고 모든 입장과 문화를 존중해야 한다고 주장한다. 다문화성은 차별성을 전제한 것으로 통약 불가능한 다양성의 존재와 관련되어 있기 때문이다.

테일러가 사용하는 승인의 개념은 헤겔의 『정신현상학』에서 나온 것이다.[24] 헤겔은 『정신현상학』에서 주인과 노예의 변증법을 통해 생사를 건 승인투쟁을 묘사하고 있다. 헤겔은 승인을 인간이 사회적·정치적으로 가치 있는 존재로 인정받고 싶어 하는 인간에 내재하는 주요한 욕구라고 밝히면서, 노예와 주인 사이의 승인투쟁을 통해 인간의 사회적 관계에서 상호 승인의 중요성을 주장한다. 헤겔은 사물, 소유, 노동의 개념을 중심으로 주인과 노예의 관계를 각각 해명하고, 이러한 불평등한 관계가 자기의식의 승인투쟁을 통해 상호 승인의 관계로 들어설 수 있을 때에만 비로소 극복될 수 있다고 본다. 상호 승인은 자신의 본질이 타자 속에 있으며 자신의 진리는 반드시 타자를 통해서만 실현될 수 있다는 사실에 터 잡고 있기 때문이다. 노예는 강제된 노동을 통해 이러한 승인투쟁의 필요성을 깨닫는다. 이러

---

24) 헤겔의 승인이론에 대하여는 Yunho Seo, Rechtsontologie und Hegels Rechtsbegriff, 128쪽 이하 참조.

한 승인은 자기와 타자의 구별 속에서 자기와 타자의 통일을 실현하는 보편적 자기의식을 목표로 한다. 이 목표는 개별적 대자존재의 자유에만 머무는 주인에 의해서가 아니라 오로지 타자의 욕구와 노동을 포함하는 노예에 의해서만 달성될 수 있다.

헤겔의 승인투쟁에서 노예는 주인을 위한 노동의 과정에서 자기 욕망의 절제를 학습하고 이를 통해 형식적 주인이 아니라 실질적 주인이 되는 가능성을 확보하게 된다. 주인과 노예의 승인투쟁에서 자기의식은 또 다른 자기의식과의 매개를 통해서만 구체적이고도 보편적인 자기의식으로 드러날 수 있음을 알게 된다. 헤겔은 상호 승인을 통해 도달한 보편적 자기의식이 바로 "나인 우리, 우리인 나"라고 주장한다. 헤겔에 따르면 타자와의 매개 없이 자기의식에만 머물러 있으면 '자아＝자아'라는 추상적 자기의식에만 매달려 있는 즉자적 상태를 벗어나지 못한다. 또 다른 한편으로 타자와의 변증법적 매개 과정이 없이 일방적인 보편만을 이야기하는 것도 그 내용이 결여된 공허하고 추상적인 차원에 머물 수밖에 없다. 이와 같이 테일러는 헤겔의 승인 개념을 통해 승인이 인간의 본질적 욕구에 해당하며, 개인의 정체성은 그 자체로 형성되는 것이 아니라 타자와의 관계 속에서 형성되며, 자기의 실현도 타자와의 승인 속에서 가능하다는 것을 주장한다.

테일러는 개인의 자기실현이라는 진정성의 윤리는 타인들과의 관계를 전제로 할 수밖에 없다고 강조한다. 우리의 정체성은 타자와의 관계를 전제로 하는 것이며, 그러한 관계가 정체성을 구성하는 내재적 요소를 이룬다. 그러나 그는 자기 자신에게 진실하라는 진정성의 윤리적 요구가 자기 폐쇄적이지 않다는 점을 강조한다. 그는 자신의 정체성을 승인받기 위해서는 자신을 넘어서는 영역 또는 지평이 필요하다고 한다. 개인은 타인들의 지평과의 관련 속에서 그 자신의 정체성을 형성하기 때문에 또한 그 속에서 타자와 차별되는 자기실현의 의미를 찾을 수 있다. 그렇기 때문에 테일러는 자기 진실성의 문화는 개인의 정체성을 형성하며 동시에 개인의 의미를 드러내주는 지평이라고 강조한다. 정체성의 형성과 자기 진실성의 실현은 이러한 지평을 형성하는 차별성, 다양성, 다문화성을 전제로 한다. 우리가 자기 진정성에 기초하여 자기를 실현하기 위해서는 이와 같은 지평이 필요하다. 개인이 자기에 충실하고 자기의 정체성을 승인받고자 한다면, 타자와의 지평을 의식할 수밖에 없고, 그렇다고 한다면 자연스럽게 그것으로부터 사회적 승인의 욕구가 발생할 수밖에 없다. 테일러는 이러한 사회적 승인은 상대주의적이고 자아도취적인 실현과 다른 것임을 분명히 하고 있다. 그것은 상호 승인에 기초하고 있기 때문이다.

이와 같이 테일러가 주장하는 승인의 정치는 개인의 차원에서만이 아니라 개인이 갖는 문화와 관련해서 살펴볼 수 있다. 개인의 승인은 개인이 자기 정체성을 형성해온 각각 고유한 문화의 정체성과 관련을 맺는다. 다시 말해 개인의 승인은 문화 간 차이와 그 차이를 승인하는 데서부터 시작한다. 테일러는 이러한 점에서 각각의 공동체가 갖는 특수한 이념과 이상에 대한 동등한 승인을 요구하는 문화 다원주의를 옹호한다. 파레크도 각 문화는 자신을 더 잘 이해하고 자신의 지적·도덕적 지평을 확대하기 위하여, 또한 그 상상력을 확장하고 자기 문화를 절대화하려는 명백한 유혹으로부터 스스로를 경계하기 위해 타자를 필요로 한다고 말한 적이 있는데,[25] 이것은 바로 테일러가 주장하는 '승인의 정치'의 요지라고 할 수 있다.

승인의 정치를 통해 다문화를 이해하기 위해서는 우선 그들과 우리의 차이, 다시 말해 그들의 정체성을 인정해야 한다. 또한 타자들도 우리처럼 그들의 세계관과 문화를 통해 우리가 공유하는 보편적 가치에 도달할 수 있다는 것을 인정해야 한다. 그렇지 않으면 일방적인 문화의 종속이나 문화의 충돌을 피할 수 없다. 승인의 정치를 통해 다문화를 이해하기 위해서는 우선 그들과 우리의 차이를 인정해야 한다. 현재 이주노동자들을 둘러싸고 우리 사회에서 벌어지고 있는 문제는 서로 문화가 다를 수 있다는 차이에 대한 승인의 결여 때문이다. 그들의 정체성 및 문화에 대한 불승인과 그에 기반을 둔 한국 문화로의 통합은 그들을 한국 시민과 다른 2등 시민의 위치로 몰고 있다. 이러한 문제를 극복하기 위해서는 상호 간의 수평적 존중과 상호 간의 정체성의 승인을 통해 서로 공존할 수 있는 지혜를 모아야 한다.[26]

테일러의 승인이론에 기초한 다문화주의에 대한 이해는 우리 사회의 문제를 고민하고 해결하는 데 많은 시사점을 제시해준다. 이주노동자와 이주자에 대한 우리 사회의 다문화정책은 기본적으로 배제와 동화의 논리 위에 서 있다. 다문화정책이 제대로 작동하기 위해서는 상대방의 자기 정체성을 승인해야 한다. 테일러가 주장하듯이 타자 정체성의 승인은 문화상대주의와는 다르다. 앞에서 살펴본 바와 같이 문화상대주의는 각 문화는 유일한 것이고 그 다양성을 인

---

25) Bhikhu Parekh, 앞의 책, 336-338쪽 참조.

26) 송재룡, 「다문화 시대의 사회윤리: 다문화주의와 인정의 정치학, 그리고 그 너머」, 79쪽 이하 참조.

정하자는 입장을 고수한다. 문화상대주의는 문화 간의 통약 불가능성을 주장하지만, 타자와의 상호작용은 고려하지 않는다. 다시 말해 타자와의 대화의 근거나 상호 작용할 수 있는 가능성과 이유를 찾아볼 수 없다. 그러나 상호승인에 기초한 테일러의 다문화주의는 이주노동자 및 이주자 등 소수자의 권리와 문화에 대한 정체성의 승인을 근본적인 것으로 파악한다. 이러한 점에서 소수자의 다문화와 차이를 기존 공동체의 문화와 통합을 위협하는 것으로 보는 우리 사회 일각의 다문화에 대한 인식은 테일러의 다문화주의에 대한 이해에 따르면 근원적으로 잘못된 시각임을 알 수 있다. 이를 통해 이주노동자와 이주자 등 우리 사회의 소수자와 약자를 배제나 통합의 시각이 아니라, 우리 사회의 다양성과 새로운 문화적 발전에 영감을 주는 것으로 이해할 수 있는 가능성이 확보된다.

3. 다문화주의에 대한 비판과 평가

앞에서 다문화주의의 내용을 테일러의 주장을 중심으로 간략하게 살펴보았지만, 다문화주의에 대한 비판도 다양한 측면에서 제기되고 있기 때문에 이 점에 대해서도 짧게 살펴볼 필요가 있다. 특히 정치철학의 영역에서 다문화주의에 대한 비판적 입장이 많이 나타난다.[27] 이들의 다문화주의에 대한 비판은 대체로 새로운 대안을 제시하는 것으로 정리되는데, 눈에 띄는 대안의 제시로 김비환은 실용-신중주

---

27) 정치철학에서의 다문화주의에 대한 비판으로는 다음의 글을 참조하라. 김비환, 「포스트모던 시대에 있어 합리성, 다문화주의 그리고 정치」, 205쪽 이하; 곽준혁, 「다문화 공존과 사회적 통합」, 23쪽 이하. 우리나라에서의 다문화주의 논의의 전개와 수용에 관한 전반적인 서술로는 김남국, 「한국에서 다문화주의 논의의 전개와 수용」, 343쪽 이하 참조.

의적 보편주의를 주장하고 있으며,28) 곽준혁은 비지배적 상호성을 제시하고 있다.29) 여기에서는 그 내용에 대한 자세한 고찰은 피하기로 하고, 초문화주의를 주장하는 벨쉬의 입장에 대해서만 간단하게 살펴보면서, 다문화주의 비판에 대한 비판을 언급하도록 하겠다.

벨쉬에 따르면, 다양한 문화의 상호 병존이라는 단순한 차원을 넘어서서 정신의 변화를 촉진시키는 문화화가 이루어지기 위해서 병존적인 다문화주의의 한계를 넘어서는 새로운 문화작용의 틀이 요구된다고 한다. 이것을 초문화주의라는 관점에서 고찰하는 것이 벨쉬의 기본 입장이라고 할 수 있다.30) 초문화주의라는 표현에서 TRANS가 가지는 의미로서 삼투작용과 상호적인 연결이라는 점에서 통문화주의로 이해할 수도 있지만, 기본적으로 단일문화라는 전통적 문화개념과 다문화주의가 전제하고 있는 내적 동질화와 외적 경계설정을 넘어서고 초월한다는 점에서 초문화주의라고 부를 수 있을 것이다. 이와 같은 벨쉬의 입장에 따르면, 다문화주의의 구상은 하나의 그리고 동일한 사회 안에서의 상이한 문화의 공존에 대한 물음을 제기하는데, 물론 이러한 문제제기 자체만으로도 다문화주의는 예전에 제기되었던 전통적 문화개념의 구상에 포함된 사회적인 동질화를 향한 요구에 비해서는 분명하게 하나의 진보를 의미한다고 할 수 있지만, 그러나 이러한 구상은 한 사회 내부에서의 문화적 복수성으로부터 비롯되는 문제의 해결에 어떤 기여도 할 수 없다고 한다. 그는 그 까닭을 여전히 예전의 동질화하는 문화 개념을 통해

---

28) 김비환, 앞의 논문, 230쪽 이하 참조.

29) 곽준혁, 앞의 논문, 34쪽 이하 참조.

30) 벨쉬의 초문화주의에 대하여는 최성환, 앞의 논문, 302쪽 이하 참조.

다문화주의의 구상이 만들어졌기 때문이라고 한다.

또한 벨쉬는 다문화주의에 내재하는 문화상대주의도 상당한 문제를 안고 있다고 보면서, 문화 사이의 우열을 거부하는 입장은 그럴듯해 보이지만, 실상은 모든 것이 가능하다는 극단적인 상대주의로 전락할 수 있다고 주장한다. 이와 같은 벨쉬의 다문화주의에 대한 비판은 킴리카 등의 자유주의적 다문화주의에 대해서는 타당하지만, 승인이론의 입장에서 문화상대주의적 입장과는 처음부터 거리를 두고 있는 테일러의 다문화주의에 대해서는 적절한 비판이라고 보기는 어렵다. 벨쉬의 비판 가운데에서 다문화주의의 구상은 모든 선한 의도에도 불구하고 개념적으로 여전히 전통적인 문화개념의 전제들을 지속하고 있다고 하는 비판도 경청할 만한 내용을 포함하고 있지만, 마찬가지로 승인이론에 기초한 다문화주의에 대한 비판으로는 적절하지 못하다.

그 외에도 문화의 공존과 사회적 통합이라는 관점에서 다문화주의를 비판하는 정치철학적 입장이 있는데, 그들이 서 있는 철학적 토대를 자세하게 분석해보면 대부분 자유주의적 입장에서 다문화정책을 구상하는 통합주의의 입장을 따르고 있는 것으로 파악된다. 이들은 통합의 위기(Integrationskrise)를 지적하면서 통합을 위해서는 다문화주의를 비판적으로 바라보아야 한다는 점을 강조한다.31) 그러나 이들의 입장에 대해서는 승인이론에 토대를 두고 있는 다문화주의에 대한 이해에 따르면 모두 사회철학적 기초에 이론적 결함이 있음을 지적할 수 있을 것이다.

---

31) Stefan Luft, Abschied von Multikulti: Wege aus der Integrationskrise.

Ⅳ. 문화다양성에 대한 이해

1. 인권으로서 문화적 권리에 대한 논의

이제 다문화주의와 함께 이주법제의 체계를 위한 중요한 기본개념을 이루는 문화다양성에 대해 살펴보기로 하자. 문화다양성을 이해하는 데 도움이 되는 중요한 법률적 자료로는 "문화적 표현의 다양성 보호와 증진 협약(Convention on the Protection and Promotion of the Diversity of Cultural Expressions, 이하 문화다양성 협약)"이 있다. 문화다양성 협약에서 논의되는 문화적 권리는 인권으로서의 의미를 갖는다. 인권의 차원에서 문화적 권리를 이해한다는 것은 무엇을 의미하는가? 이 문제는 문화다양성과 인권의 보편성의 관계 문제로 환원된다. 문화다양성 협약의 구체적인 내용을 살펴보기 전에 인권으로서 문화적 권리에 대해 살펴볼 필요가 있다.

인권으로서의 문화적 권리는 연대권과 더불어 제3세대 인권으로서 파악된다. 제3세대 인권은 제1세대 인권인 전통적인 자유적 권리와 제2세대 인권인 사회적 권리와는 달리 비교적 최근에 국제인권법의 영역에서 논의되기 시작하고 있다.[32] 문화다양성과 인권이라는 주제는 유네스코 선언의 2부에서 다루어지고 있다.[33] 그러나 다른 한편에서는 문화다양성이 오히려 인권에 대한 침해 요소가 될지도 모른다는 우려가 현실에서 제기된다. 프랑스에서 발생한 베일 착용 금지 법안을 둘러싼 논쟁과 여성의 음핵절제 사례가 그 예에 해당한

---

32) 제3세대 인권에 대하여는 인권법교재발간위원회, 『인권법』, 161쪽 이하 참조.
33) 유네스코 선언 제5조와 제4조, 협약 제2조의 내용을 참조하라.

다. 베일 착용금지 법안을 둘러싸고는 의견의 대립이 나타난다. 어떤 이들은 차이의 존중이라는 이름 아래 베일을 단지 정체성을 표현하는 수단이라고 보고 베일 착용을 비난하는 것은 내정간섭이며 신식민지주의라고 비판한다. 다른 이들은 종교적 상징인 베일은 세계도처에서 여성의 열등한 위치의 표지로 인식되고 있으므로 그것을 문화다양성이라는 이름으로 받아들이는 것은 관용의 탈을 쓴 인종주의라고 비판한다.

음핵절제의 사례에서도 마찬가지이다. 몇몇 소수집단이 지키고 있는 음핵절제의 관습은 대체로 가정 내에서 전통 산파에 의해 불법으로 어린 여자아이들을 대상으로 행해진다. 시술이 여러 합병증을 초래하여 여자아이가 응급실로 실려 가거나 사망하는 경우도 발생한다. 후자의 경우에는 여자아이의 부모와 산파는 상해치사로 기소되어 재판을 받게 된다. 법원에서는 이 관습을 둘러싸고 두 입장이 서로 대립한다. 계몽주의의 보편주의에 근원을 둔 인권을 옹호하는 입장과 조상들의 권위와 관습에 기반을 둔 전통문화의 권리를 옹호하는 입장이 서로 대립한다. 가족들은 관습에 의거하여 음핵절제 시술이 여자아이의 여성으로서의 정체성과 집단에의 귀속감을 강화시켜 주기 때문에 여자아이의 행복에 필요한 행위라고 주장하고, 다른 쪽에서는 음핵절제가 인간의 신체 보존권에 대한 동의 받지 않은 침해이며 형법상의 범죄에 해당한다고 주장한다. 베일착용 사례에서와 마찬가지로 음핵절제의 사례에서도 대부분 가족 및 여성들의 자발적 동의가 확인되기 때문에 판결의 어려움이 가중된다.

여기에서는 문화에 대한 두 가지 관점이 대립한다. 한쪽 끝에는 문화상대주의가 있고, 다른 쪽 끝에는 보편적 인권을 주장하는 현대

서구의 법학자들이 있다. 전자의 입장에 따르면 여러 문화의 가치를 평가할 초월적인 관점이 부재하기 때문에, 모든 문화는 동일한 가치를 가진 것으로 보아야 한다. 후자의 입장에 따르면 계몽주의 철학과 세계인권선언에서 비인간적인 관습을 보편적으로 단죄할 수 있는 법적 근거를 찾을 수 있으며, 이러한 보편적 원칙의 준수만이 인류의 미래를 보장할 수 있다고 한다. 이러한 대립의 배후에는 좀 더 근본적으로 보편적 인권 개념과 문화다양성 개념이 서로 양립 가능한가 하는 문제가 놓여 있다. 인권의 보편성과 문화다양성이라는 두 개념의 양립 가능성에 관해서는 논쟁이 여전히 진행 중에 있으며 매우 다양한 스펙트럼을 이루고 있다.[34] 이러한 사실로 볼 때 문화다양성이라는 개념을 이해함에 있어서도 앞에서 살펴본 승인이론에 기초한 다문화주의에 대한 이해가 얼마나 근본적인지 알 수 있을 것이다. 승인이론적 다문화주의는 문화다양성과 인권의 보편성의 양립 가능성을 파악하는 데 중요한 역할을 할 수 있을 것이다.

2. 문화다양성에 대한 검토: 문화다양성 협약의 내용과 한계

이제 문화다양성 협약 속에서 문화다양성 개념이 가지는 의미와 한계가 무엇인지 살펴보기로 하자. 먼저 문화다양성 협약에 대한 선행연구의 내용을 검토하고, 이어서 문화다양성 협약의 내용과 그 속

---

34) 이에 대해 자세한 내용은 다음의 글을 참조하라. 김남국, 「문화적 권리와 보편적 인권: 세계인권선언에서 문화다양성협약까지」, 261쪽 이하. 김남국의 논문의 내용은 다음과 같다: III. 1948년 세계인권선언: 전후 정치환경과 문화적 권리의 부재. IV. 1966년 협약들과 2005년 문화다양성협약: 문화적 권리의 발전. V. 결어: 보편적 인권으로서 문화적 권리. 김남국은 이 논문에서 문화적 상대주의와 보편주의를 그 강도에 따라 각각 3단계로 나누어 고찰함으로써 문화적 권리와 보편적 인권이 서로 양립할 수 있는 가능성을 모색하고 있다.

에서 중심을 이루는 문화다양성 개념에 대해 살펴보기로 하겠다.

문화다양성 협약에 대한 법학에서의 대부분의 논의는 국제경제법의 관점에서 진행되고 있다.[35] 법학 이외의 연구에서는 대부분의 논의가 문화산업과의 관련 속에서 진행되고 있다.[36] 국제인권법의 차원에서 본격적으로 문화다양성 협약을 인권으로서 파악하는 연구는 찾아보기 어렵다. 국내에서 문화다양성 개념에 대한 이해는 스크린쿼터를 수호하고자 하는 영화계의 논리로 비춰져 왔으며, 또 실제로 세계 문화다양성 운동과 유네스코의 문화다양성 협약의 국회 비준 촉구에 있어 국내 영화계의 적극적인 참여와 주도가 있었던 것도 분명한 사실이다. 그러나 급속한 세계화와 인터넷의 확산으로 집단 및 국가의 고유한 문화정체성 상실과 문화 획일화에 대한 우려가 높아지는 요즈음 문화산업의 분야를 넘어 문화다양성에 대한 올바른 이해를 전개하는 것이 필요하다. 그러나 우리 국내의 현실에서는 현재 문화다양성 협약의 국회 비준이 지연되고 있으며, 협약의 필요성에 대한 국내의 인식 또한 상당히 부족하다.[37] 문화다양성 협약에 대한 관심과 인식의 전환이 무엇보다 필요하다.

문화다양성은 전 세계 다양한 문화집단의 고유한 정체성이 그 자체로 인정되고 보존될 때만이 인류가 건강하게 발전할 수 있다는 사고에서 발전하였으며, 이러한 논의를 유네스코가 적극적으로 수용해

---

35) 법학에서의 문화다양성 협약에 관한 연구로는 서헌제, 「문화다양성협약에 대한 법리적 연구」, 211쪽 이하; 박병도·김병준, 「문화다양성과 국제법-문화다양성협약을 중심으로」, 377쪽 이하 참조. 그 외에 이근관, 박경신, 이해영, 박덕영, 박현석, 이한영 등의 연구가 있다.

36) 법학 이외의 학문 분야에서 문화다양성 협약에 관한 연구로는 김정수, 「문화산업, 문화교역, 그리고 문화다양성」, 41쪽 이하; 윤지원, 「유네스코 문화다양성협약과 관련 사례」, 34쪽 이하. 그 외에 강내희와 영화진흥위원회 등의 연구가 있다.

37) 문화다양성 협약에 관한 자세한 내용은 유네스코한국위원회, 『유네스코와 문화다양성』 참조.

2001년 11월에 열린 제31차 총회에서 '세계문화다양성 선언(Universal Declaration on Cultural Diversity)'을 채택하였다. 이 선언 제1조에 제시된 문화다양성에 대한 견해는 다음과 같다: "문화는 시간과 공간에 따라 다양하게 나타난다. 이러한 다양성은 인류를 구성하고 있는 각각의 집단과 사회의 독특함과 다원성 속에서 구현된다. 생물다양성이 자연에 필요한 것과 같이 교류, 혁신, 창조성의 근원으로서 문화다양성은 인류에게 필요한 것이다. 이러한 의미에서 문화다양성은 인류 공동의 유산이며 현재와 미래 세대를 위한 혜택으로서 인식되고 확인되어야 한다."

이러한 입장은 유네스코의 "문화다양성 협약"의 전문에서 다시 한 번 확인된다. 문화다양성 협약은 2005년 제33차 총회에서 채택되었고, 2007년 3월 18일에 발효되었다. 이 협약은 문화다양성이 인류의 기본적인 특성이며 지속 가능한 발전의 원천이고 국내·국제적 차원에서 평화와 안전을 위해 필수불가결한 요소라는 인식을 바탕으로 하고 있다. 협약의 기본 목적은 '문화 간 대화 장려와 문화상호성 강화', '문화적 표현의 다양성에 대한 존중의식을 높이기 위한 국내·국제적 인식증진 및 활동', '정체성과 가치 및 의미를 전달하는 수단으로서의 문화 활동과 상품에 대한 인식'과 더불어 '개도국의 역량 강화를 위한 국제적 연대강화'와 '문화적 표현의 다양성을 보호하기 위한 개별국가의 주권적 권리'를 재확인하는 것이다.[38]

이 협약의 주요 내용은 다음과 같다: 당사국의 권리로서 문화다양성의 보호 및 증진을 위한 규제, 재정지원, 공공기관 설립 및 지원

---

38) 정갑영, 『문화다양성협약 실행을 위한 문화정책과제 및 교류협력사업 개발연구』, 23쪽 이하 참조.

등의 조치를 취할 수 있음(제6조), 당사국은 자국 영토 내의 문화적 표현이 소멸할 위험 등 긴급한 보호가 필요한 특수한 상황의 존재를 결정하고 적절한 조치를 취할 수 있으며, 이를 정부 간 위원회에 보고함(제8조), 당사국은 4년마다 문화다양성의 보호 및 증진을 위해 취한 조치를 유네스코에 보고하며, 이와 관련된 정보를 공유 및 교환함(제9조), 당사국은 문화적 표현의 다양성 보호와 증진을 위한 시민사회의 중요한 역할을 인정하고, 이 협약의 목적을 달성하기 위한 당사국의 노력에 시민사회가 적극적으로 참여할 수 있도록 장려해야 함(제11조), 당사국은 이 협약의 의무를 성실히 이행하며, 다른 조약에 종속되지 아니하고, 다른 조약을 해석·적용 시 또는 이후 다른 조약 체결 시 문화다양성 협약의 관련 규정을 고려함(제20조), 이 협약의 해석이나 적용에 관한 당사국 간의 분쟁은 교섭, 주선, 중재 또는 부속서에 따른 조정절차를 통해 해결할 수 있음. 단 당사국은 비준, 수락, 승인 또는 가입 시 상기 조정절차를 승인하지 아니함을 선언할 수 있음(제25조).

이와 같이 문화다양성 협약은 인권으로서 문화적 권리에 대한 인류의 상당한 진전을 그 내용으로 규정하고 있음을 알 수 있다. 그러나 본질적인 측면에서 여전히 비판과 한계에 부딪히고 있다. 특히 문제되는 점은 문화다양성이라는 용어가 아직 명확한 철학적·정치학적·법적 개념으로 정립되지 못하고 있다는 사실이다. 이 용어는 문화적 예외라는 상대적으로 수동적·방어적 개념을 대체하기 위하여 급조한 개념으로서 그 구체적인 내용이 부족하다는 문제를 안고 있다. 이러한 사실은 먼저 유네스코 "선언"의 모태 역할을 하고 있는 "우리의 창조적 다양성"에서도 정작 문화다양성이라는 용어에 관한 만족할 만한 개념정의를 찾아볼 수 없다는 사실에서도 잘 드러난다.[39] "협약"에 이르러서야 문화다양성 개념의 공식적인 정의가 비로소 등장하는데, 이때에도 여전히 이전의 개념정의의 문제를 제대로 해결하지 않고 그대로 유지하고 있는 문제가 나타난다.

"협약"은 먼저 다양한 일련의 용어들에 대한 개념정의를 제시하고 있는데, 여기에서 문화다양성 개념은 다음과 같이 설명되어 있다: "문화다양성은 집단과 사회의 문화가 표현되는 다양한 방식을 말한다. 이러한 표현들은 집단 및 사회의 내부 또는 집단 및 사회 상호간에 전해진다. 문화다양성은 여러 가지 문화적 표현을 통해 인류의 문화유산을 표현하고, 풍요롭게 하며, 전달하는 데 사용되는 다양한 방식뿐 아니라, 그 방법과 기술이 무엇이든지 간에 문화적 표현의 다양한 형태의 예술적 창조, 생산, 보급, 배포 및 향유를 통해서도 명확하게 나타난다." 이와 같은 협약에서의 문화다양성 개념에 대한 설명에서 우리는 문화다양성이란 용어의 의미가 정확히 무엇이며, 그것이 어디서 기원하며 또 어떤 가치를 가질 수 있는지 구체적으로 설명하지 못하고 있음을 알 수 있다. 오히려 협약의 설명에서 문화다양성 개념은 문화적 표현의 다양한 형태와 동일한 의미로 사용되고 있음을 알 수 있는데, 이로써 유네스코가 지금까지 견지해왔던 문화에 대한 인류학적 해석, 즉 문화적 재화와 서비스뿐만 아니라 가치, 믿음, 언어를 총괄하는 개념으로서의 문화의 의미는 상당히 축소되고 있음을 알 수 있다.

이러한 개념의 혼동은 문화다양성에 관한 협약이 아니라 문화적

---

39) "우리의 창조적 다양성"은 유네스코가 위촉한 세계문화발전위원회가 1996년 7월에 제출한 보고서에 해당한다.

표현의 다양성을 보호하고 증진하기 위한 협약이라는 "협약"의 제목에서도 충분히 예견할 수 있다. 물론 유네스코는 "자주 제기되는 30개 질문"에서 "왜 협약이 문화다양성 전체를 다루고 있지 않은가"라는 물음에 대해 유네스코가 마련한 여러 법적 장치들이 이미 작동 중이기 때문이라고 답하고 있는데, 그러나 이러한 대답이 개념정의의 부재를 정당화할 수는 없다. 창조적 다양성에서 문화다양성을 거쳐 문화적 표현의 다양성에 이르는 동안, 문화다양성은 적어도 공식적인 주요 텍스트에서는 확실한 개념정의 없이 폭넓은 의미의 영역에서 표류하고 있다. 협약의 표결에 참여한 154개 국가 가운데, 148개 국가가 찬성하였고, 4개 국가가 기권, 2개 국가가 반대하였다. 반대한 두 나라는 미국과 이스라엘이다. 제대로 정의되지 않은 개념에 대한 세계적인 열광은 다양성이라는 용어가 가진 해석의 여지가 매우 넓다는 데서 기인한다. 그러나 다양성 개념의 의미가 명확히 밝혀지지 않고 그 개념을 뒷받침하는 전제들이 분석되지 않을 때 그 개념은 여러 오해를 불러일으킬 수 있으며, 명확한 개념정의의 부재는 결국 용어의 남용으로 이어질 수 있다는 문제를 야기한다.

이 문제와 관련하여 프랑수아 드 베르나르는 다음과 같이 지적하고 있다. "문화다양성이라는 개념이 무비판적으로 아무 때나 아무 주제에서나 나오면서 언어 인플레이션이 계속 심화되고 있다. 이러한 현상은 오늘날 상업광고의 슬로건 차원으로 전락한 이 표현이 본래 드러내야 할 본질적 대의를 손상시키는 것이다. 따라서 이 말의 유용성과 가치 자체를 파괴하는 무책임한 사용에 맞서 문화다양성의 개념을 재정의하고, 동시대의 지평에 확고히 뿌리박을 수 있도록 적절하고 새로운 지위를 회복시켜 주는 것이 필수적이다."[40] 세계화가 인류에게 가져온 새로운 기회와 위협에 대한 능동적 대응으로서 문화다양성이라는 개념이 진정한 가치를 가지고 풍요로운 결실을 맺기 위해서는 그 개념이 가진 진정한 의미에 대한 깊은 성찰이 필요하다. 프랑수아 드 베르나르는 문화다양성 개념의 재정립을 위해 가장 필요한 작업의 하나로 다양성 개념이 라틴어 어원에서 가졌던 의미의 회복을 제안하고 있다. 라틴어에서 diversus라는 단어의 의미는 대립, 불일치, 모순 등 적극적이고 동적인 의미에서의 상이함을 의미하는 것이지, 소극적이고 정적인 의미에서의 다수성과는 거리가 멀다. 이 단어는 신사적이고 온화한 합의보다는 투쟁 속에서 생겨나는 운동을 뜻하는 것이 본래의 의미에 가깝다. 그렇다면 문화다양성을 이러한 적극적 의미에서 실현하기 위한 조건, 즉 문화의 혼합과 공유의 가능조건이자 차이들의 상호 파괴적이지 않는 공존의 조건을 찾아내는 것이 중요한 문제로 떠오른다. 이를 위해서는 승인이론적 다문화주의를 이론적 기초로 문화다양성의 새로운 명확한 개념 정의 작업이 필요하다.

V. 결어: 승인이론과 다문화주의

도처에서 우리는 혼합과 융합의 문화 현상을 경험한다. 오늘날 정체성의 문제가 크게 대두되는 것은 지금이 일종의 위기이며 전환기라는 것을 시사한다. 오늘날 우리와 타자의 경계가 애매해졌으며,

---

40) 김창민 외, 「세계화 시대의 문화논리-문화다양성과 정체성 확보를 위한 해외 문화 전략 사례 연구」, 15쪽 이하 참조.

우리 자신에 대한 진정한 이해를 위해서는 무엇보다도 타자에 대한 인식이 필수적이라는 관점이 일반화되고 있다. 테일러의 승인이론적 다문화주의는 이 점을 분명하게 밝혀준다. 다문화주의와 문화다양성의 요체는 기본적으로 이 세상이 다양한 인종과 문화로 이루어져 있다는 사실의 인식과 자기 자신의 정체성에 관하여 생각하는 방식이다. 자기 자신에 대한 이해와 성찰은 필연적으로 타자에 관한 이해를 전제로 한다. 문화는 끊임없는 형성의 과정이고, 이런 과정에서 갈등은 오히려 문화의 창조적 요소이며, 심지어 갈등이 전제되지 않는다면 새로운 것의 창조는 불가능하다. 이것은 다양한 문화들 사이에서만이 아니라 특정한 개별 문화 안에서 이루어지는 변화와 발전의 과정에서도 타당하다. 우리는 끊임없이 새로운 문화를 창출하면서 기존의 문화 이해를 넘어서고 있다. 우리에게 갈등의 소지를 제공하는 타문화는 우리 문화 속으로 파고들어 새로운 형성체를 가능케 하는 근본 동력이 된다.

　다문화주의가 경직화된 이념적 구호로 그치는 것이 아니라 실제적인 상호 소통적 융합이 이루어질 수 있는 열린 다문화주의로 나아가기 위해서는 교육, 매체, 개인 그리고 국가 등의 다양한 노력과 성찰적 실천이 요구된다. 타문화에 대한 이해는 단순히 타자에 대한 이해가 아니라 우리 자신을 포함한 인간에 대한 이해이어야 한다. 우리도 그들에게는 타자일 뿐만 아니라 우리와 그들이 합해서 바로 인류를 형성하기 때문이다. 문화는 일종의 열려 있는 의사소통적 공간으로서 나와 타자를 연결시키는 가교의 역할을 한다. 승인이론에 기초한 다문화주의에 대한 이해와 문화다양성에 대한 이해는 합리적이고 체계적인 다문화정책과 입법을 위해 반드시 확보해야 할 기본개념이다. 이와 같은 철저한 사회철학적 기초 위에 정립된 다문화주의와 문화다양성 이해가 전제되어야 인권으로서의 문화적 권리가 보장되는 사회가 실현될 수 있다. 또 그렇게 될 때에만 다문화 상황은 우리가 태어난 불완전하고 제한적인 문화 속에서는 도저히 불가능했던 문제를 해결하고 우리 자신을 실현할 수 있는 공간과 기회를 제공해줄 것이다. 진정한 자신과의 대면을 가능하게 하는 것은 다른 문화의 존재들이다. 이렇게 볼 때 다문화주의와 문화다양성은 우리가 질서를 유지하고 평온하게 살기 위해 그리고 사회적 통합을 유지하고 갈등을 방지하기 위해 관용적 태도를 가지고 감수해야 하는 불행이나 불편함이 아니라 오히려 일종의 축복이 될 것이다.

02

이주사회와 이주법제

제4장 이주사회로의 변화에 따른 입법적 대응

I. 들어가는 말

2015년 1월 현재 한국에 합법적으로 장기체류 중인 외국인의 수는 138만 명으로 전체 인구의 2.7%에 해당한다.[1] 이미 한국 국적을 취득하여 대한민국 국민이 된 외국이었던 한국인까지 넓은 의미의 외국인으로 본다면 한국 인구 가운데 외국인이 차지하는 비중은 더욱 커진다.[2] 외국인의 유입은 그 정도에 다소 차이가 있겠지만 꾸준히 증가할 것으로 예상되며, 유입외국인과 원주 한국인 사이의 관계는 지금까지와는 상당한 변화가 있을 것으로 예상된다.

---

[1] 법무부 출입국·외국인 관리본부, 『출입국·외국인정책 통계월보』 2015년 1월.

[2] 독일의 경우는 장기 체류목적 체류외국인은 물론 독일 국적을 취득하여 독일 국민이 된 외국인을 모두 합쳐서 '이주배경을 가진 자(Migrationshintergrunde)'라고 표현하고 있다. BMI, Migration und Integration, 2011 참조.

최근 체류외국인 수가 '급증'[3]하면서 한국사회가 다문화사회가 되어간다고 한다. 늘어난 외국인은 단일민족, 순혈주의, 단일국가, 단일문화와 전통에 익숙해 있던 한국사회에 상당한 도전과 과제를 제기하고 있다. 외국인과의 혼인으로 구성된 이른바 다문화가족 대책 등이 시급하였으며 외국인 노동자 처우에 대한 국내외의 비판, 재외동포의 유입, 유학생을 비롯한 장기 체류외국인의 절대수의 증가는 출·입국, 체류, 정주, 노동, 국적취득 등 모든 분야에서 이전과 다른 패러다임을 요구하였다.

외국인과 다문화가족의 증가에 대응하기 위한 여러 법령이 새로이 만들어졌고 다양한 정책들이 수립되어 추진되고 있다. 그러나 이러한 사안들을 종합적으로 파악하고 대책을 마련하기 위한 이론적 토대가 미약한 가운데 현상 해결이라는 과제를 해결하기 위하여 단기간에 많은 법령이 집중적으로 제정되고 주요 법률들이 개정되었다. 각 법률 간의 통일성 및 체계성이 미흡하고, 수범자들이 이해하기 어려운 내용과 불명확한 조문으로 인하여 법집행과정과 법현실에서 많은 문제가 생겨나고 있다. 법률들의 대부분이 임의규정 형식으로 되어 있어서 구체적 집행 부분에서 여러 가지 어려움이 생겨나고 있다.

이주법제의 현황과 주요 내용을 소개하고, 해당 법률들의 문제점과 대안을 입법학적 측면에서 검토하는 것을 목적으로 한다. 이를

---

3) '급증'이라는 표현을 쓴 이유는 한국사회는 한국전쟁 때를 제외하고는 외국인이 한국에 다수 체류한 적이 없었을뿐더러 이러한 현상은 대한민국 정부 수립 이후 1990년대 초까지도 커다란 변화가 없다가 1990년대 중반으로 접어들면서 유입 및 체류외국인의 수가 급격히 늘어났기 때문이다. 그밖에도 '급증'이 가지는 뉘앙스는 한국사회가 이에 미처 대응하기 전에 이미 그 수가 늘어나버렸음을 의미하기도 한다.

위하여 첫째, 다문화주의와 다문화사회에 대한 간략한 의의를 소개
한 뒤, 주요 법률의 내용을 요약 정리한다. 이어서 입법학적 측면,
특히 입법원칙을 도구로 하여 이주 입법의 문제점을 검토하고 그에
따른 개선방안을 제시하고자 한다.

Ⅱ. 이주법제의 현황과 주요 내용

1. 이주법제의 기초로서 다문화주의, 다문화사회

한국사회가 다문화사회인가?[4] 아니면 다문화사회로 가고 있는가?
아니면 다문화사회라고 볼 수 없는데 다문화사회라고 성급하게 생
각하고 있는 것은 아닌가라는 질문을 던질 수 있다. 많은 견해가 한
국사회가 급속히 다문화화(多文化化)하고 있으며 머지않은 장래에
한국사회는 다문화사회가 될 것이라고 전망하고 있다. 이러한 논의
의 중심은 결국은 출생에 의한 국민이 대부분을 차지하고 있던 한국
사회에 외국인들이 급속히 유입되고 또 상당수의 외국인이 국적 취
득을 통하여 대한민국 국민의 지위를 얻어서 대한민국이라는 정치
적 공동체의 의사결정에 동등하게 참여하고 있다는 현상과 이들의
숫자가 생각보다 빠르게 늘고 있다는 현실을 반영하고 있다. 외국인
과 외국계 한국인이 기존의 한국사회에서 늘고 있고 이에 대한 근본
적인 대응을 모색하여야 한다는 것을 의미한다. 헌법적 측면에서 말

---

4) 이종수, 「다문화사회와 국적」, 46쪽 이하.

한다면 주권자인 국민의 구성이 다원화하고 있으므로 외국인에 대한 헌법적·법적 입장에 어떠한 변화가 있어야 하는 것은 아닌지의 문제라고 할 수도 있다.

다문화사회와 이에 대응하는 다문화주의의 구체적인 방식 가운데서 가장 지속적이고 강한 효력을 가지는 것은 관련 법제의 마련과 이에 기초한 제도의 정비일 것이다. 법제도는 일단 마련이 되면 다시 원상태로 되돌리기가 매우 어려우며 성질상 입법목적의 달성을 위해 앞으로만 나아갈 뿐 전면적인 복귀나 수정은 매우 어렵다. 한국사회가 다문화사회로 바뀌었으나 새로운 사회를 유지하기 위한 규범이 필요하다는 논의는 우선 다문화사회가 어떠한 사회이며, 한국의 현실이 그러한 상태가 되었는지 이에는 어떠한 가치질서를 기초와 수단으로 대응하여야 하는지에 대한 진지한 논의가 있어야 한다.

2. 한국 이주법제의 현황

1) 입법동기

한국사회는 오랫동안 이른바 단일민족, 단일국가라는 순혈주의적 생각을 가지고 사회를 유지하여 왔다. 개인은 물론 국가도 민족주의를 앞세워 순혈성을 강조하여 왔으며, 이러한 생각은 헌법에도 일정 부분 담겨 있다. 헌법 전문은 '동포애', '민족의 단결'이라는 표현을 사용하고 있으며, 헌법 제9조는 '민족문화'의 창달을 국가의 과제로 정하고 있다. 또한 헌법 제2조의 수권을 받아 제정된 「국적법」이 당초 국적 취득요건을 철저한 부계혈통주의로 하고 있었던[5] 점도 한 예이다.

급속한 산업화와 산업구조의 개편, 생활수준의 향상, 고학력화, 고임금 등은 노동시장의 급속한 재편을 가져왔다. 특히 제조업을 중심으로 하는 산업 부분에서 심각한 노동력 부족을 야기하였다. 특히, 3D 업종이 심각한 노동력 부족을 겪었다. 결국 부족한 노동력을 확보하기 위해 동남아시아 등지에서 '산업연수생'이라는 변칙적 방법으로 외국인 노동력을 받아들여 노동시장에 투입하였다. 이 정책은 동남아시아 등 저개발국가의 단순 노동인력과 한국계 중국인(이른바 '조선족')의 대량유입[6]을 가져왔다.

외국인의 증가는 노동시장뿐만 아니라 농촌에서도 일어났다. 급격한 도시화와 농촌인구의 고령화, 농촌의 미혼인 남성의 증가에 따라 국제결혼이 늘어나게 되었다. 주로 베트남, 중국 등지의 여성과 한국의 고령 농촌 남성의 혼인이 급격히 늘어났다.[7] 외국인과의 혼인이 늘어나면서 전통적 사고에 기초하고 있던 농촌사회가 많은 변화를 겪었다. 특히, 가부장적 사고를 가진 내국인 배우자와 외국인 부인과의 관계, 국민배우자의 부모(대부분 시부모)와 외국인 며느리

---

5) 「국적법」의 부계혈통주의는 남녀평등원칙, 특히 가족생활에 있어서의 양성의 평등원칙(헌법 제36조 제1항)에 위배되며, 그 자녀의 경우(부가 외국인, 모가 한국인)에 대해서도 불합리한 차별을 가져온다고 하여 위헌이 확인되었다(참조, 헌재 2000.8.31. 97헌가12) 이후 국적법은 개정이 되어 현재의 법률은 양계혈통주의를 택하고 있다(국적법 제2조 제1항 제1호).

6) 1992년 한국과 중국이 정식 외교관계를 수립하였다. 1992년은 한국의 경우 서울올림픽 이후 급속한 산업재편으로 저임금 구조를 가지고 있던 제조업 노동자 및 서비스 부분 노동인력(특히, 요식업 등)이 필요하던 시기였다. 한중수교는 연변자치주를 중심으로 한국계 중국인들이 한국으로 입국할 수 있는 합법적인 계기가 되었다. 실제 2015년 현재 장기체류 외국인의 절반 이상을 한국계 중국인이 차지하고 있다. 한편 한국계 중국인의 한국으로의 대량유입은 연변지역의 조선족 자치주의 존립까지 위협을 받는 정도에 이른 것으로 보도되고 있다(참조, 연합뉴스 2012.8.23. 인터넷 판 http://www.yonhapnews.co.kr/bulletin/2012/08/22/0200000000AKR20120822001100371.HTML?did=1179m).

7) 동남아시아 출신 외국인 여성들과의 혼인 건수는 매년 증가하고 있다. 특히 2011년부터는 베트남 출신 외국인 여성들의 증가가 가장 높은 것으로 보고되었다. 참조, 법무부 출입국·외국인관리본부, 『출입국·외국인정책 통계월보』 2015년 1월호.

와의 가치관 및 의식의 차이에 따른 가정과 전통사회와의 갈등과 긴장이 발생하였다. 이를 극복하기 위한 상호 적응의 노력, 출생 자녀에 대한 양육 및 교육 등 여러 가지 상황들이 농촌사회의 중요한 문제로 부상하였다.[8] 그 밖에도 한국의 경제적 위상 및 국제적 지위의 향상에 따라 유학생들 다수의 외국인들이 한국에 장기체류하는 경우도 늘어나고 있다.

2) 주요 이주 관련 법률

(1) 국적법

해방된 한반도에 거주하고 있던 한국인들의 지위를 확정하기 위한 '국적에 관한 임시조례'(1948.5.11)가 기초가 된 「국적법」은 대한민국 정부가 수립된 후 제헌헌법에 근거하여 1948년 12월 11일 공포되었다.[9] 「국적법」은 제정 이후 지금까지 11차례의 개정이 있었다. 개정은 대부분 일부개정이었으나, 1997년 12월 13일에 있었던 개정(법률 제5431호)과 2010년에 있었던 개정은 「국적법」 전체에 이르는 전면개정이었다. 특히 2010년의 개정은 복수국적을 제한적으로 인정하는 등 종래의 국적에 대한 인식의 전환을 가져온 개정이

---

8) 상당수의 외국인 여성의 경우 일정 기간 후에는 대한민국 국적을 취득하기를 희망하고 있으며 실제로 많은 수의 국적 취득자가 생겨났다. 그러나 국적법의 국적 취득 요건을 악용하여 외국인 여성에 대한 가혹행위 등, 부당한 처우를 하는 사례가 보고되고 있으며, 혼인을 빙자하여 일단 입국한 후 취업 등을 위해 도주하는 사례도 발생하고 있다.

9) 「국적법」은 정부에 의해 제출되고 국회 법제사법위원회에서 심의를 하였다. 국적법 제정의 원칙은 우선 단일민족으로 남성혈통을 보존한다는 것으로 대한민국 국민이 되는 사람은 모두 남성혈통으로 국적을 구분하여 단일민족임을 강조하고자 하였다. 또한 이중국적의 회피를 원칙으로 삼았으며, 무국적의 불인정도 중요한 원칙으로 하여 국적법안을 심의하였다(단기 4281년 11월 30일 제117차 회의, 제헌국회 속기록 2, 1,149쪽).

라고 할 수 있다. 하지만 복수국적자에 대한 국적선택, 국적상실, 외국국적 주장유보 등 여러 장치를 두어서 단일국적에서 복수국적으로 변화해 나가는 데 상당한 한계가 있다.

현행 「국적법」은 2010년 4월에 개정되어 시행 중에 있다. 「국적법」의 가장 주요한 개정내용은 무엇보다도 엄격한 단일국적주의 태도를 다소 완화하여 복수국적을 제한적으로 허용하였다는 것이다. 그러나 복수국적을 허용하는 대신 복수국적자는 본래의 국적을 한국 내에서 주장하지 않겠다는 서약을 하고 국내법 적용에서도 대한민국 국민으로만 처우한다는 점을 규정하였다(법 제11조의 2). 복수국적자 중 만 20세가 되기 전에 복수국적자가 된 자는 만 22세가 되기 전까지, 만 20세가 된 후에 복수국적자가 된 자는 그때부터 2년 내에 국적 선택을 하도록 하여 하나의 국적을 선택하도록 하였다(법 제12조, 제13조, 제14조). 그 밖에도 이른바 '우수 외국인'에게는 국내 거주기간 요건의 제한을 두지 않고 국적 취득을 할 수 있도록 조항을 신설하였다(법 제7조 제1항 제3호). 대한민국 국적 취득자에 대한 외국국적 포기와 관련한 의무를 다소 완화하였다(법 제10조).

(2) 출입국관리법

「출입국관리법」은 대한민국에 입국하거나 대한민국으로부터 출국하는 모든 국민 및 외국인의 출입국관리와 대한민국에 체류하는 외국인의 체류관리 및 난민의 인정절차 등에 관한 사항을 규정함을 목적(법률 제1조)으로 하여 1963년 법률 제1289호[10]로 제정되고 2012

---

10) 「출입국관리법」이 제정된 1963년에는 난민 인정절차 등에 관한 규정은 없었다.

년 2월 10일 가장 최근 개정되어 현재에 이르고 있다. 1993년 12월 의 법률개정 때에는 외국인의 국내 체류관리 이외에 난민인정 절차 를 추가하였다. 그러나 「출입국관리법」의 취지와 난민인정 사항은 본질적으로 다른 내용을 가진 출입국과 난민을 한 법률 속에 억지로 합쳐서 체계정합성에 반한다는 비판들이 있었고[11] 이후 2012년 2월 10일(법률 제11298호, 시행 2013년 7월 1일) 난민법의 제정을 통하 여 난민 관련 규정(구 출입국관리법 제8장의 2)의 대부분을 「출입국 관리법」에서 분리하였다.

「출입국관리법」은 국민의 출·입국에 대해서도 규정하고 있으나 실제는 외국인의 한국의 출·입국 관련한 내용으로 외국인의 출· 입국, 체류, 불법체류에 대한 대응이 거의 대부분을 차지하고 있다. 법에 따르면 외국인은 유효한 여권과 대한민국 입국을 위한 사증이 있는 경우에만 입국할 수 있다(법률 제7조 제1항). 이렇게 입국한 외 국인은 체류자격(법률 제10조)과 체류기간에 적합한 범위 내에서 활 동을 하고 체류할 수 있다(법률 제17조). 대한민국에 입국하여 90일 이상 체류하고자 하는 외국인은 출입국관리 당국에 외국인 등록을 하여야만 하고, 외국인등록증을 발급받아 이를 항상 소지하여야만 한다(법률 제31조 이하). 외국인이 국내에 체류하는 동안 체류지가 변경되거나 체류목적을 변경하고자 하는 경우에는 출입국관리 당국 에 정해진 기간에 신고를 하여야 하며(법률 제35조, 제36조), 출국을 하게 되는 경우는 원칙적으로 외국인등록증을 반납하여야 한다(법률 제37조). 외국인의 정치활동은 원칙적으로 금지되며(법률 제17조 제

---

11) 최윤철, 「우리나라의 외국인 법제에 관한 소고」, 35쪽 이하 참조.

2항), 취업의 경우도 해당 취업활동을 할 수 있는 체류자격을 가진 경우에만 가능하다(법률 제18조). 국내에 체류하는 외국인은 이 법률 해당 규정에 위반하는 경우에는 강제퇴거가 될 수 있으며, 출입국관리 당국은 해당 외국인의 강제퇴거를 위한 조사, 보호조치를 취할 수 있다[12](법률 제6장). 그 밖에도 선박에 대한 규정(법률 제7장, 제8장) 등을 두고 있다.

(3) 재한외국인 처우 기본법

「재한외국인 처우 기본법」은 한국에 체류하고 있는 외국인들을 어떻게 대우할 것인지를 정하고 있는 법률이다. 한국에 체류 중인 외국인들이 한국사회에 잘 적응하여 자신들의 능력을 충분히 발휘할 수 있도록 하고, 국민들과 외국인이 서로를 이해하고 존중하는 사회 환경을 만들어서 최종적으로는 한국의 발전과 사회통합에 이바지함을 목적(법률 제1조)으로 2007년 5월 17일 법률 제8442호로 제정이 되었다.[13] 외국인 관련 정책을 종합적이고 중장기적으로 수립하고 추진을 하기 위한 체계에 대해서 정하고 있다(제2장). 이를 주관하는 곳은 법무부인데, 법무부장관에게 외국인정책을 수립하고 추진하는 주요 과제를 주고 있다(제5조). 외국인 정책의 주요 사항에 대한 심의·조정을 국무총리가 위원장이 되는 외국인정책위원회(제8조)를 구성하여 운영하도록 하고 있다. 그 밖에 국가 및 지방자

---

12) 한국에 장기 체류목적으로 입국하여 체류하고 있는 외국인이 체류자격과 그에 따른 체류활동을 하지 않거나, 체류기간이 넘어서 계속 체류하거나 하는 등이 발생하면 이러한 외국인은 원칙적으로 한국에서 출국하여야 하는 대상이 되고 이를 이른바 불법체류외국인이라고 하여 불법체류를 금지하고 있다.

13) 김기하, 「사회통합을 위한 법의 역할」, 228쪽은 이 법률이 사회통합과 관련한 아시아의 최초법제임을 강조하고 있다.

치단체에도 재한외국인 처우 등에 관한 정책의 수립과 시행에 노력할 의무를 규정하고 있다. 특히 재한외국인의 인권 옹호를 위하여 재한외국인 또는 그 자녀에 대한 불합리한 차별 방지 및 인권옹호를 위한 교육·홍보, 그 밖에 필요한 조치를 할 것을 국가 및 지방자치단체에 주문하고 있다(제10조). 그 밖에도 재한외국인의 사회적응 지원(제11조), 결혼이민자 및 그 자녀의 처우(제12조), 영주권자의 처우(제13조), 난민(제14조), 국적취득 후의 사회적응(제15조) 등을 규정하고 있다. 이 법은 제4장에서 다문화에 대한 이해 증진(제18조) 규정도 두고 있다.

(4) 다문화가족지원법

「다문화가족지원법」은 다문화가족 구성원이 안정적인 가족생활을 영위할 수 있도록 하여 자신들의 삶의 질 향상과 사회통합이 쉽게 될 수 있도록 지원하기 위해서(법률 제1조) 2008년 새로이 제정되었다.[14] 이후 약간의 개정이 있었으나 주요 내용은 크게 변하지 않고 2012년 2월 1일 개정된 법률이 현재 시행되고 있다.

'다문화가족지원법'은 '다문화가족'을 '국민'과 '외국인' 또는 외국인이었다가 대한민국 국적을 취득한 '국민'으로 이루어진 가정이라고 하고 있다(법률 제2조 제1호). 특히 다문화가족을 구성의 기초가 되는 '결혼이민자'에 대한 규정을 두고 있다. 이 법에 따르면 '결혼이민자'란 출생에 의해 대한민국 '국민'인 대한민국 국민(국적법

---

14) 김기하는 「다문화가족지원법」이 「재한외국인 처우 기본법」을 구체화한 법이라고 한다. 동시에 '다문화가족지원법'에서 별도의 체계를 만들어서 규정하는 것은 부적절하다고 한다(김기하, 앞의 논문, 229쪽).

제2조)과 '결혼을 통해' 대한민국에 체류하고 있는 '외국인' 또는 대한민국의 국적을 취득한 '국민'으로 정의하고 있다(법률 제2조 제2호). 이어서 다문화가족 지원을 위한 추진의 권한과 책무, 추진체계(기본계획, 추진 주무기관, 추진을 위한 기초조사) 등을 정하고 있다(법 제3조 이하). 국가 및 지방자치단체는 다문화가족에 대한 이해증진을 바탕으로 하여(법 제5조) 다문화가족에 대한 생활정보 제공 및 교육지원(제6조), 평등한 가족관계 유지를 위한 조치(제7조), 가정폭력 피해자에 대한 보호 및 지원(제8조), 의료 및 건강지원(제9조), 이동 보육 및 교육(제10조), 다국어 서비스 제공(제11조) 등을 구체적인 지원 내용으로 규정하고 있다. 그리고 이러한 지원을 담당할 수 있는 인력과 기구의 양성과 설치(제12조 이하)를 규정하고 있다.

(5) 외국인 근로자 고용 등에 관한 법률

우리나라에 외국인이 입국해서 노동을 제공하게 된 것은 1991년 10월경 국내기업의 해외 현지 공장에 근무하는 노동자들이 국내 모기업 근무를 허용하는 것을 내용으로 하는 '외국인 산업기술연수 사증발급에 관한 업무지침'(법무부 훈령 제255호)이 시행되면서이다. 그러나 산업연수생에 대한 사용자의 착취 등 기본권 침해,[15] 연수생 이탈, 송출 비리가 만연하면서 제도에 대한 비판이 거세지자 정부는 2003.8.16. 제정된 「외국인 근로자의 고용 등에 관한 법률」에 따라 고용허가제를 도입하였고, 일정기간 기존의 산업연수생제도와 병행

---

15) 헌재 2007.8.30, 2004헌마670(산업기술연수생 도입기준완화결정 등 위헌확인) - 외국인 근로자의 경우도 자본주의 경제 질서하에서 근로자가 기본적 생활수단을 확보하고 인간의 존엄성을 보장받기 위하여 최소한의 근로조건을 요구할 수 있는 권리는 자유권적 기본권의 성격도 아울러 가지므로 이러한 경우 외국인 근로자에게도 그 기본권 주체성을 인정함이 타당하다.

하여 실시하였다. 2015년 현재는 산업연수생제도는 시행되지 않고 고용허가제만 실시하고 있다.

외국인 근로자 법은 내국인 인력을 구하지 못한 기업이 적정규모의 외국인 근로자를 합법적으로 고용할 수 있도록 하는 것을 목적으로 한다. 산업연수생 도입을 민간에서 운영하는 과정에서 많은 도입비리, 관리부실이 발생했었기 때문에 외국 인력의 도입·관리를 국가가 직접 담당하게 되었다. 법률은 외국인 구직자 선발조건·방법·기관 및 상호 간 권리의무사항 등을 국가 간 양해각서(MOU)에 규정하는 등 외국인 근로자 도입과정에서 민간기관의 개입을 배제하였다. 이 법률에 따라 한국 기업에 취업한 외국인 노동자는 외국인 근로자는 내국인과 동등하게 노동관계법을 적용받아 산재보험·최저임금·노동3권 등 기본적인 권익이 보장된다. 그러나 법 적용 초기에는 산업연수생 제도와의 병행실시 및 복잡한 고용절차 등으로 사용자의 선호도가 저조하였다. 현행 외국인력 제도를 개선할 필요성이 대두되었고, 이에 정부는 2007년 1월 1일부터 산업연수생제도를 완전히 폐지하고 외국인 노동자의 노동관련 제도를 고용허가제로 일원화하였다. 이 법률의 취지는 한편으로는 외국인 근로자를 합법적으로 고용할 수 있게 하면서, 다른 한편으로는 불법체류자를 엄격하게 관리하는 데 있다.[16] 외국인 노동자의 근로기간 및 체류기간의 제한, 사업장 이동 및 변경제한, 고용자의 외국인 노동자의 관리 책임 기타 여러 규정이 외국인 노동자의 체류관리와 병행하여 규정되었다.[17] 그러나 이 법률의 가장 중요한 내용은 엄격한 고용허가제와

---

16) 고준기, 앞의 논문, 214쪽.

17) 헌법재판소는 외국인의 사업장 변경 제한규정에 대하여 합헌으로 결정하였다. 헌재 2011.9.29,

일정기간 노동 후에는 반드시 귀국을 하도록 하는 순환형 고용제라고 할 수 있다. 또한 고용허가제에서 주목할 것은 한국에서 노동을 하고자 하는 외국인에 대하여 한국어 능력시험을 보도록 하고 있다. 이전에 외국인 노동자가 한국어를 구사하거나 알아듣지 못하면서 사용자 등에게 부당한 대우를 받았던 경험 때문에 한국에서 일하고자 하는 외국인은 한국어 능력시험을 치르고 소정의 수준을 인정받아야만 한다(법률 제7조 제2항).

III. 이주법제의 문제점과 대안

1. 헌법적 근거

한국사회가 더욱 많은 외국인의 유입과 외국계 한국인 및 2세의 증가로 인하여 다문화사회가 될 것이 확실하고, 한국의 저출산·고령화로 인한 국가 경쟁력 저하와 공동체의 심각한 쇠퇴를 막기 위한 대안으로서 외국인의 유입이 필요하다는 주장이 점점 많아지고 있다. 만약 한국사회가 그렇게 변화할 것이 확실하다면, 새로이 형성될 공동체 내에서 이를 담아낼 수 있는 헌법적 차원의 논의가 반드시 있어야 한다. 현행 헌법에서는 이주법제의 직접적 수권규정을 찾을 수 없다.[18] 일부 학설은 이주법제의 헌법상 근거를 헌법 전문과 제9조 등에서 찾고 있다.[19] 헌법 전문도 '세계평화'와 '인류공영' 등

2007헌마1083, 2009헌마230·352(병합).

[18] 전광석, 「다문화사회와 사회적 기본권-헌법적 접근을 위한 시론」, 116쪽.

을 규정하고 있지만 외국인과 외국계 한국인 그리고 이른바 생래적 한국인 모두를 하나의 구성원으로 보고 있는 다문화사회를 예정하고 있지 아니하다. 또한 현행 헌법 개정 당시의 컨센서스는 민주주의 정착이었으며, 외국인과의 생활을 의미하는 다문화사회에 대한 고려는 전혀 없었다. 특히, 헌법 전문은 '유구한 역사와 전통'에 빛나는 '우리' '대한국민'은이라고 표현하면서 대한국민을 다시 한 번 '우리'라는 범주 속에 강조하고 있다. 이어서 '동포애'로써 '민족의 단결'을 강조하여 순혈주의적인 표현을 사용하고 있다. 또한 '……항구적인 세계평화와 인류공영에 이바지함으로써……'라고 하고 있으나 이는 '우리들과 우리들의 자손의 안전과 자유와 행복을 영원히 확보할 것'을 위하고 있다. 헌법전문을 다문화주의 및 이주입법과 정책의 수권규정으로 삼는 것은 무리가 있다고 본다.

한국 헌법의 기본원리로서 '문화국가원리'를 들고 있고 그 헌법상 근거 중 가장 중요한 조항으로는 헌법 전문과 헌법 제9조를 들고 있다. 문화국가원리와 관련해서는 헌법 전문과 헌법 제9조, 각종 자유권 가운데 양심·신앙의 자유(제19조, 제20조), 표현의 자유(헌법 제21조), 학문·예술의 자유(헌법 제22조) 등을 대표적으로 들고 있다. 우리 헌법상의 문화국가원리는 '인간의 정신적·창조적 활동영역에 있어서 국가가 개인의 문화적 자유와 자율성을 보장함과 동시에 적극적으로 개인의 문화적 생활을 구현하기 위하여 노력하는 것이 헌법의 주요 원칙'[20]임을 의미하는 것으로 이해되고 있다. 따라서 문

---

19) 류시조, 앞의 논문, 81쪽.

20) 성낙인, 앞의 책, 286쪽 이하; 한수웅, 앞의 책, 350쪽 이하; 정종섭, 앞의 책, 243쪽 등. 헌재 2004.5.27. 2003헌가1 등.

화국가원리가 다문화주의 및 다문화사회 입법의 헌법적 수권규정이 된다고 주장하는 것은 다문화주의의 본래의 의미에 대한 다소의 오해에서 비롯된 것으로 보인다. 다문화사회 및 다문화주의 논의의 본질과 핵심은 유입된 외국인, 외국계 자국민과 원주민인[21] 자국민의 공존에 대한 기본적 가치의 결정과 이와 관련한 헌법적 논의 및 입법적 대책이다. 헌법 제9조는 국가에 '전통문화'와 '민족문화'라고 하는 고유성과 배타성을 가지는 '문화'에 대해서 국가가 특별히 노력할 것을 주문하고 있다. 외국인과 외국계 문화(생활습관 등)보편성 또는 포용성을 내포하고 있는 다문화 및 다문화주의의 헌법상 근거로 보기에는 본질적 문제가 있다.

2. 이주법제의 구체적 문제점과 해결 방향

1) 다문화주의 입장

우리나라의 이주 관련 법률은 「재한외국인 처우 기본법」(2007년, 법률 제8442호), 「다문화가족지원법」(2008년, 법률 제11284호)과 「외국인 근로자의 고용 등에 관한 법률」(2004년 제정, 2012년 법률 제11276호 개정)이 대표적이라고 할 수 있다. 2010년 대폭 개정이 이루어진 「국적법」(법률 제10275호)과 「출입국관리법」(1963년 제정, 2012년 개정 법률 제11224호)도 다문화와 밀접한 관련을 맺고 있는 법률이다. 그 밖에도 각 부문별, 수범자 집단별, 집행기관별로 다수

---

21) 윌 킴리카의 경우는 유입세력이 해당 사회의 결정권자(다수 또는 도래한 지배자)가 되고 원주세력이 소수가 되어(수적 소수는 물론 정치적 결정 등에서 소수를 포함) 스스로의 자유를 결정하거나 주장하는 것이 어려운 사회에서(오스트레일리아, 미국 등) 원주세력에 대한 자유를 제공하는 것을 다문화주의의 한 유형으로 보고 있다. 참조, W. Kymlicka, Multicultural Citizenship.

의 이주 관련 법률들이 있다.[22]

위의 법률들은 대부분 2000년대 중·후반에 제정되거나 대폭 개정이 이루어진 것으로 한국사회가 다문화사회가 되었거나 되어가고 있다는 입법적 인식에 따른 것으로 보인다. 그러나 법률의 구체적인 내용을 살펴보면 입법목적과 실현과의 상관관계가 그다지 밀접하지 않음을 알 수 있다. 「재한외국인 처우 기본법」이나 「다문화가족지원법」은 대부분의 조항이 선언적이거나 임의 규정이고, 정책의 추진체계 중심으로만 규정되어 있다. 「외국인 근로자 고용 등에 관한 법률」의 경우는 과거 문제가 되던 산업연수생제도를 대체하면서도 당시의 문제점 해소가 불충분한 면을 보이고 있다.[23] 「국적법」 및 「출입국관리법」도 증가하는 외국인의 출·입국, 영주를 비롯한 다양한 형태의 체류요구, 체류자격 변동자(이른바, 불법체류자)에 대한 대처, 국적취득자의 증가 등에 다른 많은 개정이 있었다. 그러나 「국적법」 및 「출입국관리법」에 대한 비판은 여전히 남아 있다.

이주법제가 마련되었음에도 불구하고 법률의 실효성 및 내용에 대한 비판이 계속되는 이유는 우리나라의 이주법제 마련의 과정에서 다문화 및 다문화주의에 대한 깊은 논의 및 그에 따른 입장의 정리가 부족했던 것이 원인이라고 생각한다. 현상에 대한 그때그때의 대응의 방식으로 법제화가 진행되었던 관계로 개별 법률 사이를 관통하는 공통의 입법철학과 체계적 통일성(체계정합성)에 대한 합의가 부족한 채 입법이 되었다. 그 결과 해당 법률들의 직접 수범자인

---

22) 예를 들면 여성가족부 관할의 「결혼중개업의 관리에 관한 법률」(2012년, 법률 제11283호), 교육과학기술부의 「초·중등 교육법」(2012년, 법률 제11219호) 등을 들 수 있다.

23) 보다 자세한 내용은 아래에서 개별문제별로 다시 설명함.

외국인 및 다문화가족(외국계 국민 및 생래적 국민을 포함)들이 해당 법률에 대한 이해도가 떨어지고, 해당 법률의 집행기관도 집행목적과 달성목표에 대한 혼선을 빚음으로 인하여 법률 집행에서 많은 문제가 발생하였다. 이주사회의 본질적인 내용과 문제에 대한 진지한 논의보다는 순혈주의를 유지하고자 하는 내국인의 시각에 머물러 있었다는 문제가 있다. 외국인과의 관계설정을 상호 승인[24]을 통한 공동체의 형성과 유지보다는 통제와 관리와 같은 권력적 입장에서 접근함으로써 외국인과 외국인 입법 및 정책을 시혜적인 것으로 생각하는 입법자의 인식이 현재의 이주법제를 낳게 한 것으로 보인다.

2) 기본권 보장 확보

(1) 외국인의 기본권 주체성 인정

이주법제는 외국인을 주요 수범자로 하고 있다. 이주법제가 헌법상의 기본권 보장을 충분히 규정하고 있는지를 검토하기 위해서는 외국인 당사자는 물론 외국인과 가족 및 기타의 관계를 맺고 있는 국민의 기본권 보장에 대한 부분도 검토가 되어야 한다. 물론, 주요 수범자는 외국인이므로 외국인도 한국의 헌법에 의한 기본권의 주체가 될 수 있는지가 가장 먼저 검토되어야 함은 물론이다.

외국인은 원칙적으로 한국 헌법상의 기본권 주체가 될 수 없다는 주장[25]부터 외국인도 원칙적으로 기본권의 주체가 되지만 기본권의

---

24) C. Taylor, Multiculturalism.

25) 2011.9.29, 2007헌마1083, 2009헌마230·352(병합)에서 김종대 재판관은 반대의견(각하의견)에서 모든 기본권에 대하여 외국인의 기본권 주체성을 부정하는 것이 타당하다고 한다. 그러면서도 "사실상 국민"으로 취급할 수 있는 외국인에 대해서는 "예외적"으로 기본권 주체성을 인

성격에 따라 그 행사에 있어서 국민과 다소 차이가 있다는 주장26)도 있다. 대체적으로 볼 때 자유권적 성격을 가지는 기본권에 대해서는 외국인도 기본권의 주체가 된다고 보고 있다.27) 하지만, 자유권 가운데에서도 어떠한 기본권이 외국인에게도 인정되고, 어떠한 기본권은 인정되지 않는지에 대한 구분은 사실상 매우 어렵다고 하겠다.

헌법재판소도 특정 기본권에 대해서는 외국인에게도 원칙적으로 기본권 주체성을 인정하고 있다. 헌법재판소는 어떤 기본권이 외국인에게도 적용될 수 있다면 그러한 기본권의 침해에 대하여 헌법소원을 제기할 수 있음을 인정하고 있다.28) 헌법재판소는 외국인 노동자에 대해서는 직업의 자유 중 직장선택의 자유가 인간의 권리이므로 외국인도 제한적으로라도 직장선택의 자유를 향유할 수 있다고 보아야 한다고 한다.29)

(2) 이주법제의 기본권 보장

가)「출입국관리법」

외국인의 대한민국 입국, 체류 및 출국과 관련한 기본적 사항을

정할 수 있다고 한다. 그러나 "사실상 국민"으로서의 외국인의 성격, 지위가 불분명하다는 점에서 문제가 있다.

26) 한수웅, 앞의 책, 384쪽 이하에서는 기본권 주체성 인정을 헌법상 문구에 얽매어 바라보는 시각을 비판하면서, 인간 누구에게나 귀속되는 기본적 인권에 관한 한, 해석을 통하여 외국인의 기본권 주체성을 인정하여야 한다고 한다. 정종섭, 앞의 책, 323쪽 이하.

27) 한수웅, 앞의 책, 384쪽; 정종섭, 앞의 책, 325쪽.

28) 헌재 1994.12.29, 93헌마120; 헌재 2001.11.29. 99헌마494.

29) 헌재 2011.9.29, 2007헌마1083, 2009헌마230 · 352(병합). 그러나 그러함에도 불구하고 헌법재판소는 외국인 근로자 고용 등에 관한 법률이 외국인 노동자의 직장 변경을 3회로 제한하는 것에 대해서는 직장선택의 자유를 침해하지 않는다는 결정을 하고 있다.

정하고 있는 것이 「출입국관리법」이다. 「출입국관리법」은 대한민국에 입·출국하는 외국인 관리에 상당한 부분을 할애하면서 불법체류 외국인의 최소화를 위한 많은 규정을 두고 있다. 한 국가가 자국에 체류하는 외국인들에 대한 관리를 비롯한 외국인 정책을 수립하는 것은 해당 국가의 고권적 행위라고 할 수 있다. 따라서 입법과 정책을 통한 외국인의 불법체류 방지와 불법체류 외국인에 대한 입법적 조치를 할 수 있다. 그렇다 하더라도 외국인의 기본적 권리를 제한하는 정도가 비례의 원칙을 넘어서 그들의 기본권을 침해하는 내용이 되어서는 아니 된다.

「출입국관리법」은 외국인이 입국할 때 부여받은 체류자격과 체류기간을 위반하여 체류자격 이외의 활동을 하거나, 체류기간을 도과하여 계속 체류하는 경우를 이른바 '불법체류자'라고 하여 이들에 대하여 강제퇴거 등 여러 형태의 조치를 규정하고 있다. 이 가운데 강제퇴거 대상자(법률 제46조 제1항)에 대해서는 조사를 위하여 출석요구 및 신문을 할 수 있고(법률 제47조, 제48조), 이들 가운데 강제퇴거 대상에 해당된다고 '의심'할 만한 상당한 이유가 있고, 도주하거나 도주할 염려가 있는 자(이른바 '용의자')에 대해서는 사무소장·출장소장 또는 외국인보호소장으로부터 보호명령서를 발급받아 그 외국인을 보호할 수 있다(법률 제51조)고 규정하고 있으며, 대상자를 보호 시설에 일정기간 보호조치를 할 수 있도록 하고 있다(법률 제52조 이하). 더욱이 피보호대상자가 일정 행위를 하려는 경우(법률 제56조의 4 제1항 각 호)에는 강제력을 행사할 수 있으며, 필요한 경우에는 수갑, 포승, 머리보호장비 등을 사용할 수 있도록 하고 있다(같은 조 제4항).

「출입국관리법」이 최근 개정되면서 불법체류자에 대한 보호조치 관련 규정이 다소 개정되었으나 여전히 문제조항들이 다수 있다. 예를 들면 '용의자'에 대한 신체의 자유를 제한하는 사실행위인 보호조치 절차가 행정청, 그것도 사무소장·출장소장 또는 외국인보호소장이 발급하는 보호명령서라는 행정처분에 의해서 이루어질 수 있도록 하는 것 등은 적법절차의 측면에서 문제가 있다. 특히, 단순한 의심을 받는 정도의 용의자에게 형사피의자에게도 보장되어 있는 기본권 보호 정도보다 낮은 수준의 신체의 자유의 보호 정도는 개선이 필요하다. 이른바 불법체류자 및 불법체류자로 의심되는 자(용의자)들에 대한 조사, 인치 및 보호조치와 관련하여 헌법 제12조의 적법절차원칙에 합당한지 검토가 있어야 한다. 적어도 자유권 특히 신체의 자유는 국민은 물론 모든 사람에게 보장되는 권리라고 본다면, 외국인의 경우 그들이 비록 불법체류의 '용의'가 있다고 하더라도 보호조치를 위한 사전적 요건의 강화를 통한 행정청의 재량을 줄일 필요가 있으며 그에 대한 사후 감독 및 책임부담을 강화하여야 한다. 그러나 최근에 헌법재판소는 보호명령서에 의하지 않은 채 불법체류외국인을 긴급보호하고 13일 만에 강제퇴거(출국)시킨 서울출입국관리소장의 집행행위가 청구인들의 기본권을 침해하지 않았다는 결정을 하였다.[30]

나) 외국인 근로자 고용 등에 관한 법률

「외국인 근로자 고용 등에 관한 법률」은 헌법상 노동3권이 외국

---

30) 헌재 2012.8.23, 2008헌마430. 이 결정에서 김종대 재판관은 외국인에게는 기본권 주체성을 인정할 수 없다는 확고한 입장을 다른 결정과 마찬가지로 하고 있다.

인 노동자에게도 보장이 되는지의 문제와 외국인 노동자의 직업의 자유의 보장 문제, 드물게는 신체의 자유 보장과 관련하여 기본권 보장과 관련이 있다. 이 법률의 취지는 기업으로 하여금 외국인 노동자를 합법적으로 고용할 수 있게 하면서, 다른 한편으로는 불법체류자를 엄격하게 관리하는 데 있다.[31]

국내 노동공급의 부족을 해결하기 위해 외국인 노동인력을 국내시장에 공급하는 정책의 타당성은 충분히 인정할 수 있다. 그러나 그러한 정책적 정당성이 외국인 노동자가 가져야 하는 인간으로서의 기본적 권리 및 노동의 권리까지 침해하는 것을 정당화하지는 못한다. 동일한 노동에 대한 동일한 임금 및 노동자에게 동일하게 적용되는 노동조건과 노동권 등은 해당 노동자의 국적과는 무관하게 인정되어야 한다.[32] '외국인 고용법'은 외국인 노동자 관리에 과도한 비중을 두어서(불법체류 노동자의 방지) 국민과 동일한 노동에 종사하고 있는 외국인 노동자의 기본적 권리 등을 제한하고 있다. 이에 따라 '외국인 근로자'는 여전히 '연수생'이며 '한국인 근로자'는 '근로자'다는 등식이 여전히 유효하다는 주장도 있다.[33] 외국인 노동자들의 자유로운 사업장 변경 및 이동으로 인한 사업장에서의 노동력 불균형 및 외국인 관리 정책의 어려움은 충분히 이해할 수 있으나 노동자의 귀책사유가 아닌 경우에도 사업장 변경을 사실상 어렵게 하는 것은 문제가 있다.[34] 법률은 2010년 6월 4일 개정으로

---

31) 고준기, 앞의 논문, 214쪽; 외국인 노동자의 근로기간 및 체류기간의 제한, 사업장 이동 및 변경, 고용자의 외국인 노동자의 관리 책임 기타 여러 규정이 외국인 노동자의 체류관리와 병행하여 규정된 사항들이다.

32) 최홍엽, 「외국인 근로자 도입제도와 고용허가제」, 459쪽.

33) 최홍엽, 앞의 논문, 448쪽.

34) 그에 관한 자세한 사항은 고준기, 앞의 논문, 220쪽 이하 참조.

외국인 노동자가 자신의 귀책사유가 아닌 사유로 사업장을 변경하려는 경우를 원칙적으로 허용하고 있다. 그러나 그러한 경우에도 외국인 노동자가 사업장을 변경하는 것이 가능하나 여전히 그 횟수의 제한이 있으며, 사업장 변경 신청기간, 방법 등 절차상의 어려움은 여전히 있으며, 변경신청의 경우에도 출입국관리법(제21조)에 의해 법무부장관의 허가를 얻도록 하는 등 외국인 노동자가 사업장 변경을 하기 위해서 기울여야 할 노력이 지나치게 복잡하고 어려워서 외국인 노동자의 직업선택의 자유가 사실상 형해화될 수 있다. 그 밖에도 장기 체류 중인 외국인 노동자의 가족 구성권과 가족 결합권의 인정, 노동3권의 인정과 관련해서도 기본권 보장과 관련하여 해결하여야 할 과제가 남아 있다.

다) 다문화가족지원법

「다문화가족지원법」은 다문화가족의 생활안정과 사회적응, 통합을 지원하기 위한 기본적인 법률이다. 이 법률에 따라 많은 지원정책이 수립되고 집행된다. 이러한 지원정책의 수립과 지원을 위해 주관 부서는 다문화가족 지원과 관련한 기초조사를 하여야 하고 이를 위해 실태조사를 할 수 있다. 실태조사가 해당 다문화가족 사생활의 내밀한 부분까지 포함하고 있음에도 불구하고 이를 포괄적으로 시행규칙에 위임하고 있다. 적어도 법률에 실태조사의 기본적인 내용(주체, 조사대상, 조사의 주요 내용)은 법률에 직접 규정하여야 한다(헌법 제37조 제2항). 필요하다면 법률에 그 범위와 한계를 정한 뒤 이를 하위법규에 위임할 수 있다(헌법 제75조, 제95조). 다문화가족을 구성하고 있는 가족구성원 중 최소한 1인은 대한민국 국민이며,

그에 따라 헌법이 보장하는 모든 기본권의 주체가 된다. 따라서 이 법률 시행규칙에서 규정하고 있는 실태조사 항목으로 인하여 해당 국민이 다른 국민에 의해서 차별을 받을 가능성이 매우 높다는 점을 지적할 수 있다(내적 체계성의 모순). 사생활의 비밀과 자유는 국민은 물론 외국인에게도 보장되는 것으로서 다문화가족의 경우 가족을 구성하고 있는 이른바 결혼이민자 및 그 자녀에게도 당연히 보장되어야 하므로 실태조사에 의해서 가족구성원 일부를 구성하고 있는 선천적 대한민국 국민의 기본권만 침해하는 것이 아니라 해당 외국인의 기본권까지도 침해할 수 있다.[35] 또한 실태조사의 내용을 통하여 '외국계가정'의 구성원들의 행복추구권이 침해될 가능성도 있을 것이다. 실태조사의 범위와 한계를 법률에서 명확히 규정하고 실태조사와 관련한 구체적인 내용은 법률에 수권규정을 두고 적어도 대통령령에서 규정하는 것이 바람직하다.

또한 「다문화가족지원법」은 적용대상을 지나치게 협소하게 정하고 있어서 이주노동자의 거주목적의 가족동반은 처음부터 배제하고 있다. 이주노동자 부부 사이가 한국에서 출생한 아동은 국적 취득은

---

35) 이 법률의 시행규칙 제2조는 보건복지가족부장관이 다문화가족 실태조사를 하기 위한 대상 및 방법 등에 관한 실태조사를 하도록 규정하고 있다. 그에 따라 보건복지가족부장관은 결혼이민자 등과 그 한국인 배우자 및 자녀 등을 대상으로 하는 다문화가족 실태조사를 실시하고(동 규칙 제2조 제1항) 이러한 조사를 다문화가족에 관한 전문성, 인력 및 장비를 갖춘 연구기관·법인 또는 단체에 의뢰하여 실시할 수 있도록(동 규칙 제2조 제3항) 하고 있다. 이 실태조사에서는 다음의 사항들을
  1. 성별, 연령, 학력, 취업상태 등 가족구성원의 일반특성에 관한 사항
  2. 소득, 지출, 자산 등 가족의 경제 상태에 관한 사항
  3. 자녀양육, 가족부양 등 가족행태 및 가족관계에 관한 사항
  4. 의식주, 소비, 여가, 정보 이용 등 생활양식에 관한 사항
  5. 가족갈등 등 가족문제에 관한 사항
  6. 다문화가족 지원 관련 교육·상담 등 서비스 수요에 관한 사항
  7. 그 밖에 다문화가족의 현황 및 실태파악에 필요한 사항으로서 여성가족부장관이 정하는 사항 (반드시) 포함하여 실태조사를 하도록 하고 있다.

물론 「다문화가족지원법」의 대상에서도 제외된다. 외국인 유학생과 동반가족의 경우도 동일하다. 「재한외국인 처우 기본법」도 지원 대상을 오로지 합법적 체류 자격을 가진 외국인만을 대상으로 하고 있어서 그 밖의 외국인은 지원 대상에서 원천적으로 제외될 수밖에 없다.[36] 이러한 점을 고려해본다면 입법자는 「다문화가족지원법」의 입법동기와 입법동기를 다문화주의와 다문화사회에 바탕을 두고 있기보다는 한국 국민과 혼인한 외국인 여성의 한국사회 및 전통적 사회문화에 가능한 빠른 시간 내에 '동화'시키려는 것을 우선적으로 고려한 것으로 추정할 수 있다.

3) 수범자 친화성 제고: 이해 가능성과 명확성

(1) 수범자 집단에 대한 배려의 부족

어떠한 법률이 준비되거나 제정되면 입법자의 입법목적적 편의에 의해서 생겨나거나 정의된 용어가 입법자의 취지와는 다르게 사회 실제에서 차별적 의미로 사용될 가능성은 없는지 살펴보아야 한다.

「다문화가족지원법」은 선천적 국민과 외국인 또는 후천적 국민 간의 혼인에 의해 성립된 가족을 지칭하는 '다문화가족'이라고 정의하고 있다. 그런데 법률에서 사용된 용어(입법자의 의도)가 사회에서 실제로도 입법자의 의도와 동일하게 사용되고 있는지 살펴보아야 한다. '다문화'가 가지는 문화의 다양성의 이해와 인정, 공존 또는 헌법적인 관점에서 문화의 '민주성', '개방성'을 고려한다면 단순히

---

36) 같은 의견 서보건, 「다문화가족 통합을 위한 법제연구-한일 비교」, 87쪽.

법률로서 '다문화가족'을 정의한다고 하여 최근 급격히 증가한 국제결혼을 통한 가족에 대한 입법자의 대처의무가 완료되는 것은 아니다. 법률 이름과 정의규정에서 정하고 있는 '다문화가족'이라는 용어는 그러한 점에서 재고가 필요하다. 「다문화가족지원법」은 '다문화가족'이 어떠한 형태의 가족인지를 규정하고 있으나(제2조) '다문화'에 대한 다각적인 연구와 합의가 이루어지지 않은 상태에서 법률의 정의규정을 통한 '다문화가족'의 개념을 강요하였다. 그러다 보니 자칫 가족을 국민들만의 혼인으로 이루어진 속칭 '단일문화가족'과 그렇지 아니한 구성으로 이루어진 '다문화가족'으로 구분하는 결과가 생겨났다. '다문화가족'이란 국제결혼을 통해 구성된 가족을 법률에 의해서 일방적으로 정의해버린 것에 지나지 않는다. 결국 과거 우리 사회에서 아무런 근거 없이 비난의 대상이 되어왔던 이른바 '혼혈' 또는 '국제결혼'이라는 용어가 가지는 부정적 인식과 결과에 대한 다른 표현으로밖에 기능하지 못하는 결과를 가져왔다.

「다문화가족지원법」의 직접 수범자는 대한민국 국민과 혼인한 외국인(경우에 따라서는 귀화절차를 통하여 대한민국 국민이 된 외국계 국민)과 이들과 혼인하여 가족을 이루고 있는 국민배우자와 경우에 따라서는 직계 존비속이다. 그러나 「다문화가족지원법」은 주요 수범자를 다문화가족 전체가 아닌 사실상 결혼이민자인 당사자, 특히 결혼이주여성으로 하고 있다. 그 결과 「다문화가족지원법」의 대부분의 지원조치는 결혼이주여성이 한국인 가정과 가족 내에서 가능한 빨리 '동화'되어 한국사회에서 표시 나지 않는 사람이 되는 것을 목표로 하고 있다. 다른 한편으로는 전통적 가부장적 사회인 한국사회에서 결혼이주여성이 가부장적 사회 분위기를 신속히 인식하고 그에 '동화' 내지는 '순응'하도록 하게 하는 내용을 담고 있다. 그렇게 하는 것이 결혼이주여성 당사자는 물론 전통적 가부장적 가족문화를 고수하고자 하는 국민배우자 및 그 친족들에게도 외형적이나마 안정을 가져올 수 있다고 보고 있는 것 같다. 혼인과 가족생활은 개인의 존엄과 양성의 평등을 기초로 이루어져야 한다(헌법 제36조 제1항). 개인의 존엄은 개인 스스로가 인간으로서의 자존과 그에 따른 자기결정권을 가질 때 비로소 시작이 되며, 이러한 개인들이 각자의 존엄을 유지하면서 가족을 유지하는 것[37]이 헌법이 규정한 혼인과 가족의 의의일 것이다. 그러나 「다문화가족지원법」의 지원 규정의 대부분은 이들의 지위를 사회적 약자로서 보고, 동시에이들의 역할을 대부분 출산과 양육으로 규정하고 있음을 보여주고있다.[38]

「다문화가족지원법」은 결혼이주여성을 포함하여 해당 국민배우자와 친족, 직계 존·비속 모두를 포괄하여 한 여성이 새로운 사회에일방적으로 '동화'하는 것을 지원하는 것에 그쳐서는 아니 된다. 오히려 해당 여성과 관계가 형성된 가족과 친족 전체를 지원 대상으로하여 해당 가족 자체뿐만 아니라 그 가족을 중심으로 형성된 공동체전체를 대상으로 하여 상호 '공존'하고 '통합'할 수 있는 것을 목표로 하여야 한다.

(2) 임의규정, 불확정 개념으로 인한 구체적 집행의 어려움

이주 관련 법률 가운데 많은 규정은 임의규정 형식으로 되어 있어

---

37) 같은 취지로 헌재 2005.2.3, 2001헌가9 등.
38) 이용재, 앞의 논문, 158쪽.

서 집행자에게 구체적인 처분의무나 이행의무를 부과할 수 없게 되어 있다. 어떠한 법률에서 임의규정이나 불확정 개념이 있으면 해당 법률이 집행되는 과정에서 법 집행자의 재량의 여지가 지나치게 커질 위험이 있거나 법률 집행이 사실상 불가능한 경우가 나타날 수도 있다.

예를 들면 「재한외국인 처우 기본법」은 기본법의 본질적 특성인 개방성과 포괄성 등으로 인하여 다소의 임의규정 및 선언적 규정을 포함할 수 있다고 보더라도 국가 및 지방자치단체에 매우 모호한 형태로 노력의무를 부과하면서 구체적 정책의 수립과 집행은 법무부장관에게 집중되도록 규정하고 있다. 결국 해당 법률이 실효성을 가지려면 법무부장관의 구체적인 정책수립을 기다려야만 한다.[39] 개별법인 「다문화가족지원법」의 경우도 지원체계, 기구 등은 구체화하고 있으나 실제 집행행위에 해당하는 지원 관련 규정은 대부분 임의규정 또는 노력규정으로 되어 있다.

4) 이주법제의 체계정합성

(1) 수직적 체계정합성

2010년 개정 「국적법」은 복수국적자에 대하여 이들이 '국익에 반하는 행위'를 하거나 '사회질서에 지장을 초래하는 행위'를 한 경우에는 법무부장관이 일정 절차(청문)를 거쳐서 국적 상실을 결정할

---

39) 김기하, 앞의 논문, 229쪽 주 46은 수범자 집단의 차이를 인정하면서도 다문화가족에서의 가족정책을 「재한외국인 처우 기본법」에 따른 외국인정책의 하나에 불과하다고 하면서 그 이유를 양자가 모두 사회통합이라는 같은 목적을 추구하기 때문이라고 한다. 그러나 다문화가족 정책은 헌법 제36조에서 그 수권을 찾을 수 있으며 단순한 외국인 정책으로 보는 것은 문제가 있다.

수 있도록 규정하고 있다(법률 제14조의 3). 국적을 취득한다는 의미는 대한민국 국민이 된다는 것을 의미한다(헌법 제2조 제1항). 대한민국 국민은 대한민국의 주권자가 되는 것으로 대한민국의 최고의 사결정권자이다. 주권자인 국민이 스스로에 의해서 창설된 국가기관(헌법 제1조 제2항, 여기서는 행정부의 법무부장관)의 처분에 의해서 국적이 상실되는 것은 국민주권의 원리에 반한다. 또한 같은 조항의 단서는 국적상실 처분 대상자를 '출생에 의해서 대한민국 국적을 취득한 자는 제외한다'고 하여 국적 박탈의 대상은 외국인으로서 대한민국 국적을 취득한 '국민'을 대상으로 하고 있다. 이에 따르면 국민에는 두 종류의 국민이 있다는 것으로 볼 수 있다. '출생에 의한 국민', '국적 취득에 의한 국민'의 두 부류의 국민으로 국민을 구분하고 전자의 경우에는 어떠한 경우에도 국적상실을 하는 경우가 없지만 후자의 경우에는 같은 국민임에도 불구하고 처분에 의해서 대한민국 국민의 자격을 상실하게 되어 있다. 헌법 제2조 제1항의 국적 법률주의의 의미를 지나치게 확대해석하거나 잘못 이해하고 있는 것으로 볼 수 있다. 개정 국적법의 복수국적자에 대한 국적상실 처분 규정은 국민주권원리에 배치되는 규정이라고 생각한다.[40]

헌법은 외국인에 대하여 국제법과 조약이 정하는 바에 의하여 그 지위가 보장됨을 밝히고 있다(헌법 제6조 제2항). 그러나 헌법 제6조의 외국인의 정의 및 범위에 관한 구체적인 논의를 하고 있는 문헌과 판례가 없다. 다문화주의적 입장에서 외국인의 기본권 주체성을 인정하고 내국인과의 공존을 전제하는 입장에서 헌법 제6조 제2항

---

40) 박병도, 「개정 국적법에 대한 비판적 고찰」, 138쪽은 해당 규정에 대하여 다소 다른 시각에서 문제점을 제기하고 있으나 위의 비판 속에서 같은 취지로 포섭할 수 있다고 본다.

의 외국인에 대한 지위보장은 매우 제한적일 수밖에 없다.41) 그에 따라서 외국인 기본권 주체성 인정 등에 대해서도 기본권의 인권적 속성, 본질적 속성에서 출발하기보다는 단순히 상호주의적 입장으로 보고자 하는 시각이 생겨나는 것 같다.

(2) 수평적 체계정합성

가) 국제법규와의 관계

대한민국 정부가 체약당사국이 되어 체결한 각종 조약과 일반적으로 승인된 국제법규는 국내법과 같은 효력을 가지도록 하고 있다(헌법 제6조 제1항). 특히 대한민국 정부가 승인하고 체약국이 되었거나 당사국으로 가입한 경우 해당 조약(양자, 다자간 조약 포함)과 국제법규는 국내법의 효력을 가지는 것이다.42) 이주 관련 법률들은 그 규율 대상이 한편에서는 국가 내의 법질서 및 적용 사안이지만 수범자가 외국인 또는 외국계, 외국인 노동자 등이어서 필연적으로 국제법 질서와 연관을 맺고 있다. 따라서 외국인 또는 외국인 노동자 등을 주요 수범자로 하고 있는 이주 법률들도 조약 및 국제법규

---

41) 헌재 2001.11.29, 99헌마494는 헌법 제6조 제2항의 상호주의를 외국인의 기본권 주체성 인정에 대한 제한 근거로 보고 있는 것 같다.

42) 헌재 1991.7.22. 89헌가106; 국제연합(UN)의 인권에 관한 세계선언은…… 선언적인 의미를 가지고 있을 뿐 법적 구속력을 가진 것은 아니고, 우리나라가 아직 국제노동기구의 정식회원국은 아니기 때문에 이 기구의 제87호 조약 및 제98호 조약이 국내법적 효력을 갖는 것은 아니지만(헌법 제6조 제1항, 위 87호 조약 제15조 제1항, 98호 조약 제8조 제1항 참조), 다년간 국제연합교육과학문화기구의 회원국으로 활동하여 오고 있으며, 국회의 동의를 얻어 국제연합의 인권규약의 대부분을 수락한 체약국으로서 위 각 선언이나 조약 또는 권고에 나타나 있는 국제적 협력의 정신을 존중하여 되도록 그 취지를 살릴 수 있도록 노력하여야 한다. 헌재 2008.12.26. 2005헌마971에서도 국제연합(UN)의 인권에 관한 세계선언은…… 선언적인 의미를 가지고 있을 뿐 법적 구속력을 가진 것은 아니라고 하고 있다.

와 모순이나 충돌 없이 통일적이고 체계적인 관계에 있어야 한다. 이주법제에서 고려하여야 할 국제법규는 우리나라가 직접 체약 당사국인 국제조약은 물론이고 우리나라가 회원국으로 가입하거나 다자간 조약으로서 승인한 국제규범들이 될 것이다. 예를 든다면 시민적·정치적 권리에 관한 국제규약 등을 들 수 있다.[43]

비록 한국이 가입하지 않은 조약이나 국제규약이어서 원칙적으로 국내법에 영향을 미치지는 않지만 고려할 수 있는 국제규약으로 다문화주의와 관련한 주요 국제규범으로서 들 수 있는 것들은 '모든 이주노동자와 그 가족의 권리보호에 관한 국제협약'(채택일, 1990.12.28/미발효/당사국 수 15개국/한국 미가입), '유네스코 문화다양성 선언'(2001년 채택) 등도 국제법규로서 법원성을 인정할 수 있을 것이다.

나) 국내법규들 간의 관계—특히 기본법과 개별법의 관계

우리나라의 이주법제를 어느 범위까지 볼 것인가는 여러 입장의 차이가 있을 수 있다. 그러나 대체적으로 외국인을 직접 수범자로 하거나, 외국계 국민이 수범자가 되는 법률들을 이주법제로 볼 수 있다. 「국적법」, 「출입국관리법」, 「재한외국인 처우 기본법」, 「다문화가족지원법」, 「외국인 근로자 고용 등에 관한 법률」 등을 대표적

---

43) 그러나 이 규약이 처음 채택된 1966년에는 다문화주의에 대한 논의는 아직 없었으며, 고전적 자유권의 보편적 성질을 확인한 것으로 평가할 수 있다. 그럼에도 불구하고 다문화주의와 관련해서는 이 규약 제2조 제1항과 제2항이 중요한 역할을 한다. 한국은 1990년 이 규약에 가입하여 해당 규약을 준수할 의무를 부담한다.
시민적·정치적 권리에 관한 국제규약 제2조 1. 이 규약의 각 당사국은 자국의 영토 내에 있으며, 그 관할권하에 있는 모든 개인에 대하여 인종, 피부색, 성, 언어, 종교, 정치적 또는 기타 의견, 민족적 또는 사회적 출신, 재산, 출생 또는 기타의 신분 등에 의한 어떠한 종류의 차별도 없이 이 규약에서 인정되는 권리들을 존중하고 확보할 것을 약속한다. 2. 이 규약의 각 당사국은 현행의 입법 조치 또는 기타 조치에 의하여 아직 규정되어 있지 아니한 경우, 이 규약에서 인정되는 권리들을 실현하기 위하여 필요한 입법 조치 또는 기타 조치를 취하기 위하여 자국의 헌법상의 절차 및 이 규약의 규정에 따라 필요한 조치를 취할 것을 약속한다.

으로 들 수 있을 것이다. 다문화 관련 법률들과의 수평적 체계정합성을 살피는 것은 위의 법률들 간에 체계정합성이 유지되고 있는지를 살피면 될 것으로 본다. 수평적 체계정합성과 관련해서 우선적으로 살펴야 할 것은 「재한외국인 처우 기본법」의 성격과 이주 관련 개별법과의 관계이다.

「재한외국인 처우 기본법」은 그 법률의 성격이 기본법이므로 해당 규율 대상 및 정책의 수립과 집행, 개별법 등에 대한 기본적 사항을 정하고 있어서 다소의 임의규정 및 개방 규정을 두고 있는 점은 이해가 된다. 이 법률은 헌법 제6조 제2항에 따라 대한민국이 한국에 체류하고 있는 외국인들에 대한 처우의 기본방향 및 정책의 방향에 대한 국가 및 지방자치단체에 대한 과제를 규정하는 것을 주요 내용으로 한다. 그러한 한에서 기본법으로서의 성격을 가진다. 따라서 국가 및 지방자치단체는 외국인정책위원회와 법무부장관과의 협조 아래 외국인 정책을 수립할 기관의무가 발생한다. 그러나 실제 법률의 구체적인 내용을 보면 법무부장관의 권한은 구체적인 내용을 통해서 규정을 하고 있지만 다른 국가 및 지방자치단체의 경우는 대부분 노력규정 및 임의규정에 의해서 구체적인 집행과 관련해서는 특별한 구체적 작위의무가 없거나 사실상 재량에 속하도록 규정하고 있다.

법률이 지나치게 많은 내용을 선언적 규정 또는 임의규정을 통해 규정을 하면 해당 입법목적의 실현과의 관계에서 법률의 현실적합성, 실효성, 예측 가능성 및 신뢰보호원칙을 훼손할 우려가 있다. 특히, 법률의 해석, 구체적인 정책의 집행이 집행기관의 재량에 맡겨지게 됨으로써 수범자의 입법에 대한 신뢰가 저하되지 않도록 하여야 한다. 급부 및 용역제공, 편의의 제공 등을 담고 있는 법률들의 경우는 입법실현에 대한 수범자의 기대가 매우 높을 수밖에 없다. 그런데 그러한 성격과 내용을 가지는 법률이 대다수 임의규정 또는 노력규정(선언적 의미)으로 이루어져 있다면 해당 법률은 문제가 있다. 이러한 점을 고려한다면 법률의 제명이 '기본법'이라는 이름을 가졌다고 해서 기본법의 성격상 그러할 수밖에 없다는 입장은 잘못된 것으로 생각된다. 오히려 기본법에서 국가 및 지방자치단체의 권한과 책임의 종류, 범위 등을 정해주고, 주요 정책들의 종류, 범위, 한계 등을 명확히 한 뒤 구체적인 사항들을 개별법에 의해서 집행할 수 있도록 하는 것이 올바른 기본법 입법의 방향이다.

5) 이주법제의 입법기술적 측면

(1) 불확정 개념 및 모호한 용어

「국적법」은 일반귀화절차에 따라 대한민국 국적을 취득하고자 하는 경우 요건을 규정하고 있다(법 제5조 각 호). 이러한 요건 가운데 같은 조 제3호는 외국인에게 '품행이 단정할 것'을 요구하고 있다. '품행이 단정할 것'의 의미는 지나치게 자의적이고 불명확하여 직접 수범자인 외국인은 물론 집행자의 입장에서도 해당 요건의 의미를 둘러싸고 배우 곤란한 입장에 처할 수밖에 없다. 동일한 내용은 같은 법 제9조 제2항 제2호에서도 보이고 있다. 또한 「국적법」 제11조의 2는 복수국적자를 '대한민국의 법령적용에서 대한민국 국민으로만 처우한다'고 규정하고 있다. 이 규정도 '국민으로만 처우한다'라는 의미가 모호하다. 오히려 '대한국민 국민으로 본다'는 정도로 보다 명확한 표현을 하여야 한다.

또 「국적법」은 국익에 기여할 수 있는 우수 외국인재에 대하여 거주요건의 제한이 없이 언제든지 본인의 의사에 따라 대한민국 국적을 취득할 수 있도록 하고 있다(법 제7조 제1항 제3호). 그런데 이른바 '국익에 기여할 수 있는 우수외국인재'의 구체적인 범위 등이 매우 불투명하다.44) 또한 단지 우수인재라는 이유만으로 어떠한 제한 없이 특별 취급하여 국적을 취득하게 하는 것은 대한민국 국민과 혼인하여 가족을 형성하고 대한민국 법질서에 포함된 외국인 배우자들의 국적 취득 요건과 비교할 때도 해당 외국인 배우자는 물론 국민배우자의 행복추구권과의 관계에서 볼 때 그 정도가 지나치다고 볼 수 있다.

「출입국관리법」 제47조는 불법체류로 의심이 되는 외국인을 '용의자'라고 규정하고 있다. 어떠한 범죄의 의심이 있거나 또는 위법한 행위를 한 것으로 의심되는 자를 일반적으로 용의자라고 한다. 그러나 헌법을 비롯한 각종 형사 관련 법률에서는 그러한 자를 '피의자'라는 용어를 사용하고 있다. '용의자'라는 용어를 사용하고 있는 법률은 「출입국관리법」이 유일하다. '피의자'의 경우는 적법절차의 원칙에 따라 처우되고 있다. 그러나 이 법률은 특별히 외국인이 이 법률을 위반하여 불법으로 대한민국에 체류하고 있는 것으로 의심되는 자를 단순히 '용의자'라고 규정하고, '용의자'에 대하여는 형사법상의 '피의자'의 보호 정도와는 매우 낮은 정도로 처우하는 규정을 두고 있다. 즉, 일단 '용의자'로 지목된 외국인에 대한 조사절차와 방법은 「형사소송법」상의 '피의자'와 사실상 유사함에도 불구

---

44) 이종수 교수도 그러한 논지를 취하는 것으로 이해된다. 이종수, 앞의 논문, 59쪽 이하.

하고 '피의자'에게 보장되는 높은 수준의 신체의 자유에 대한 보장의 정도는 매우 약하다.

(2) 관련 법률 간의 준용, 정의 규정 간의 혼선

외국인으로서 대한민국 국민과 혼인하여 한국에 체류하고 있는 자를 '결혼이민자'라고 하고 있다. 결혼이민자라는 용어는 과거에는 거의 쓰이지 않았으나 외국인과 혼인이 증가하자 외국인 당사자는 물론 외국인과 혼인한 국민들과 관련한 법적인 관계들이 대두하자 법률에서 사용하기 시작하였다.[45) 「재한외국인 처우 기본법」은 결혼이민자를 대한민국 국민과 혼인한 적이 있거나 혼인관계에 있는 재한외국인이라고 정의하고 있다(같은 법 제2조 제3호). 「다문화가족지원법」은 결혼이민자를 「재한외국인 처우 기본법」상의 결혼이민자와 「국적법」(제4조)에 의해서 대한민국 국적을 취득한 자라고 정의하고 있다(같은 법 제2조 제2호).

각각의 법률에서 '결혼이민자'의 정의 및 범위를 다르게 정의함으로써 수범자 집단의 혼선을 가져왔다. 「재한외국인 처우 기본법」은 이 법의 적용대상이 되는 자를 국민과 결혼을 하였으나 「국적법」에 따른 대한민국 국적 취득을 하지 않은 자, 즉 국민의 외국인 배우자만으로 하는 것이 명백하다. 그러나 「다문화가족지원법」은 '결혼이민자'의 범위를 혼인을 하고 국적을 취득한 외국계 국민까지 포함하여 보다 넓게 보고 있다. 해당 법률들의 관계에 대해서 주장에 따라서는 기본법과 이를 구체화한 개별법의 관계에 있으므로 「다문화가

---

45) 각종 법률과 정부기관의 정책수립과 추진 과정에서 사용되는 다문화 관련 용어의 난맥, 혼용 등에 대해서는 서종남, 앞의 논문 참조.

족지원법」은 기본법의 테두리에 머무르거나 더 나아가서 다문화가족 지원은 외국인정책의 일부이므로 해당 법률은 과잉이라는 주장[46] 등이 있다. 그러나 해당 법률들은 수범자가 다소 중복은 되지만 규정의 목적과 내용이 서로 다른 것으로 기본법과 개별법과의 관계로 이해할 수 없다. 입법론으로는 「재한외국인 처우 기본법」의 '결혼이민자'의 정의규정을 삭제하거나 수정하여야 한다. '결혼이민자'를 정의하지 않아도 같은 조의 제2호에서 충분히 포섭될 수 있을 것으로 본다.

「다문화가족지원법」은 외국인이라는 특정 배우자만을 수범자로 하고 있는 것이 아니라 외국인 또는 외국계 국민과 혼인을 한 국민배우자와 그 자녀, 국민배우자와의 친족관계에 있는 국민가족을 모두 수범대상으로 하여 헌법 제36조의 가치를 구체화하는 법률로 보아야 한다. 반면에 「재한외국인 처우 기본법」은 헌법 제6조 제2항의 외국인 규정을 구체화하고 있는 것으로 볼 수 있다. 이는 특히 같은 법 제2조 제2호가 '재한외국인을 그 법적 지위에 따라 적정하게 대우하는 것'을 규정하고 있는 것으로부터 알 수 있다. 같은 법 제4장에 다문화에 대한 이해증진(제18조), 세계인의 날 제정(제19조) 등을 규정한다고 해서 다문화주의 내지 이주 관련 전체를 아우르는 기본법이 되는 것은 아니라고 생각한다.

---

46) 김기하, 앞의 논문, 229쪽.

Ⅳ. 나가는 말

저출산, 노령화, 도시·농촌 구조의 변화, 노동시장 구조의 변화, 국제화 등은 미래의 한국사회 형성에 가장 중요한 변수들이다. 이러한 변수들을 소극적으로 이해한다면 한국의 경쟁력 약화는 명백할 것이다. 외국인을 비롯한 외부로부터의 자극과 보완이 있어야 한다. 이미 외국인의 대량유입과 장기체류, 혼인을 통한 다문화가족의 대폭 증가를 경험하고 있으며, 그에 따라 외국인이 한국사회에서 차지하는 중요성과 그 비중은 점점 높아지고 있다. 생래적 한국인과 후천적 한국인, 외국인 모두가 미래의 한국사회를 구성하는 중요한 요소들이다. 이들 간의 통합과 공존의 모색이 매우 중요한 까닭이다. 기존의 단일문화, 단일민족, 순혈주의, 혈연중심의 사회적 가치관을 고집하면서 이를 바탕으로 통합과 공존을 논의하는 것은 자기모순에 빠지는 결과를 가져온다. 또는 외국인 또는 외국계 한국인들이 스스로 기존의 한국사회에 일방적으로 동화되기를 기대하거나 그러한 정책을 펴는 것도 통합과 공존과는 거리가 있는 것으로 보인다. 한국의 다문화사회화가 막을 수 없는 현실이며, 한국사회의 경쟁력 유지를 위해서 불가피하다고 판단된다면 한국사회의 유지를 위하여 스스로 다문화주의에 대한 적극적 이해와 그에 기초한 구체적인 국가의 행위로서 제도적 장치 준비 및 정책을 추진하여야 한다.

입법기술 및 방법론적 측면에서 이주법제는 유사 내용 및 중복 규정의 정비 및 통합을 통하여 법제를 간결화해서 법제의 명확성과 이해도를 높여야 한다. 법률 간의 통합과 분리를 통하여 수범자 집단의 구체화와 집행기관의 권한과 책임의 명확성을 확보하여야 한다.

이를 위해서 법률 간의 수평적 체계정합성에 대한 검토(기본법과 개별법과의 관계[47] 등), 과도한 임의규정을 축소, 선언적이거나 추상적이고 불확정적인 법률용어의 삭제, 법률용어 및 조문에 규범의 구체적인 의미와 내용을 담음으로써 수범자 및 집행자에게 법제의 실효성에 대한 확신을 높여야 한다. 이주법제가 최초로 마련된 지 약 5년이 지나가고 있다. 그간 5년간의 법제 추진 결과 및 현황을 입법평가 기법을 사용하여 개선방안을 모색하는 것도 시도하여야 한다. 특히, 「외국인 근로자 고용 등에 관한 법률」의 경우 수범자인 외국인 근로자와 이들을 주로 고용하는 사용자들을 대상으로 한 비용-편익 분석, 표준비용모델을 통한 관료비용 및 각종 비용부담의 정도 등도 평가해볼 필요가 있다. 「다문화가족지원법」의 경우 다문화가족 수범자들의 편익의 정도가 입법목표에 상응한지, 지원을 위한 각종 추진체계 및 기구들의 효율성 정도가 적정한지, 실제로 법률을 집행하는 데 발생하는 비용과 편익 간에 균형이 이루어지고 있는지를 입법평가를 통하여 확인하고 이러한 자료와 새로운 경향을 모두 감안하여 개선입법의 방향을 찾는 것도 중요하다.

보다 근본적으로는 다문화주의에 대한 이해를 바탕으로 한 새로운 경향을 반영하고 장래의 한국사회에서의 통합과 공존을 최적화할 수 있는 내용을 담을 수 있도록 미래의 이주법제 모델을 연구하고 개발하여야 한다. 이를 위해서는 이주입법의 규율대상인 외국인과 외국계 국민은 물론 통합과 공존을 하여야 하는 국민들에 대한 정확한 이해가 있어야 한다. 이주법제의 방향과 핵심은 서로 다른

---

47) 특히 「재한외국인 처우 기본법」과 다른 법률과의 관계 등은 보다 심도 있는 논의가 필요하다.

인간들이 같은 공간에서 상호의 존재가치 및 생활가치를 확인하고 이해를 함으로써 모든 인간이 공동의 가치를 발견하고 공존하는 것을 내용으로 하여야 한다. 구성원들의 개별 문화와 이들 문화 간의 갈등과 긴장의 극복을 통한 문화적 통합과 공존은 이 속에 당연히 포함된다. 그러한 경우에도 국가의 주도와 개입은 최소화에 그칠 수 있도록 하여 개인의 자율적 영역(생활, 문화형성 등)이 최대한 확보될 수 있어야 함도 주의하여야 한다.[48]

---

48) Ishay, Micheline, The History of Human Rights; From Ancient Times to the Globalization Era; 조효제 역, 세계인권사상사. 국가가 문화의 집행자가 되어야 한다고 생각하는 사람들 중에는 국가의 문화적 정신(또는 종족적 구성)이 변하지 않는 이상 이주자를 관용으로 대하는 사람들도 있지만, 그러한 견해를 가진 많은 사람들이 이주자를 침입자로 보는 경향이 있으며, 그럴수록 배타적인 이민정책을 선호하는 경향이 생긴다.

제5장 한국의 이주법제에서의 이주근로자와 그 가족의 기본권

I. 서설

인간의 역사는 과거를 바탕으로 현재에 이른다. 현재 한국은 다문화라는 현상에 직면하고 있으며 이를 이해하고 수용하기 위하여서는 한국의 이주 역사[1][2][3]를 돌이켜 보는 것도 다문화현상을 더욱더

---

1) 먼저 140여 년 전 사할린으로 간 자발적·타발적 이민자들, 그러나 그곳에서도 동토를 개척하였으나 다시 1937년에 스탈린에 의하여 중앙아시아로 강제 이주된 고려인의 삶은 그 자체가 이주의 역사이다. 그 당시 7만여 명의 강제이주 도중 심한 굶주림과 추위로 1만여 명이 사망하고 그중 60%는 어린이였다고 한다. 그리고 중국의 조선족 등 과거의 한국민의 해외로의 이주 역사 경로도 참으로 다양하다. http://k.daum.net; 또한 이들의 삶에 관하여서는, 정동주, 『까레이스끼, 또 하나의 민족사』 참조.

2) 하와이 이민으로는, 1902-05년 동안 약 7,000여 명의 한국인들이 하와이에 수수밭의 인부로 이민 1세대를 이루었다. 이들 중 일부는 멕시코 유칸반도까지 가서 노역에 종사하였다. 당시 노임이 하루 67센트였다고 한다. http://k.daum.net

3) 일본으로의 한국인의 역사적인 이주로는 권숙인, 『다문화사회 일본과 정체성 정치』, 23쪽 이하 참조. 일본의 다민족성을 증거하는 대표적인 집단이 재일조선인이다. 일본사회에서 오랫동안 비가시적인 소수자로 존재하기를 강요받아 온 재일조선인들은 일본이 주장하고 있는 '다문화 일

잘 포용할 수 있는 계기가 될 것이다.

이와 같이 다양한 형태의 이주근로자(Migrant Labor가 아닌 Migrant Worker)[4]를 송출하던 국가에서 이제는 이들을 받아들여야 하는 상황으로 눈부신 발전을 하여왔다. 그러나 우리는 지금까지 단일민족이란 이름으로 '다문화'라는 단어에 익숙한 편이 아니었다. 그러므로 우리의 정서나 문화는 다문화라는 단어에 가족이란 개념을 덧붙여 '다문화+가족=다문화가족'[5]이란 개념을 창출해내고, 이들을 포용이라는 이름 아래 '지원'이라는 단어를 사용하며, 2005년경부터는 정부정책에 '다문화'라는 용어가 사용되기 시작하였으며, 이에 따른 다양한 정책들을 수립하고 있다.[6]

그러나 다문화라는 단어에 가족이란 단어가 첨부된 범위를 어떻게 해석하여야 할까? 좁은 범위의 결혼이라는 울타리 내에서의 가족

본'에서 어떻게 조명될 것인가를 보여주고 있다. 그리고 6·25 한국전쟁 이후 미국 등지로의 이민, 또한 반공포로 석방 도중 제3국을 택한 사람들이 인디아, 브라질 등으로 흩어지기도 하였다. 그리고 60년대는 북미주로의 이민이 성하였으며, 유럽으로의 이주는 60년대 독일 광부나 간호사 등으로, 70년대는 중동으로의 이주 등 세계에서 가장 많은 나라로 이주한 민족이 한국이라는 통계는 우리의 현실을 돌아보게 한다.

4) ILO에서는 일찍부터 외국인 근로자에 대하여 'Foreign Labor'이라 하지 않고 'Migrant Worker'라 한다. ILO, Migrant Workers, General Survey, International Labor Conference, 1999. paras. 101-103. 차성안·홍예연·황필규, 「국제기준에 비추어본 한국의 이주노동자의 권리-노동기본권과 사회보장을 중심으로」, 4쪽 이하 참조. 그러므로 필자도 굳이 '이주근로자'라는 용어를 사용하는 이유는, '노동'이란 용어에 대한 부정적인 의미를 불식시키고자 함이며, 또한 이주하여 한국에서 근무하는 사람들이 전부 육체적 노동만을 하는 것이 아니라 정신적 노동을 하는 사람들까지 포함하는 의미도 내포되어 있으며, 간혹 이 논문 중에 노동과 근로가 혼용되고 있는 것은 인용일 경우에 가급적이면 그대로 사용하였기 때문인 경우가 있음을 밝혀둔다.

5) 한국 특유의 '가족애'를 강조하는 기업문화는 이주근로자들을 이질적인 존재로 파악하여, 사장은 아버지, 공장장은 큰형으로, 이주근로자들이 변호사 및 노무사를 선임하여 공식적인 협상 테이블에 계약조항을 협의하려고 하면 그들은 비이성적인 대응을 하는 경우가 많다. http://www.migrant113.org/board

6) 일본에서도 다문화공생에 관한 관심이 증가한 시점은 1980년대 이후 한국과 마찬가지로 농촌 총각들의 결혼문제가 심각하여졌으며, 이에 일본 정부에서도 중앙정부의 의제로 2005년부터 '다문화공생추진플랜'을 수립하여 추진하기 시작하였다, 일본에서는 한국에서와 같은 '다문화가족'이라는 용어는 사용하지 않고 '다문화공생'이라는 용어를 사용한다. 김범수, 「일본의 다문화공생지원제도에 관한 연구-야마가타(山形)현의 다문화공생을 중심으로」, 88쪽 이하 참조.

이란 의미일 수도 있을 것이며, 넓은 범위의 친밀한 관계를 의미하는 가족이란 의미도 내포되어 있을 것이다.

이상의 내용들을 축약하여 보면 다문화라는 단어에 가족이란 의미를 추가하여 지원이라는 단계로 나아가고 있음을 유추할 수 있다. 그러나 이러한 단계의 관계설정은 현재의 한국에 있어서 다문화라는 현상에 직면하고 있는 사회학적·정치적·문화적 현상을 추출할 수 있는 현주소를 내포하고 있다 하겠다. 바꾸어 말하면, 산업발달로 인한 이주근로자의 수용, 농촌이나 기타 사유로 결혼이라는 제도하에서 발생한 결혼이민자 등으로 다문화라는 현상에 직면하게 되고, 이를 수용하는 단계에서 가족이라는 제도 내에 포함시켜 지원이라는 단계로 정책을 집행하고, 이러한 정책 집행도 한국에서는 정부가 중심이 되어 다문화정책과 지원이라는 프로젝트를 진행하고 있다.

현재 한국에서는 장기체류 외국인이 120만에 가까워지고 있는 현상[7]에서 이주근로자의 수[8]는 80만을 초과하고 있다. 즉, 현재 한국 정부의 다문화정책 수혜대상자는 116만 명 정도, 그중에 결혼이민자가 20만여 명, 주한미국인과 상주 외국인이 15만여 명, 나머지 80만여 명은 외국인 노동자다. 그런데 한국정부의 다문화정책은 결혼이민자와 상주외국인에게는 상당한 배려를 하고 있으나, 외국인 노동자에게는 여전히 무관심 상태에 머무르고 있다고 하겠다.[9]

---

7) 2010. 3월 현재, 체류외국인은 1,180,595명이며, 미등록이주자는 178,163명으로 불법체류 비율이 15.1%이다. 그 순위는, 중국(한국계) 82,663, 베트남 14,963, 태국 12,462, 몽골 12,205, 필리핀 11,792, 우즈베키스탄 6,909, 방글라데시 6,198, 파키스탄 2,934, 미국 4,442, 기타 23,595 등이다. 자세한 것은, http://migrant.or.kr/xe; 2015년 현재 체류외국인은 160만을 넘어서고 있다.

8) 2009년도 9월 말 통계에 따르면, 현재 한국에 체류 중인 외국인 근로자 549,282명(합법체류자; 499,635명, 불법체류자; 49,647명), 미등록외국인 근로자의 수는 183,000으로 추정된다(다문화사회를 위한 정책적 제언 자료; 국가인권위원회).

9) 경남외국인 노동자 상담소 소장 이철승 목사에 관한 기사 중 일부이다(동아일보, 2010.2.1); 최

이러한 현상은 한국의 다문화가족 지원의 대상 범위가 앞에서 언급하였듯이 '다문화가족'이라는 이름하에 존재하는 이들에게만 그 혜택이 돌아가는 것이다. 다시 말하면 적어도 현재 한국 내에서의 다문화가족이라는 개념에는 가족이 아닌 이주근로자들을 위한 배려나 지원은 고려 대상에서 제외되어 있다고 할 것이다.

한 걸음 더 나아가 현재의 한국은 그들에 대하여 '지원'의 대상이지 '공존 내지 공생'하는 존재로서의 인식이 결여되어 있다 하겠다. 이러한 인식의 결과 그 정책의 수립과 집행과정에서 다문화라는 현상에 가족이란 '시민 내지 국민'에 대한 '지원'이란 이름의 수직적·제한적 정책은 있어도, 적어도 더불어 사는 공간에서 한 '인간'으로서의 '공존 또는 공생'이라는 병렬적 내지 수평적 관계에 입각한 정책 수립이 세워지지 않는 다문화에 대한 과도기적 단계에 있다 할 것이다.

이러한 문제 인식하에 먼저 이주근로자와 국적보유 여부에 따른 문제점으로 (1) 한국국적 보유자와 문화갈등, (2) 이주여성과 국적취득문제(Ⅱ)를 살펴보고, 더 나아가 이주근로자와 그 가족의 관련 법제의 문제점에 있어서 (1) 다문화가족 사회복지 지원체계확립과 그 과제, (2) 다문화가족 생활안정보장체계의 법제와 그 개선방안 등(Ⅲ)에 관하여 분석을 해보고자 한다.

경옥, 「한국에 있어서의 다문화주의에 대한 헌법적 시각」, 16쪽.

Ⅱ. 이주근로자와 국적 여부 문제

1. 한국국적 보유자와 문화갈등

한국 헌법 전문에는 '항구적인 세계평화와 인류공영에 이바지할 것'이라는 국제평화주의를 나타내고 있으며, 또한 제11조에는, '누구든지 성별, 종교, 또는 사회적 신분에 의하여 정치적·경제적·사회적·문화적 생활의 모든 영역에 있어서 차별을 받지 아니한다', 그리고 제6조 제1항에는, '헌법에 의하여 체결·공포된 조약과 일반적으로 승인된 국제법규는 국내법과 같은 효력을 가진다'라고, 그리고 동 제2항에는, '외국인은 국제법과 조약이 정하는 바에 의하여 그 지위가 보장된다'라고 규정되어 있다.

이상의 조문에서 한국 헌법은 국제적으로 평화롭게 그리고 인류공영에 이바지할 것과, 이를 근거로 제11조의 '누구든지' 성별, 종교, 사회적 신분 등으로 인하여 '정치적·경제적·사회적·문화적 생활의 모든 영역'에 있어서 차별을 하지 않는다는 내용인데, 그중에서 '누구든지'에 외국인 근로자나 또는 그 가족까지도 포함시킬 것인가 하는 문제, 그리고 이와 아울러 특히 경제적 영역에 있어서 이들을 차별하지 않을 수 있는가 하는 문제, 그리고 동 제6조의 국제법과 헌법과의 관계10) 등이 한국 국적을 가진 자와 가지지 못한 자와의 관계로 볼 수 있다 할 것이다.

본 논문의 주제는 이주근로자 자신에 관한 문제11)가 아니라 이주

---

10) 헌법재판소, 2001.4.26. 99헌가13; 이명용, 『국제인권법의 국내법적 효력: 헌법과의 관계 및 헌법재판에서의 법원성』, 55쪽 참조.

근로자가 한국에 체류하는 것을 전제로 한 그 가족들에 대한 권리보호12)와 이들을 위한 한국정부의 현재의 정책집행과 그 문제점 내지 개선책을 헌법적 차원에서 분석하고자 한다.

이러한 이주근로자 가족의 문제는, 이주근로자의 증가와 장기 체류 등으로 인하여 이주근로자 가족이라는 집단이 생기면서 이들에 대한 사회적·경제적·법적 신분이 사회적 문제로 등장한다. 처음에는 이주근로자의 직접적인 인권(임금체불, 구타 등)이 문제가 되었으며, 그리고 이들에 대한 노동권(불법체류, 부당해고 등)이, 그다음으로 이들 가족들의 가족결합, 자녀양육 및 교육, 건강, 거주 등의 사회적 보장 문제와 이러한 결과로 빚어질 사회통합이 중요한 과제로 대두되고 있다.

우선 국제연합(UN)은 1990년 12월 18일 제69차 총회에서 이주근로자권리조약13)을 채택하였으며, 그중 제27조 제1항에서 외국인의

---

11) 김지형, 「외국인 근로자의 헌법상 기본권 보장-현행 산업연수생제도의 위헌성 검토를 중심으로」, 14-15쪽; 김희성, 「이주근로자의 고용에 관한 법적 문제점과 개선방안」; 장성희, 「이주노동자의 현황과 실태 그리고 개선방안」; 최경옥, 「이주근로자의 근로권-한국과 유럽에서의 인권보장」; 최경옥, 「한국에 있어서의 다문화주의에 대한 헌법적 시각」, 16쪽 이하 참조.

12) 장혜경·김혜경·오학수·이기영, 『외국인 노동자 가족 관련 정책 비교연구』 참조. 이 연구보고서가 한국에서 이주근로자 가족에 관한 최초의 연구인 것으로 보인다. 고준성, 「모든 이주노동자와 그 가족의 권리보호에 관한 국제협약」, 212-236쪽 참조.

13) 이 조약의 원 명칭은 '모든 이주근로자와 그 가족의 권리보호에 관한 국제조약(International Convention on the Protection of the Rights of All Migrant Workers and Members of their families'; UN Doc. A/RES/45/158); 참고로 이 조문이 한국어로 번역되어 있는 곳은 http://blog.naver.com/kilseok2/50089201368, 2010.5.28일자 외국인 노동자대책협의회 자료번역실 참조. 그 조문의 목차를 보면, 「전문, 제1부 적용범위와 정의, 제2부 차별 없는 권리보장, 제3부 이주노동자와 그 가족의 기본적 인권, 제4부 정규로 등록된 혹은 정규인 법적 지위에 있는 이주노동자와 그 가족에 인정되는 추가적인 권리, 제5부 특별 형태의 이주노동자와 그 가족에 관한 규정, 제6부 노동자와 그 가족의 국제이주에 관한 건전하고 공정한 그리고 인도적인 동시에 합법적인 조건 정비, 제7부 조약의 적용, 제8부 최종 규정」으로 이루어져 있다. 고준성, 「국제이주노동자권리협약에 대한 고찰; 이주노동자와 관련한 법제도의 문제점과 해결방안에 대한 법사회학적 고찰」 (http://www.reportworld.co.kr/report/data). ILO와 국제이주노동자권리협약의 상호관계에 관하여서는, R. Boehning, The ILO and the New UN Convention on Migrant Workers; The Past and Future; The Protection of Migrant Workers and International Labour Standards; M. Hasenau, Setting Norms in the United Nations System; The Draft Convention on the Protection of the

사회보장의 권리를 규정하고 있다. 즉, '사회보장에 관하여, 이주근로자와 그 가족은 적용 가능한 그 국가의 법률 및 2국 간 또는 다국 간 조약에 의하여 규정된 요건을 충족하는 한, 고용국에서 국민에게 인정되는 것과 동일한 대우를 향유한다'고 규정되어 있다. 즉, 사회보장에 대하여 내외국인의 평등과 상호주의를 채택하고 있다. 이는 물론 미등록체류자를 포함한 모든 외국인 근로자의 보호를 정하고 있는 제3부에 규정된 내용이며, 특별히 미등록체류자를 제외하고 있지 아니하다. 그리고 이 조약은 2003년 7월 1일부터 발효되었으나, 아직 한국은 이 조약에 비준을 하지 않은 상태이다.

이와 관련된 한국의 사회보장법과의 관계를 살펴보면, '국내에 거주하는 외국인에 대한 사회보장제도의 적용은 상호주의 원칙에 의하되, 관계법령에 따른다'(제8조)라고 하여 상호주의를 따르되, 개별 관계법령에 위임하여 상호주의에 대한 여지를 남겨두고 있다.[14]

또한 이주근로자에게 국적으로 인한 근로조건의 차별을 근로기준법에서는 금지하고 있으며(근로기준법 제115조), 1990년 7월 10일부터 적용된 조약 제1006호인 '국제연합의 경제적·사회적 및 문화적 권리에 관한 국제규약(이른바 '사회권 규약' 또는 A 규약; International Convenant on Economic, Social and Cultural Rights)'에서 출신에 의한 어떠한 차별도 금지하고 있으며(동 조약 제2조 제2항), 동등한 가치의 노동에 대한 동등한 보수를 포함한 근로조건을 향유할 권리(동 제7조)가 있으며, 그 권리를 제한할 경우에도 공공복리증진의 목적

Rights of All Migrant Workers and Their Families in Relation to ILO Standards on migrant Workers; 채형복, 「이주노동자권리협약의 자유권 쟁점-추방과 신체의 자유를 중심으로」 참조.
14) 한국헌법학회 '다문화사회와 헌법' 중 '제4주제 다문화사회와 사회적 기본권'의 토론문(조선대, 최홍엽, 2010.3.12) 참조.

으로 반드시 법률로서만 제한할 수 있도록(동 제4조) 규정되어 있어 이는 한국헌법 제37조 제2항의 법률유보 조항과 맥을 같이하고 있다고 볼 수 있다.

이상에서 헌재는 외국인의 근로에 관한 한 근로자에게 기본적 생활수단으로 인간의 존엄성을 보장받을 수 있는 최소한의 자유권적 기본권[15]의 주체성을 인정하고 있다.[16][17] 이는 바꾸어 말하면 이주근로자의 인간으로서의 존엄인 자유권적 기본권의 주체성을 인정하고 있으며, 더 나아가 위 국제조약이나 규약들은 그 동반자인 가족의 권리까지도 국적이나 문화적 차이로 인한 차별을 금지하고 있는 것이다. 그러나 현재의 한국적 현실에서는 이주근로자들의 추세는 한국국민보다 저소득국가인 나라로부터 유입되는 경우가 다반사이다. 그러므로 사회학적으로는 가진 자와 가지지 못한 자와의 경제학적 관계가 형성됨으로 인한 한국 국적 소유자와 이주근로자 사이에 수직적인 갑과 을의 관계 설정이 이루어짐으로 인한 경제권력적 관계가 성립될 수 있다. 또한 한국으로 유입되는 이주근로자 또는 결혼이주여성은 대부분 중국(조선족)이 절반 정도이며, 베트남, 필리핀, 일본, 캄보디아, 몽골 등 아시아계가 대부분이다. 그러므로 아시아계라는 동양문명의 공통점도 있겠으나, 그럼에도 불구하고 각국마다의 문화적 차이로 인한 충돌은 그들이 한국에서 정착하는 데 커다란 장애가 되고 있다.

---

15) 류시조, 「다문화사회와 자유권적 기본권」 참조.
16) 대법원에서도 외국인 산업연수생을 연수뿐만 아니라 실질적인 근로를 제공하고 임금을 받는 근로기준법의 근로자로 본다(대법원 1995.12.22. 선고95누2050, 1997.10.10. 선고97누10352, 2005.11.10. 2005다50034). 참조.
17) 최경옥, 「이주근로자의 근로권」, 21쪽.

가령 앞에서 예를 든 가족적인 회사 분위기는 가정적인 측면도 있으나 고용계약서 등을 작성할 경우에 이성적이거나 법적인 행동을 할 경우에 그들은 그 회사에서 이단자가 되어야 하는 문화적 충돌 같은 것들이 있을 수 있다. 또한 한국에 남아 있는 유교적 사고는 여전히 그들에겐 수용하기 힘든 부분도 있다.

그러므로 이러한 이유들로 인하여 그들이 한국문화에 적응할 수 있는 환경이나 프로그램을 개발하여야 하겠지만, 동시에 한국국민도 그들을 이해하는 교육을 동시에 병행할 필요가 제기된다 할 것이다. 이러한 제도적 배려가 동시대 동공간에서 '지원'이 아닌 '공존'의 인간관계를 형성하는 문화를 정착시킬 필요성이 대두된다. 즉, 일방적 동화 내지 통합을 위한 정책이 아니라 쌍방적 상호문화 이해라는 기본적 인식하에 다문화공간을 형성하여 갈 과제가 대두된다 할 것이다.

이러한 노력은 국가 내지 민족이라는 개념을 초월하여 한 공간에서 공존하는 인간으로서의 행복추구권을 보장하는 것이며, 또한 인간으로서의 존엄과 가치를 확보하게 되어 자연스러운 사회통합으로 발전될 것이다.

2. 이주여성과 국적 취득문제

우선 이주근로자들 중에는 여성들의 숫자도 상당한 비율을 차지하고 있으며, 또한 이들 중 일부는 장기미등록자로 체류하다 한국에서 결혼을 하기도 한다. — 그 반대의 경우도 있다. — [18] 이러한 경우

---

18) 현재 배우자 자격으로 한국에 체류 중인 외국인은 2005년도-75,011명, 2006년도-93,786명, 2007년도-110,362명, 2008년도-118,421명이며, 그중 결혼이민자의 연도별 증감현황은, 2001년

그들의 한국 국적 취득문제와 아울러 동시에 한국으로 결혼을 목적으로 이주하는 여성들의 국적취득 문제도 포함시켜 이주라는 단어에 초점을 맞추어 다루어보고자 한다.

첫째, 한국에서는 한국인 남성과 미등록이주자인 여성이 결혼하면 혼인신고를 받아주지 않고 있는 실정이다.[19] 이는 공법상의 체류자격과 민법상의 혼인신고의 효력을 인정하는 것과는 관련이 없으므로 혼인신고불수리처분 취소소송을 하는 방법이 있겠으나, 정부에서는 사정변경을 이유로 이를 합법화시켜 주는 방안을 강구하여야 할 것이다. 또한 이들이 혼인신고가 되지 않으면 그 자녀들도 불법체류자가 될 수밖에 없다. 국제연합의 이주근로자권리조약은 이주근로자라는 지위에 수반되는 권리로서 체류의 합법·불합법 여부를 떠나서 모든 이주근로자의 자녀에 대하여 성명과 출생의 등록 및 국적에 대한 권리를 인정하고 있다(이주근로자권리조약 제29조).[20] 최

에 25,182명에서 2008년 6월 말 현재 118,421명으로, 470.3% 증가하였으며, 성별로는 2009년의 경우 여성이 109,668명, 남성이 15,529명이며, 특히 2020년에는 결혼이주여성이 354,084명으로 증가할 것으로 추정되며, 또한 다문화가정 자녀가 142,254명으로 추정되고 있으며, 2030년에는 583,303명으로 추정되며, 이에 따른 다문화가정 자녀가 216,264명으로 크게 증가될 것으로 추정하고 있다(다문화사회를 위한 정책적 제언 자료; 국가인권위원회); 또한 조진래 의원이 통계청으로부터 제출받은 자료에 따르면, 국내외국인과의 결혼 건수는 4년간(2005-2009) 연평균 3만 9,000건에 달하고 있으며, 특히 농촌 지역이 그중 23%에 해당하는 3만 6,000여건에 이르며, '한국국적을 가지지 않은 결혼이민자'는 2009.8월 현재 총 12만 5,673명으로 그중 여성의 비율이 88%인 11만 483명으로 남성을 훨씬 초과하고 있다. 현재 조진래 의원 등이 이들을 위하여 다문화가족에 대한 이해를 돕는 교육, 생활수준 향상이나 사회적응, 교육지원, 생활정보 제공, 다문화지원센터에서 이들에게 일자리를 주선하는 등의 방안을 구체화하고 있다(시민일보, 2009.12.17). 이 외에도 손숙미 의원, 정희수 의원, 원희목 의원들이 고용차별, 자립제한 등 다문화가족 전반에 대한 문제점을 개선하고 사회적 통합을 위한 '다문화가족지원법 개정안'을 발의해놓고 있다. 특히 손숙미 의원의 '다문화사회 정책특별위원회'의 내용은, 「재한외국인 처우 기본법」, 「다문화가족지원법」, 「결혼중개업의 관리에 관한 법률」, 「건강가정기본법」 등 다문화가족에 관련된 법률을 심사·처리할 수 있으며, 위원 수는 20인으로 한다.

19) 그러나 현재는 위의 사항에서는 혼인신고를 받아준다고 한다(2010.11.26. 토론자 소라미 변호사).

20) 이 외에도 이주근로자의 인권침해로는, 사업장 이동금지(이에 대하여서는 2010.10.12. 헌재에서, '외국인 근로자 사업장변경횟수 제한 사건; 2007헌마1083, 외국인 근로자의 고용 등에 관한 법률 제25조 제4항 등 위헌확인'에 대하여 공개변론을 하고 최종판결만이 남아 있다) 또는 여권보관조치는 사실상 강제노동의 도구로 사용되고 있기도 하다; 김선수, 「외국인 노동자 인

근에는 이러한 문제들을 해결하기 위하여 결혼이민자와 이주근로자를 위한 국제이주기구[21] 또는 다문화가족청을 신설[22]하자는 의견도 제시되고 있다.

둘째, 이번에는 한국으로 결혼을 목적으로 이주하여 오는 경우의 한국 국적 취득 문제를 살펴보고자 한다. 한국에서는 1990년 이후부터 농촌 총각들의 배우자 부족으로 주로 아시아계의 여성들과 결혼을 하게 되는 비율이 높아가기 시작하였다.[23] 그러나 언어, 문화적 차이, 시부모나 남편의 몰이해 내지 학대로 이혼하는 비율도 증가하고 있는 추세이다.

그럼에도 불구하고 결혼 또는 이혼을 한다고 하여 절대적으로 상

권보호대책」, 12쪽 참조.

21) 부산일보, 2010.3.5. 사설, 뉴시스통신사 2010.3.23. 참조.

22) 최근 베트남 여성(Thach Thi Hoang Ngoc)의 죽음을 계기로 결혼이주여성의 문제를 해결하기 위하여 '다문화가족청'을 신설하여야 한다는 제안이 있다. 파이낸셜뉴스, 2010.7.29; 법무부는 2010년 10월부터 전국 14개 출입국관리사무소에서 '국제결혼 안내 프로그램'을 시작하였으며, 병력이나 범죄경력 등에 문제가 발견되면 비자발급을 제한한다. 또한 부산 출입국관리사무소에서는 2010년 12월 15일까지 모두 289명의 남성들이 이에 관한 교육을 받았다. 11월에는 한나라당 한선교 의원이 결혼중개업 등록여건과 처벌 규정을 대폭 강화한 '결혼중개업 관리법' 개정안을 발의해 두었으며, 앞서 한나라당 김영선 의원도 국제결혼중개업자에게 신상정보확인서를 공증받은 뒤 서면으로 제출하도록 하는 '결혼중개업 관리법 개정안'을 발의하기도하였다. 부산일보, 2010.12.17; 그 이후 '결혼중개업관리법'은 많은 개정을 하여 좀 더 점진적인 발전을 거듭하고 있으나, 여전히 문제가 있으며, 이에 관하여는 차후에 다루기로 한다. 결혼중개업법 (결혼중개의 관리에 관한 법률, 시행 2014.2.14. 법률 제12078호, 2013.8.13, 일부개정; 이하 결혼중개업법이라 칭함)상 신설된 조항으로는 위 예에서 살펴본 과다한 수입료, 또는 부정한 방법의 모집·알선 등에 대한 금지조항이 신설되었다.

23) 다문화사회를 위한 예산이 2011년도에는 860억 원이 책정되었다. 이는 그들이 한국사회의 실질적인 정착을 위한 자녀양육과 취업지원을 강화하기 위한 예산이다. 내년부터 다문화가정은 소득수준에 관계없이 0-5세 아동(28,000여 명)에게는 보육료 전액이 지원된다(총 580억 원 예정). 또한 결혼이민자의 자립을 돕기 위한 취업지원도 활성화된다. 결혼이민자에게는 '직업능력계발계좌제' 전액을 지원하며, 지역공동체 일자리도 우선 제공한다. 직업능력계발란 실업자·구직자를 대상으로 연간 1회 최대 200만 원까지 교육훈련비를 지원하며, 또한 결혼이민자가 미용, 바리스타 등 지역기업 일자리에 취업할 경우 월 50만 원까지 지원한다. 또한 자녀양육정보가 부족한 다문화가정을 위하여 한국어를 배울 수 있도록 '다문화언어지도사'는 100명에서 200명으로 늘어난다. 그리고 다문화가정 자녀뿐만 아니라 결혼이민자의 한국 적응 교육도 강화한다. 결혼이민자에게 한국어·양육정보에 대하여 방문교육을 실시하는 지도사를 2,240명에서 3,200명으로 늘리며, 다문화가족지원센터도 140곳에서 200곳으로 늘릴 계획이다(동아일보, 2010.9.17. A4면 참조).

대방의 국적을 강제할 수는 없다. 즉, 여성들의 국제결혼으로 인한 국적이나 차별에 관한 협약으로는, 1957년 '기혼여성의 국적에 관한 협약(Convention on the Nationality of Married Women)'은 혼인, 남편의 국적 변동, 이혼에 의한 기혼여성의 국적이 자동적으로 변경되어서는 안 된다고 선언하였으며, 또한 1979년 '여성에 대한 모든 형태의 차별철폐에 관한 협약(Convention on the Elimination of All Forms of Discrimination Against Women)' 등이 있다.[24]

한편, 우선 한국의 현행 「국적법」(법률 제8892호, 2008.3.14. 일부개정·시행)의 제6조(간이귀화 조건)의 제2항 1에는 '그 배우자와 혼인한 상태로 대한민국에 2년 이상 계속하여 주소가 있는 자'로 규정되어 있다.[25] 그리고 동항 2. 그 배우자와 혼인한 후 3년이 지나고 혼인한 상태로 대한민국에 1년 이상 계속하여 주소가 있는 자, 동항 3. 제1호나 제2호의 기간을 채우지 못하였으나, 그 배우자와 혼인한 상태로 대한민국에 주소를 두고 있던 중 그 배우자의 사망이나 실종 또는 그 밖에 자신에게 책임이 없는 사유로 정상적인 혼인 생활을 할 수 없었던 자로서 제1호나 제2호의 잔여기간을 채웠고 법무부장관이 상당(相當)하다고 인정하는 자, 동항 4. 제1호나 제2호의 요건을 충족하지 못하였으나, 그 배우자와의 혼인에 따라 출생한 미성년의 자(子)를 양육하고 있거나 양육하여야 할 자로서 제1호나 제2호의 기간을 채웠고 법무부장관이 상당하다고 인정하는 자(전문개정

---

24) 이철우, 「이중국적의 논리와 유형」, 139쪽 이하; 이종수, 「다문화사회와 국적」, 54쪽에서 재인용.
25) 그리고 결혼을 하는 데 본인이 한국 국적 취득을 원하는 경우에도 동거비자를 준다는 것은 문제가 있다고 본다. 물론 단순히 국적취득을 목적으로 위장결혼을 한다든지 하는 경우를 대비한 정책이긴 하나 불법 또는 편법을 방지하고자 원래의 목적인 결혼에 동거비자를 발급하는 것은 목적과 결과가 전도된 정책으로 보인다.

2008.3.14) 등으로 규정되어 있다.

이상과 같이 이로 인하여 대한민국 남성과 결혼한 대부분의 외국 여성들이 2년이 되지 않은 채 이혼을 하게 될 경우 자국으로 돌아가거나 이들은 대한민국 국적을 취득하지 못하고 미등록이주자로 남게 된다. 또한 2년 이후 이혼 소송을 제기하더라도 이주여성 스스로 이혼의 귀책사유를 밝히기란 쉬운 일이 아니다. 왜냐하면 동법 제6조 제2항 3에서 그 밖에 자신에게 책임이 없는 사유로 정상적인 혼인 생활을 할 수 없었던 자로서 제1호나 제2호의 잔여기간을 채웠고 법무부장관이 상당(相當)하다고 인정하는 자로 규정되어 있기 때문이다.

그 결과 2005년 전후에는 결혼이민자 중 여성은 남편의 사망·이혼 후 아이의 친권을 가지고 있는 경우, 그리고 계속적인 폭력에 노출되어 이혼을 한 경우에도 2년 이상 한국에서 합법적으로 체류할 수 없었다. 이에 법무부는 본인의 귀책사유가 없음을 입증하는 데 공인된 여성결혼이민자 관련 단체의 사실확인서와 실태조사를 통한 귀책사유의 입증책임을 규명할 때까지 여성결혼이민자의 국내체류를 허용하는 등의 조치를 취하고 있다. 또한 한국인의 배우자[26]로서 결혼비자를 통하여 입국한 결혼이민자들이 한국인 배우자와 결혼파탄에 대한 입증책임을 증명하고 이혼이 이뤄진 경우에 체류자격을 변경하여 국내에 머물도록 하고 있다. 그러므로 국적취득 전인 결혼이민자가 한국인 배우자의 귀책사유를 입증하거나 여성결혼이민자와 관련하여 공인된 단체의 사실확인서 등으로 상대방의 귀책사유

---

26) 2007.7.31. 현재 한국인의 배우자 자격의 체류자는 남: 12,378명, 여: 82,371명[자료: 법무부; 배우자자격(F-2-1, F-1-3/국내체류) 외국인 현황]; http://blog.naver.com/dramo23/104402224 드림 소사이어티 포럼, 결혼이민자의 안정적 체류 및 국적취득문제. 2010.4.25.

를 입증하고 이혼한 후에 한국에 남기를 원하는 경우가 있는데 이때 대부분 체류자격 변경 신청을 하게 된다. 그러나 현재 결혼이민자가 이혼한 후 배우자자격에서 다른 체류자격으로의 변경 신청 및 허가 현황에 대하여서는 취합이 어려운 상태라고 한다. 또한 기존에 폭력 유무와 상해 정도에 대한 진단서도 증거자료로서 제 역할을 하지 못한 상태에서 여성결혼이민자 관련단체의 사실확인서가 어느 정도의 효과가 있을지, 그리고 실태조사의 정확성과 언어 소통이 어렵고 한국의 법체계 등 사회전반의 실정에 대하여 알기 어려운 이주여성들이 얼마만큼의 실효적인 입증을 할 수 있을지가 여전히 문제점으로 남았다.[27] 무엇보다도 결혼이민자 여성의 경우 이혼에 대한 귀책사유가 남편에게 있음을 입증하지 못한 경우 한국에서 안정적이고 장기적인 체류가 불가능하므로 자녀와 이별을 하여야 하므로, 결혼이민자에 대한 장기적이고 합법적인 체류권 보장이 필요하다고 본다.[28] 그러므로 이러한 조항은 결혼이란 진정한 의사를 가지고 한국으로 온 여성에게 본인이 원한다면 한국국적을 선택할 수 있게 하고, 일정기간이 지나지 않은 상태에서 이혼할 경우 한국 국적 보유를 위한 조건을 제시하는 방법을 모색하는 것이 결혼이주여성의 인권을 보호하는 방법이 될 것이다.[29] 이상에서 살펴본 바와 같이 한

---

27) 전제철, 「다문화 법교육의 가능성 탐색」, 209-233쪽 참조.

28) http://blog.naver.com/dramo23/104402224 드림 소사이어티 포럼, 결혼이민자의 안정적 체류 및 국적취득문제. 2010.4.25. 사례; 메리 제인 라우튼 씨의 '용감한 홀로서기'; 필리핀 출신 메리 제인 라우튼 씨(30)는 2002년 한국인 남편 김 모 씨와 결혼을 하였으나 남편의 폭력과 경제적 어려움으로 딸 민아를 데리고 지원시설로 피신하여, 그 후 딸과의 언어소통을 위하여 한국어를 배우고, 한국사회에서 직업을 구하여 딸과 행복하게 살 것이라고 다짐한다; 내일신문, 2007.7.23. 참조. 이러한 경우에는 F-5(영주자격) 부여대상자는 될 수 있다. 즉, 그 요건 중에 혼인관계가 중단되었더라도 한국인 배우자와 혼인에 의하여 출생한 미성년자를 양육하는 경우에 해당하기 때문이다.

29) 마침내 다행스럽게도 이와 같은 부분이 최근에 시정될 것 같다. 2011년 1월 14일, 김황식 국무

국에서의 다문화 내지 다문화가족이라는 이름하에 이주근로자들이 그 정책 대상에서 제외되어 있음을 앞에서 살펴보았다. 이는 '다문화가족'이라는 사회학적 의미에 따라 그 정책도 수립되고 집행됨을 알 수 있다. 그러므로 이하에서는 이러한 정책에 입각한 여러 가지 현황과 문제점을 분석하고 그 나아갈 방향을 제시하고자 한다.

Ⅲ. 이주근로자와 그 가족의 권리보호의 관련법제와 문제점

1. 다문화가족 사회복지 지원체계 확립과 그 과제

1) '다문화가족'의 범위와 이주근로자와의 관계

우선 이 논문에서는 이주근로자 가족의 권리보호 및 「다문화가족

총리 주재로 외국인정책위원회 회의를 열고, 앞으로는 국적 취득에 앞서 상당기간 영주권을 부여하는 방향으로 하기로 심의·확정하였다. 이날 회의에는 이귀남 법무부장관 등 12개 부처 장·차관들이 참석하였다. 그 내용으로는 정부는 앞으로는 결혼이민자가 F2(국민의 배우자) 자격으로 거주하는 기간을 없애거나 1년 정도로 줄이는 대신 영주권(F5)을 주어서 일정기간이 지나면 귀화를 받아들이는 방향으로 추진하기로 하였다. 그러므로 법무부는 이런 내용의 「국적법」 개정안을 3월 국회에 제출할 방침이다. 이에 관하여 법무부 관계자는 '일정 기간마다 체류 심사를 받아야 하는 F2 자격과 달리 영주권을 주면 결혼이민자가 국내에서 더 안정적으로 생활할 수 있고, 영주권을 받아 체류하는 기간을 늘리면 결혼으로 짧은 시간 안에 한국국적을 얻은 뒤 이혼하는 편법을 막을 수 있다'고 설명한다. 영주권자는 제한적인 참정권만 허용되는 것을 제외하면 내국인과 동일한 권리를 누릴 수 있다. 현재 국내에 F2 자격으로 거주하는 결혼이민자는 13만여 명이다. 이 외에도 정부는 올해부터 어린이집 등에 다니는 다문화가정 아동 2만 8,000여 명 모두에게 보육료 전액을 지원하고, 한국 국적의 미성년 자녀를 키우는 국적 미취득 결혼이민자에게 생계비와 교육비를 확대 지원하기로 하였다. 또한 농촌의 결혼이민자에게는 농업기술 교육을 실시하고 국제결혼에 관심이 있거나 앞으로 국제결혼을 하려는 내국인들은 전국 14개 출입국관리사무소에서 국제결혼 안내 교육을 반드시 받도록 하였다. 또한 이날 회의에서는 외국인 정책을 총괄 전담하는 '이민청(가칭)' 신설이 필요하다는 일부 위원들의 의견이 제시되어 김 총리가 여러 부처와 긴밀하게 협의해보겠다고 하였으므로 아마도 이민청 신설이 가시화될지도 모르겠다. 동아일보, 2011.1.15. 참조.

지원법」과의 관계를 분석하는 것이므로 동법의 대상인 '다문화가족'
의 범위와 이들 범위에 포함되지 않는 이주근로자 가족의 권리보호
에 관한 부분을 다루어보고자 한다.

먼저 한국에는 「다문화가족지원법」(제정 2008.3.21. 법률 제8937
호)이 있다. 그 제1조(목적)에 따르면, '이 법은 다문화가족 구성원이
안정적인 가족생활을 영위할 수 있도록 함으로써 이들의 삶의 질 향
상과 사회통합에 이바지함을 목적으로 한다'라고 규정되어 있다. 즉,
다문화가족의 한국에서의 삶의 질 향상과 사회통합을 목적으로 하
고 있다.

그러면, 이 법에서 인정하는 '다문화가족'의 범위는 어디까지일
까? 이를 「다문화가족지원법」에서 살펴보면 다음과 같다.

> 『제2조 1. '다문화가족'이란 다음 각 목의 어느 하나에 대한 가족
> 을 말한다. 가. 「재한외국인 처우 기본법」 제2조 제3호의 결혼이
> 민자와 「국적법」 제2조에 따라 출생 시부터 대한민국 국적을 취
> 득한 자로 이루어진 가족, 나. 「국적법」 제4조에 따라 귀화허가를
> 받은 자와 같은 법 제2조에 따라 출생 시부터 대한민국 국적을 취
> 득한 자」[30]

로 이루어진 가족으로 규정되어 있으며, 그리고 이어서 동 제2조 2
에 따르면,

---

[30] 현재는 제2조 (정의) 이 법에서 사용하는 용어의 뜻은 다음과 같다. [개정 2011.4.4] [시행일
2011.10.5]
　1. "다문화가족"이란 다음 각 목의 어느 하나에 해당하는 가족을 말한다.
　　가. 「재한외국인 처우 기본법」 제2조 제3호의 결혼이민자와 「국적법」 제2조 부터 제4조
　　　까지의 규정에 따라 대한민국 국적을 취득한 자로 이루어진 가족
　　나. 「국적법」 제3조 및 제4조에 따라 대한민국 국적을 취득한 자와 같은 법 제2조 부터 제
　　　4조까지의 규정에 따라 대한민국 국적을 취득한 자로 이루어진 가족으로 개정되었다.

『"결혼이민자 등"이란 다문화가족의 구성원으로서 다음 각 목의 어느 하나에 해당하는 자를 말한다. 가.「재한외국인 처우 기본법」제2조 제3호의 결혼이민자, 나.「국적법」제4조에 따라 귀화허가를 받은 자』

라고 규정되어 있다. 이를 종합하여 보면, 첫째, 한국인과의 결혼이민자이거나, 둘째, 출생 시부터 한국 국적을 취득하거나, 셋째, 한국 국적으로 귀화하는 경우에 한하여「다문화가족지원법」의 대상이 될 수 있는 것이다. 바꾸어 말하면, 위의 세 가지 범위에 들어가지 않는 이주근로자는 '다문화가족'이 될 수 없는 것이다. 그러므로 '다문화가족'이란 법적인 범위에는 이주근로자들은 그 범주에 들어올 수 없는 것이다.[31] 따라서 이들은「외국인 고용 등에 관한 법률」(2009.10.9. 개정 공포),「재한외국인 처우 기본법」(2007.5.17. 제정, 법률 제8442호), 거주외국인 지원 표준조례안(2006.10.31. 행정안전부) 등[32]의 적용 대상이 되는 것이다. 그런데 이러한 표준조례안 등 외국인 관련 법제에서 외국인을 위한 위원회 등에 외국인의 참여를 배려하고 있지 않은 점은 그들이 한국에서 생활하는 데 무엇이 요구되며, 무엇이 필요한지를 파악하는 데 한계가 있을 수밖에 없다. 그러므로 앞으로의 모든 제도 개선에는 이들을 포함시키는 방안도 강구하여야 할 것이다.

그러나 우리가 일반적으로 일컫는 '다문화주의'란 의미의 범주에는 이들도 포함된 의미로 사용하고 있다고 할 수 있을 것이다. 그럼에도 불구하고 한국에서는 아직 '다문화주의'란 용어를 적용시키기

---

31) 이주근로자 및 그 가족들은 보험혜택과 치료비 지원체계에 들어오지 못하고 있다; 아름다운 재단; http://kr.news.yahoo/com; 이주노동자 가정 이른둥이에게 희망을; 연합뉴스 2010.9.29.

32) 정상우,「다문화가족 지원에 관한 법체계 개선 방안 연구」참조.

에는 외국인을 여전히 통합 내지 동화시키려는 정책을 채택하는 한에 있어서는 통계학적으로도 정책적으로도 여전히 미흡하다고 할수밖에 없을 것이다.

2) 이주근로자 및 그 가족에 관한 국제연합과 ILO조약

이주근로는 세계화 이후부터 세계적으로도 본격적으로 시작되었다 하겠다. 이는 근로의 탈영토화, 주권의 탈영토화라고도 할 수 있다. 그러므로 국가 간 근로의 이동이 보편화됨으로 인하여 이와 관련된 문제를 각 국가에게만 위임해둘 수는 없었다. 그러므로 국제연합과 ILO에서는 이를 위한 표준모델을 위한 법제를 제시하였다. 그러므로 이주근로자와 그 가족의 숫자가 점점 증가하는 한국에서도 이를 근거로 한국 법제가 수립 내지 완성되어야 한다고 본다. 그러므로 먼저 이들 국제조약 관련들을 살펴보고 한국 법제와 비교 분석함으로써 한국에서 이와 관련된 문제점들을 개선 내지 향상시켜 가야 할 것이다.

그러므로 국제연합과 ILO조약 관련 법제부터 살펴보기로 한다.

우선 이주근로자조약(Migration for Employment Convention, Revised, 1949, No. 97; 1949년 개정판 조약) 제11조 1.에서, '"이주근로자(Migrant Workers)"란 자신 이외의 자를 위하여 고용될 목적으로 일국으로부터 타국으로 이주하는 자를 말하며,[33] 정상적으로 이주근로자의 입국이 허용되는 자를 포함한다'라고 규정되어 있으나, 동 2에서는, '본 조약은 다음의 자에게는 적용하지 아니한다. (a) 국경노동

---

33) 제97호 조약, 제143호 조약; 김선수, 「외국인 노동자 인권보호대책」; http://kr.ks.yahoo.com/service; 차성안·홍예연·황필규, 앞의 논문, 4쪽 이하 참조.

자, (b) 자유직업에 종사하는 자 및 예술가의 단기간 입국, (c) 해원'
이라고 규정하여 일정 부분의 사람들은 이주노동자의 범위에 포함
시키고 있지 않다. 이와 같이 ILO에서는 외국에서 일하는 근로자들
의 생활이익을 위하여 노력하고 있다. 그 입법례가 ILO기본원칙을
정한 베르사유 평화조약에서는 '각국에서 법률에 의하여 정립된 노
동조건에 관한 기준은 그 국내에 합법적으로 거주하는 모든 근로자
의 공평한 경제적 대우에 적절하게 고려되어야 한다(제427조)'라고
규정되어 있으며, 1919년 제1회 총회에서 ILO는 이주근로자와 내국
인의 대우가 평등하도록 촉구하였다. 그리고 1919년에 외국인 근로
자의 상호 대우 권고(제25호), 1925년에 재해보상에서의 대우평등조
약(제19호), 1935년에 이주근로자의 연금에 관한 권리조약(제48호),
1939년에 고용목적의 이주에 관한 권고(제66호; 이주근로자 조약)와
조약(제61호)을 채택하였다.

그리고 국제연맹하의 ILO를 승계하여 국제연합 전문기구로 재출
발한 ILO는 1949년에 1939년의 조약과 권고를 개정하여 고용목적
의 이주에 관한 권고(제86호)와 조약(제97호; 이주노동자 조약)은 이
를 재천명하였다.

또한 ILO는 1955년에 근로자를 송출하는 입장에 있는 개발도상
국의 이주근로자 보호조약(제100호)을 채택하였으며, 1958년에는 고
용 및 직업상 차별대우에 관한 협약(제111호 조약; 약칭 차별대우협
약)을 채택하였으며, 1962년에는 사회보장에서의 대우평등조약(제
118호)을, 1975년에는 제97호 조약과 제111호 조약을 보완하여 '불
법이주 및 이주근로자의 기회와 대우의 균등촉진에 관한 조약'(제
143호)[34] 및 동 권고(제151호)를, 1982년에는 이주근로자의 사회보

장에서의 권리유지에 관한 조약(제157호)과 권고(제167호)를 채택하였다. 이 중에서도 특히 1949년의 조약(제97호)과 권고 및 1975년의 조약과 권고(제143호 및 제151호)가 이주근로자의 권리보호를 그 목적으로 하고 있다. 그리고 특히 제143호 조약(협약)에서는 정부에게 그 영역에 합법적으로 거주하는 이주근로자의 가족 재결합을 용이하게 할 수 있는 모든 필요한 조치를 취하도록 하고 있다.[35]

더 나아가 국제연합은 '인종, 성, 언어 또는 종교에 의한 차별 없이 모든 사람의 인권 및 기본적 자유'를 위한 국제협력을 목표로 하고 있다. 그러므로 국제연합은 제2회 총회에서 세계인권선언을 채택하였으며, 1966년에는 국제인권장전인 경제적·사회적 및 문화적 권리에 관한 국제규약(사회권 규약)과 시민적 및 정치적 권리에 관한 국제규약(자유권 규약)을 채택하였다. 더 나아가 국제연합은 이주근로자들의 가족과 관련하여서도, 1985년 제40회 총회에서 '체재국의 국민이 아닌 개인의 인권에 관한 선언; 외국인의 인권선언'을 한 후에, 1990년 12월 총회에서 '모든 이주근로자 및 그 가족 구성원의 권리보호에 관한 국제조약(약칭; 이주근로자권리조약)'을 채택[36]하여 이주근로자뿐만 아니라 그 구성원인 가족들의 권리에 관한 것도 보호할 것을 촉구하고 있으나, 한국은 아직 이에 가입하고 있지 않음을 앞에서 살펴보았다.

이상에서 살펴본 바와 같이 이주근로자에 관한 국제조약은 외국인근로자의 고용[37]과 생활보장 등을 규정하고 있으며, 동시에 자국민

---

34) Migrant Workers(Suplementary Provisions) Convention, 1975, No. 143; 차성안·홍예연·황필규, 앞의 논문, 4쪽 이하 참조.

35) 차성안·홍예연·황필규, 앞의 논문, 4쪽 이하 참조.

36) 김선수, 「외국인 노동자 인권보호대책」; http://kr.ks.yahoo.com/service 참조.

근로자와 외국인 근로자에게 기회와 대우를 평등하게 대해줄 것을 규정하고 있다. 더 나아가 국제노동법상의 추세는 합법적인 이주근로자뿐만 아니라 국내법 위반 여부에 관계없이 내·외국인 근로자의 근로법상의 동등한 대우를 촉구하고 있는 것이다(ILO 143호 조약).

이러한 국제근로기준으로서의 국제조약은 한국이 비준한 국내법과 동일한 효력이 생기지만, 아직 비준하지 않은 조약이라도 앞으로의 입법방향을 제시할 뿐만 아니라 법률 해석의 적용에 있어서도 중요한 판단자료로 작용하여야 할 것이다.

3) 이주근로자 가족의 권리보호

1993년 비엔나에서 개최된 세계인권회의는 인권보호에 관한 국제적 합의와 기준을 재확인, 확대하였는데, 그것은 다양한 문서들에 열거된 권리들이 모든 이에게 어디에서나 적용되고 정치적·시민적

---

37) '임금체불로 고통받는 외국인 급증'이라는 제목의 기사가 있다. 외국인 근로자들이 아직 제때에 임금을 받지 못하는 일도 비일비재하다. 부산지역 YWCA와 (사)이주민과 함께 등 부산지역 시민단체에 따르면, 2008년 10월부터 2009년 9월까지 외국인들로부터 상담 접수받은 400여 건 중 임금체불 관련이 220여 건으로 절반 이상을 차지하고 있다. 부산지방노동청에 따르면, 2009년 8말 현재, 부산지역 외국인 임금체불 현상은 60개 사업장에서 총 4억 7천여만 원(181명)으로, 이는 지난해 같은 기간 1억 9천여만 원(61명)보다 2억 8천여만 원 늘어난 것이다. 이러한 문제에 대하여 부산YMCA 관계자는 외국인들이 언어소통이 원활하지 않고, 게다가 법률지식이 부족하여 어떤 기관에 어떤 도움을 받을 수 있는지를 알지 못하며, 인터넷을 통한 상담이나 민원제기가 어려워 상담 자체를 포기하는 경우가 많기 때문에 노동청, 법률구조공단, 경찰 등의 기관에서 통역서비스 확대 대책을 마련하여야 한다고 주문한다(부산일보, 2009.9.29). 한편, 1994년 2월과 9월, 노동부는 '불법취업 외국인 보호 종합대책' 지침을 발표하여, 5인 이상 사업체에서 사업주가 산재보험에 가입하지 않은 채 산재보상을 기피할 경우에 지방노동관서에서 직원을 파견하여 조사해서 보상을 실시하도록 하였으며, 임금체불에 대하여서는 행정지도를 촉구하고, 사업주가 청산을 기피하거나, 폭행, 사기 등으로 외국인 관련 문제를 발생시키면 근로감독을 실시하여 제재하고, 경찰관서 등에 통보하여 출입국관리법 위반으로 조치한다. 이러한 문제들로 인하여 2000년 7월 1일에 전 사업장에 확대하여 영세한 업체에서 산업재해와 임금체불 등에 대하여서도 산업재해보상보험법과 근로기준법의 보호를 받을 수 있게 되었다. 장혜경·김혜경·오학수·이기영, 앞의 논문, 142쪽 이하 참조. 그러나 문제는 이와 같은 보상과 보호가 제대로 이루어지지 않고 있으며, 또한 이를 받기 위하여 신청을 하게 되면 먼저 출입국관리법 위반으로 처벌을 감수해야 하므로 이들에 대한 종합적인 대책이 요구된다 하겠다.

권리는 사회적·경제적 및 문화적 권리와 분리될 수 없음을 구체적으로 명시, 단언하였다. 이 회의에서는 80여 가지가 넘는 인권 관련 국제조약 가운데에서도 특히 일곱 개의 주요 협약을 "비준과 실행되어야 할 기본적인 조약"으로 규정한 바 있다. ① <UN인권선언>과 더불어 '인권에 관한 국제헌장'이라고 불리는 <시민적·정치적 권리에 관한 국제 규약>(International Convenant on Civil and Political Rights; 자유권 규약), ② <경제적·사회적·문화적 권리에 관한 국제규약>(International Convenant on Economic, Social and Cultural Rights; 사회권 규약)을 포함하여 ③ <모든 형태의 인종차별 철폐에 관한 협약>(International Convention on the Elimination of All Forms of Racial Discrimination; 인종차별철폐협약) ④ <여성에 대한 모든 형태의 차별철폐 조약>(Convention on the Elimination of All Forms of Racial Discrimination against Woman), ⑤ <고문 및 기타 잔인하고 비인도적이거나 비하적인 대우나 처벌에 반대하는 협약>(Convention against Torture, and Other Cruel, Inhuman or Degrading Treatment or Punishment; 고문방지협약), ⑥ <어린이 권리 조약>(Convention on the Rights for Child) 그리고 ⑦ <모든 이주근로자와 그 가족들의 권리보호에 관한 국제 협약>을 말한다.[38]

우리나라는 현재 이상의 핵심 7개 인권 규약 중 '이주노동자 권리보호 협약'만을 비준하지 않은 상태이다. 그러므로 이들은 아직 의료보험, 고용보험, 가족들과의 정기적인 재회 등을 할 수 없는 상태

---

[38] 차성안·홍예연·황필규, 앞의 논문, 3쪽; 김미선, 「이주노동자와 그 가족들의 권리보호를 위한 조약」, 전문, 해설 및 경과, 391-406쪽 참조; <모든 이주노동자와 그 가족의 권리보호에 관한 국제협약> 이해와 국내 비준운동의 전개과정.

이다.[39) 그러므로 이주근로자 가족의 권리보호의 내용을 보면 다음과 같은 문제들이 산재해 있다. 즉,

① 본 협약은 이주근로자를 노동자나 경제적 실체 이상으로 보고 있다. 그들은 그들의 가족과 함께 사회적 실체이며 따라서 가족재회를 포함한 권리를 가지고 있다.

② 이주근로자와 그 가족 구성원들은 그들이 일하는 타국에서 비국적인으로서 보호받지 못하고 있다. 그들의 권리는 흔히 노동력 고용국이나 자신의 나라 국내법상 제기되지 못한다. 그러므로 유엔과 같은 국제적 기구를 통한 보호수단을 제공하는 것이 필요하다.

③ 이 협약은 최초로 이주근로자에 대한 개념과 이주노동자 범주 그리고 가족 구성원에 대한 국제적 개념을 밝혔다. 규약은 또한 이주근로자와 가족 구성원의 특정 인권에 대한 국제적 기준을 세웠다. 이러한 기준은 다른 취약한 위치에 있는 이주민과 이주노동자들의 기본적 인권을 향상시키는 데 도움을 줄 것이다.

④ 기본 인권 개념을 등록근로자는 물론 미등록 근로자에게까지 확장시켰다. 등록근로자와 가족구성원의 기본인권으로 인식되는 부가적인 권리, 특히 고용국에서 그곳 시민들과 같이 법적·정치적·경제적·사회적 및 문화적 영역에서 동등대우를 주장하고 있다.

⑤ 이 국제 협약은 이주근로자 및 그 가족 구성원의 불법 및 은밀한 이동과 비정상적이고 불법적인 상황을 포함한 착취 방지와 근절을 위한 역할을 하고자 한다.

⑥ 협약은 이주근로자와 그 가족구성원 보호를 위해 보편적으로

---

39) http://migrant.or.kr 2004.03.09. 참조.

인정되고 있는 최소한의 기준을 마련하고자 한다. 이는 국내법상 이러한 기준이 없는 국가들을 위한 수단이 될 것이며 이는 국제적으로 인식되는 기준과 조화를 이룰 수 있도록 한다.[40]

4) 이주근로자와 가족의 인권

이주근로자와 그 가족들은 대부분의 노동력 고용국에서 인정되는 일반적인 인권 원칙을 누려야 하고 이는 구체적으로 다음과 같은 사항을 포함하고 있다. ① 어느 나라로든지 떠날 수 있는 자유와 본국에 돌아가 거주할 수 있는 권리, ② 생명권, ③ 고문이나 잔악하고 비인도적인 또는 품위를 손상시키는 대우나 처벌로부터 보호받을 수 있는 권리, ④ 노예처럼 되지 않을 권리,[41] ⑤ 강제노동으로부터 보호받을 권리, 그러나 강제노동형을 선고받은 경우는 제외, ⑥ 사고, 양심과 종교의 자유, ⑦ 견해와 표현의 자유, 이 권리는 다른 이들의 권리와 명예를 존중하기 위해; 국가 안전, 공공질서, 공중보건과 도덕의 보호를 위해; 전쟁선동 방지를 위해; 민족적·인종적 혹은 종교적 증오로 일어나는 차별, 적대감과 폭력을 방지하기 위해 제한적일 수 있다. ⑧ 임의적인 사생활, 통신, 대화 방해로부터 보호받을 권리, ⑨ 재산소유의 권리, ⑩ 재산을 몰수당하지 않을 권리,

---

40) 김미선, 앞의 논문에서 재인용.

41) 2010.7. 민주당 김춘진 의원의 대표발의로, '인신매매처벌 등에 관한 법률'과 '인신매매방지 및 피해자보호 등에 관한 법률'이 국회에 상정되어 있다. 이는 '국제연합국제조직범죄방지협약' 및 '국제연합 국제조직범죄방지협약을 보충하는 인신 특히 여성 및 아동의 매매 예방·억제·처벌의정서'의 비준을 위하여 제정하고자 하는 법안이다. 그러나 인신매매의 정확한 기준이 없이 기존의 「성매매알선등행위자처벌에 관한 법률」및 「성매매방지및피해자보호 등에 관한 법률」 등과 그 체계가 유사하여, 최근에 한국에서 일어나고 있는 아동과 여성의 인신매매 등을 처벌하고 피해자를 보호하기가 어렵다고 보고, 이주여성 및 여성단체는 별도의 법안을 준비 중이라고 한다(위 소라미 토론문 중).

⑪ 관리, 개인, 그룹이나 단체가 가하는 폭력, 신체적 상해, 위협과 협박으로부터 보호받을 권리를 포함한 개인의 자유와 안전에 관한 권리, ⑫ 손해당하지 않을 권리, ⑬ 충분한 정보를 알 권리, ⑭ 자신들의 문화적 정체성과 뿌리를 지킬 권리 등을 들 수 있을 것이다.[42]

이와 관련하여 한국에서는 2003년 8월 16일, 법률 제6967호인 '외국인 근로자의 고용 등에 관한 법률'(2004.9.17. 시행)[43]이 제정되었는데, 이주근로자의 가족에 관한 규정은 보이지 않는다. 즉, 산업연수생이나 고용허가제 등은 이주근로자가 가족을 동반하는 것을 허용하고 있지 않다. 또한 이주근로자가 입국한 이후에 가족재결합에 관한 규정이 없다. 다만, 이주근로자가 한국에 와서 결혼(사실혼 포함)을 하여 자녀를 출생한 경우 자녀의 양육을 위하여 체류허가를 하기는 하나, 국적을 취득하게 하는 조치가 필요하다. 그러나 이 같은 경우 한국정부는 약간의 체류 연장이나 동반출국 조치만을 취하게 하고 있다. 이러한 경우에 가구단위로 제공되는 각종 사회보장급여의 수급자격 등이 문제가 될 수 있겠다. 즉, 이주근로자끼리 결혼한 경우, 한국인과 결혼한 경우에 건강보험법상의 피부양자 자격 등에 관한 것이 문제가 된다 할 것이다.[44] 또한 동법은 외국인의 '근로'보다는 '고용'에 핵심이 있다 하겠다.[45]

---

42) 김미선, 앞의 논문.

43) 이제 한국에서도 외국인 노동자란 표현을 근로자란 표현으로 공식적으로 바꾸었음을 알 수 있다. 외국인의 고용 현황과 문제점에 관하여는, 최홍엽, 「외국인 고용의 현황과 문제점」 참조.

44) 차성안·홍예연·황필규, 앞의 논문, 4쪽.

45) 차성안·홍예연·황필규, 앞의 논문, 16쪽 이하 참조.

5) 한국의 다문화가족지원 법제와 이주근로자 및 그 가족과의 관계

(1) 한국에서의 다문화가족 법제

한국에서의 다문화가족과 관련된 법제는 아래 표에서 나타난 바와 같다.

〈표 1〉 다문화가족지원법 소관과 현황

소관	종류와 현황(개정; 최근날짜)
법무부	· 출입국관리법(일부개정 20104.3.18. 시행 2014.6.19. 법률 제12421호) · 국적법(타법개정 2014.3.18. 시행 2014.6.19. 법률 제12421호) · 재한외국인 처우 기본법(제정 2007.5.17.. 법률 제8442호 / 타법개정 2012.2.10. 시행 2013.7.1. 법률 제11298호)
노동부	· 외국인 근로자의 고용 등에 관한 법률(제정 2003.8.16. 일부개정 2014.1.28. 시행 2014.7.29. 한편 2009.10.9. 법률 제6967호-체류기간 3년 이후 2년 연장 가능)-출입국관리법 적용 받음-비전문 취업 (E-9), 방문취업(H-2) 체류자격 외국인 근로자는 근로계약이 갱신되거나 근무조건이 변경된 경우 「출입국관리법」에 따라 체류허가를 받거나 신고를 할 의무가 있다; 개정 2010.6.4. 법률 제10339호 · 최저임금법(일부개정 2012.2.1. 법률 제11278호)
복지부	· 다문화가족지원법(제정 2008.3.21 법률 제8937호 / 개정 2013.8.13. 법률 제12079호)[46] cf. 고경화 의원 등 24인-이주민가족의 보호 및 지원 등에 관한 법률을 제안하였으나 편입됨, 2007.3.8 · 사회복지사업법(일부개정 2014.5.20. 법률 제12617호) · 사회보장기본법(개정 2014.11.19. 법률 제12854호) · 국민기초생활 보장법(개정 2014.12.30. 법률 제12933호)

---

46) 이러한 개정에도 불구하고, 2010년 5월 11일, 한나라당 원희목 국회의원은 다문화가족에 대한 한국어 의무교육을 국가와 지방자치단체의 의무사항으로 하는 '다문화가족지원법 개정안'을 대표발의 하였다. 이에는 한국어 교재 및 강사의 전문성도 강화하는 내용이 포함되어 있다. 그리고 여성가족부 장관이 다문화가족 지원계획을 5년마다 수립하도록 하였으며, 국무총리 산하에 다문화가족정책위를 설치해 부처 간 정책조정도 강화할 방침이다. 또한 입양, 귀화 등을 통하여 한국국적을 취득한 외국인이 다른 외국인과 결혼해 가정을 꾸릴 경우에도 다문화가족으로 인정, 다문화가족의 범위를 확대할 방침이다. 파이낸셜뉴스, 2010.5.11. 아직 이에 대한 개정안은 통과되지 않은 상태이나, 입양, 귀화 등으로 인한 다문화가족 확대를 시도군 조례에서 시행하고 있기도 하다(담양군 등).

교과부	·초중등교육법(일부 개정 2014.1.28. 법률 제12338호)
여성가족부	·결혼중개업의 관리에 관한 법률(제정 2007.12.14. 법률 제8688호 / 일부개정 2015.2.3. 법률 제13177호) ·건강가정기본법(제정 2004.2.9. 법률 제7166호 / 개정 2014.3.24. 법률 제12529호)
공직선거관리위원회	·공직선거법(개정 2014.11.19. 법률 제12844호)
문화체육부	·다문화사회에서의 문화적 지원에 관한 법률(안)(2008-52호, 공고 2008.7.16)

이와 관련된 법제의 문제점에 관하여서는 이미 다른 논문들에서 볼 수 있다.[47] 그러므로 본 논문에서는 최근 시점에 개정된 부분과 이유 더 나아가 문제점과 그 방향 제시를 찾아보고자 한다.

(2) 한국에서의 다문화가족 법제의 문제점

첫째, 국제결혼 간의 가족형성권 문제

먼저 이주근로자의 가족형성에 관한 국제조약으로는, 세계인권선 언문과 국제인권규약(B규약)에는, '성년에 이른 남녀는 인종, 국적, 또는 종교를 이유로 그 어떤 제한도 받지 아니하고 결혼하여 가정을 이룰 권리를 가지며, 가정은 사회의 자연적이고 근본적인 집단의 단 위이며 사회와 국가에 의하여 보호받을 권리를 가진다'(제16조)라고 규정되어 있어 이는 국제적으로 이주근로자의 가족형성권을 보호하 며, 또한 이주근로자를 유입하는 국가의 책무를 포함하기도 한다. 이 는 또한 미등록이주자[48]의 경우에도 동일하게 적용되어야 할 것이다.

---

47) 정상우, 위의 논문 등 참조.

48) 2003년 당시 이주근로자 37만여 명 가운데 80%가 체류기간 3년 이상의 미등록이주자인데, 이

이와 관련된 한국헌법 제36조 제1항에서는, '혼인과 가족생활은 개인의 존엄과 양성의 평등을 기초로 성립되고 유지되어야 하며, 국가는 이를 보장한다'라고 규정되어 있다.

여기에서 국제조약상의 이주근로자의 가족 형성권과 한국헌법상의 혼인과 가족생활을 어떻게 적용하여야 할 것인가 하는 문제가 대두된다.

그리고 「외국인 근로자의 고용 등에 관한 법률」 제18조(취업활동 기간의 제한)에는 외국인 근로자는 입국한 날로부터 3년의 범위에서 취업활동을 할 수 있다. 그리고 동 제18조의 2 ①에는 위 규정에도 불구하고 1회에 한정하여 2년 미만의 범위에서 취업활동 기간을 연장받을 수 있다(개정 2010.6.4)라고 규정하여 외국인 근로자의 정주를 금지하고 있으며—5년 이상 합법적으로 국내에 체류하면 영주자격이 나옴—49) 이는 불법체류자를 양산하는 원천이 되기도 하며, 숙련노동력을 상실하는 측면도 있다. 또한 동법은 외국인 근로자의 가족동반체류도 허락하지 않고 있다.50) 이는 인간으로서의 가장 근본

들의 장기적인 미등록이주자들은 외국인끼리 또는 한국인과의 결혼을 하고 있으며, 이들의 가족생활은 여러 가지 문제를 발생하고 있다. 장혜경·김혜경·오학수·이기영, 『외국인 노동자 가족관련 정책 비교연구』, 서문 참조.

49) 그러나 반면에 개정 국적법에는, 국내거주기간과 관계없이 특별귀화 대상자의 요건을 '과학·경제·문화·체육 등 특정 분야에서 매우 우수한 능력을 보유한 자'(제7조 제1항 제3호)로 하여, 결혼 이주 2년, 일반외국인 5년의 거주기간과 상대적으로 규정하고 있으므로 이는 특별귀화대상 외국인과 외국인 근로자에 대한 차별적 조치는 많은 문제점을 야기시키고 있다(위 소라미 토론문에서).

50) 그러나 프랑스에서는 유럽인권조약(제8조; 사생활 및 가족생활의 존중에 대한 권리)에 의하여 1998년에 체류허가증(개인 및 가족생활)을 발급하였으나, 2005년 10월 27일 경찰관의 불심검문에 이민소년이 변전소로 뛰어들다 감전사한 사건이 일어나면서 불법이민대책을 강화하는 2006년 이민법으로 강화되면서 체류조건을 강화시키고 있다. 종전에는 프랑스에서 '10년 상주'를 증명만 하면 불법체류자라 하더라도 '당연히' 체류허가증을 교부받았으며, 가족적 이민의 권리를 중시하여 왔다. 그러나 그들은 '어쩔 수 없는 이민'이지만 이번 2006년 이민법은 '선택된 이민(능력, 재능 등)'으로 방향을 선회하여 체류허가증을 3년(보통 체류허가증 1년)으로 갱신도 가능하도록 하였다(입국체류법전 L 제315-1조-9조, 2006년 이민법 제15조). 프랑스에서

적인 가족해체를 초래하는 것이므로 그들이 원한다면 그들의 체류기간만큼이라도 가족동반권을 허용하여야 할 것이다. 그러므로 이들이 근로연장을 원하면 정주할 수 있는 방법을 모색하여야 할 것이며, 이는 그들의 산업인력에 공헌한 공로와 숙련노동력을 수용함으로써 점진적인 공존사회로 나아갈 수 있을 것이다.[51] 이는 특히 재한외국인처우법 제16조의 전문외국인력의 처우개선과 비교하여 단순 외국노무근로자들을 차별한다는 비판을 겸허히 받아들여야 할 것이다.

그리고 한국인과 결혼한 외국인의 경우에도 취업활동을 할 수 없는 방문동거 비자(F-1)를 발급하며—결혼을 하였는데 동거비자를 발급하는 것은 정상적인 처리과정은 아닌 것 같다—이는 1년 정도의 기간이 지나면 비자를 갱신하여야 한다. 그러므로 이들은 노동권과 거주권을 인정받지 못함으로 인하여 안정된 가족생활을 영위하기가 힘들어진다. 또한 한국인 남성과 결혼한 외국인 여성의 경우 국내에서 2년 이상 체류하면 취업에 제한이 없는 거주비자(F-2)로 변경하여 주지만, 한국인 여성과 결혼한 외국인 남성의 경우에는 거주비자를 발급하지 않고 있다.[52]

이는 헌법 제36조에서 혼인과 가족생활에 있어서 양성의 평등에도

는 이민법 개정으로 가족초청 요건도 강화하고 있다. 상세한 것은 이영주, 「다문화가족지원법에 관한 고찰」, 211쪽 이하 참조.

51) 미국에서도 불법이민자 문제에 연방의회가 적극적으로 나서는 이유는, 미국 경제가 아직도 상당수의 비숙련공을 필요로 하고 있으므로, 이들의 존재를 미국 의회가 인정하고 이들을 합법화하는 초청노동자제도는 소정의 벌금을 부과한 뒤 합법적 신분으로 전환하는 것이다; 이러한 지위로 그들은 미국에서 총 6년간 합법적 노동행위를 하되, 농업과 같이 미국 정부가 승인한 업종에 종사할 것이 강제되며, 만약 60일 이상 실업상태에 있으면 미국을 떠나야 한다. 상세한 것은, 이영주, 앞의 논문, 225쪽 이하 참조.

52) 장혜경·김혜경·오학수·이기영, 『외국인 노동자 가족관련 정책 비교연구』, 125쪽 이하 참조.

위배된다고 할 수 있다. 그러므로 이들은 안정된 가족생활과 근로권을 보장받기 위하여서는 귀화하는 방법만을 택할 수 있다. 그러나 귀화조건 또한 까다로워 외국인 근로자 가족들이 불법체류를 하게 된다.

또한 외국인(근로자)들끼리의 결혼일 경우 불법체류자의 신분은 그대로 유지되므로 그 부모의 신분에 따라 그 자녀도 합법적인 체류 신분을 가질 수가 없다.—이는 헌법상 금지되어 있는 연좌제를 적용하는 것과도 동일—그러한 경우에 특히 그 자녀의 교육권 등이 특히 문제가 되어 교육과학기술부(이하 교과부)[53]가 이를 완화하고 있으나, 아직도 그들이 안심하고 교육을 받을 수 없는 상태에 놓여 있다.[54]

---

[53] 교과부는 2010년 11월 16일부터 다문화가정 학생, 학부모, 교사를 위한 '다문화교육 종합정보 사이트(www.damunwha-edu.or.kr)를 운영한다. 교과부에 따르면, 다문화가정 학생 수는 2006년 1만 명 미만(국제결혼 가정 자녀 7,998명, 외국인가정 자녀 1,391명)이었으나, 5년 만에 3만 명을 넘어섰다. 그 결과, 2010년 4월 기준으로 국제결혼가정 자녀 3만 40명, 외국인가정 자녀 1,748명이다. 이 사이트는 각 부처와 16개 시도 교육청, 연구기관 등에 산재한 다문화 교육자료를 한데 모아두었다. 교사 매뉴얼과 연수자료, 연구학교 및 우수사례 보고서, 한국어 교육 및 생활가이드 등 800여 종의 자료가 있다. 교과부는 앞으로 중국어, 베트남어 등 다양한 언어로 정보를 제공할 계획이라 한다. 동아일보 2010.11.25. 참조.

[54] 그러므로 '초중등교육법'을 개정하여 외국인 근로자 가정의 자녀들이 초등학교에 입학하는 것을 허용하고 있으며(초중등교육법 시행령 제19조 1항, 2006.6.12; 2008.2, 2010.5.4. 재개정), 이를 졸업하면 다음 단계의 학교급으로 진학이 가능하게 된다(동 시행령 제75조 및 제82조). 또한 이러한 법 시행 이전에도 교육부의 지침에 따라 초등학교는 불법체류자의 자녀도 전월세 계약서, 이웃의 거주 확인 보증서 등의 제출 서류만으로 입학할 수 있도록 완화하고(학생정책과 지침 2003년) 동시에 그 아동의 졸업 시까지는 그 부모들도 한시적으로 체류할 수 있도록 구제 조치를 실시하고 있다. 그러나 중학교 이상은 그 학교장의 재량에 위임하고 있는 한계가 있다. 최경옥, 「한국에 있어서의 다문화주의에 대한 헌법적 시각」, 14-15쪽 참조. 한편 최근에 2010.11. 국가인권위의 '이주아동 교육권 현황 및 개선방안 토론회'에서, 외국인이주노동협의회는 '이주아동, 입학에서부터 어려움'이라는 주제에, 이주아동의 공교육 진입 장애요인으로, 자신과 부모의 한국어 능력부족, 비자관련문제, 입학절차에 대한 이해부족, 학교 측의 입학거부 등을 들고 있다. 그리고 이들 이주아동의 공교육 진입을 위하여서는 이주아동의 체류지위에 관계없이 교육 당국 차원에서 이주아동에 대한 이해 교육과 출입국관리법상의 통보의무의 제한 내지 폐지, 이주 아동의 학습적응을 위한 제반 여건 등이 종합적으로 이루어져야 한다고 본다. 연합뉴스, 2010.11.1. 참조. 그러므로 2009년부터 시민단체 및 이주민 지원단체들이 모여 '이주아동권리보장법'을 제정하기 위하여 토론회, 간담회 등을 벌여왔으며, 그 결과 2010.10. 한나라당 김동성 의원의 대표 발의로 법제사법위원회에 법안이 상정되어 있으며, 그 주된 내용은 다음과 같다. 이주아동의 부모의 국적 및 체류자격 등에 따라 차별받지 않도록 기본이념을 정하고(안 제3조), 교육받을 권리(안 제5조), 긴급한 의료지원을 받을 권리(안 제6조), 강제퇴거조치의 유예 및 체류허가의 특례(안 제10조) 등을 담고 있다. 국제협약과 헌법에 부합하는 아동의 교육권, 건강하게 발달할 권리 등을 보장할 시급한 입법조치가 필요하다고 본다. 또한

이와 관련하여 이번에 2010년 7월 23일 개정된 재한외국인처우 등에 관한 법률 제12조(결혼이민자 및 그 자녀의 처우)에서는 '국가 및 지방자치단체는…… 결혼이민자 및 그 자녀가 대한민국사회에 빨리 적응하도록 지원할 수 있다', 그리고 동 제2항에서는, '제1항은 대한민국 국민과 사실혼 관계에서 출생한 자녀를 양육하고 있는 재 한외국인 및 그 자녀에 대하여 준용한다'라고 규정되어 있다.

그리고 동법 제10조에서는, '국가 및 지방자치단체는 재한외국인 또는 그 자녀에 대한 불합리한 차별방지 및 인권옹호를 위한 교육・ 홍보, 그 밖에 필요한 조치를 취하기 위하여 노력하여야 한다'라고, 그리고 동 제11조에서는, '국가 및 지방자치단체는 재한외국인이 대 한민국에서 생활하는데…… 지원을 할 수 있다'로 규정되어 있다. 이는 합법적으로 체류하는 재한외국인이란 전제가 내포되어 있다. 그러므로 동법에서의 이러한 규정의 적용대상은 결혼이민자 내지 한국국민과의 사실혼 관계에 한정되어 있으므로 순수외국인끼리의 결혼으로 인한 자녀들에 대한, 특히 장기체류로 인한 미등록이주근 로자의 자녀들에게 그들이 교육을 받을 수 있는 기회가 제공되고 있 지 않음을 알 수 있다.

그러나 본인의 귀책사유가 없는 미등록이주자들의 비자 연장 문 제[55]와 이에 따른 그 자녀들, 더 나아가 본인의 귀책사유가 있는 미

한국은 유엔의 아동권리협약에도 가입하고 있다(위 소라미 토론문 중).

55) 「외국인 근로자의 고용 등에 관한 법률」 제18조(취업활동 기간의 제한)2 ① 1. 2.에서 동법 제8 조 제4항, 제12조 3항의 취업기간의 만료 시에 출국하기 전에 사용자가 고용노동부 장관에게 재고용허가를 받도록 되어 있으므로(개정 2010.6.4), 만약 사용자가 재고용허가를 본의 아니게 해태할 수도 있고, 고의적으로 재고용허가를 받아주지 않을 경우에 이와 같은 경우도 생긴다. 그러나 이는 그야말로 고용중심법으로 근로자 중심 법률은 아닌 것이다. 이러한 방법을 외국 인 근로자가 직접 사용자의 재고용 동의서를 받아 고용노동부에 재고용허가 신청을 받도록 수 정하는 것이 외국인 근로자의 근로의 주체성을 인정하는 발전된 정책이 될 것이다.

등록이주자들 및 그 자녀들에게도 비록 불법이긴 하지만 그들이 이 사회와 국가의 산업활동에 기여한 부분을 참작하여 우리 사회의 구성원으로써 가족형성권과 교육권, 더 나아가 근로권을 우리 헌법이 규정하고 있는 인간 존엄과 행복추구권의 차원에서 합법화하는 과정들을 완화시켜 가야 할 것이다.[56]

현재 한국은 '아동의 권리에 관한 국제협약'에도 가입하고 있다. 그럼에도 불구하고 이주근로자의 자녀에 대한 보호는 적용되지 않고 있으므로 이를 확대시킬 필요가 있다.

미국의 경우에는 불법체류자의 자녀라도 출생지주의에 의하여 그 나라 국적을 취득하게 하거나, 2002년부터 미국에서 출생하는 태아는 '외국인'이 아니라는 근거로 태아건강에 결정적인 임신여성의 건강을 위한 혜택도 제공하고 있음은 시사하는 바가 크다 할 것이다.[57] 이는 이주근로자의 경우에는 혈통주의를 택하는 국가보다 출생지주의를 택하는 국가가 국민 중심이 아닌 인간 중심임을 간과할 수는 없을 것이다. 즉, 언제, 어디서나 인간이 살아가는 공간은 누구에게나 평등하여야 한다는 인간 중심의 사고를 전제로 하고 있다 할 수 있겠다.

우리는 여기에서 이주근로자들의 가족보호와 관련하여, 한국인과

---

56) 2002. 국가인권위원회(국내 거주 외국인 인권실태조사)를 보면, 기혼근로자들의 자녀수는 1명이 51.6%로 가장 높다. 외국인 근로자들 90% 이상이 가족이 있고, 그중 80% 이상이 자녀와 떨어져 산다. 그 가운데서도 한국계 미등록이주근로자는 자녀 동반이 60% 이상이지만, 비한국계 미등록이주근로자들 중 91%가 별거하고 있다. 이는 가족의 해체를 불러오고 있다. 또한 비한국계 미등록이주근로자들의 자녀들 대부분이 미취학아동연령이 64% 이상이었으나, 2010년인 현재 그들이 초등학생이 되어 있을 연령임을 감안하면 이들 신분상 자녀의 양육권 문제는 상당한 어려움을 겪고 있으며, 이는 단순히 앞에서 본 교육부의 지침으로만 머물러서는 아니 될 것이다. 이에 관한 통계표는, 장혜경·김혜경·오학수·이기영, 『외국인 노동자 가족관련 정책 비교연구』, 127쪽 참조.

57) 한국에서도 「응급의료에 관한 법률」로 2001년부터 법적 신분과 무관하게 임신한 외국인여성 근로자를 대상으로 무료 산전진찰을 받을 수 있도록 하고 있다(외국인 노동자 의료인 공제회, 2001). 장혜경·김혜경·오학수·이기영, 앞의 논문, 142쪽 참조.

결혼한 외국인 근로자의 체류, 취업문제, 자녀의 국적 취득문제, 그들 자녀의 교육문제 등이 관련되어 있음을 알 수 있다. 이와 관련된 정부 부처를 살펴보면, 법무부, 노동부, 행정자치부, 교육과학기술부, 보건복지부, 여성가족부 등의 역할로 분산되어 있음을 알 수 있다.[58]

둘째, 이주근로자와 그 가족들의 복지

또한 대부분의 이주근로자들은 그 경제력이 그다지 넉넉한 형편은 아니다. 그러다 보니 빈곤한 이주근로자 가족은 그 자녀 양육에도 비용을 치르기가 쉽지 않다. 그러므로 이들에게 국민기초생활 보장법상의 최저생계비 지원이 어렵다면, 사회보장제도 중 사회보험의 성격을 가진 의료보험,[59] 국민연금, 산업재해보상보험, 고용보험 등을 통하여 이들의 경제적 어려움과 자녀양육의 문제를 해결하여야 할 것이다(아래 표 참조).

이러한 상황들을 종합하여 보면, 출입국관리법, 국적법, 초중등교육법, 외국인 근로자의 고용 등에 관한 법률, 재한외국인 처우 기본

---

58) 이를 해결하기 위하여 2010.3.9. 한국다문화총연합회(KMC)가 창립되고, 국내 다문화관련 단체들을 통합·운영하고, 다문화 프로그램 개발 및 보급, 다문화인 인권 및 노동, 취업 지원 및 다문화사회 소통의 매개체 역할을 하기 위하여 권영기 변호사가 초대 회장으로 선출되었다; 여성가족부 http://blog.daum.net/moge-family/1894.

59) 2009.10.9. 개정된 외국인 근로자의 고용 등에 관한 법률 제14조(건강보험)에는, '사용자 및 사용자에게 고용된 근로자에게 「국민건강보험법」을 적용하는 경우 사용자는 같은 법 제3조에 따른 사용자로, 사용자에게 고용된 외국인 근로자는 같은 법 제6조 1항에 따른 직장가입자로 본다'라고 규정되어 있다. 그리고 동법 제5조(적용대상) ② 제1항의 피부양자는 다음 각 호의 1에 해당하는 자 중 직장가입자에 의하여 주로 생계를 유지하는 자로서 보수 또는 소득이 없는 자를 말한다. 1. 직장가입자의 배우자, 2. 직장가입자의 직계존속(배우자의 직계존속을 포함한다), 3. 직장가입자의 직계비속(배우자의 직계비속을 포함한다) 및 그 배우자, 4. 직장가입자의 형제·자매 ③ 제2항의 규정에 의한 피부양자 자격의 인정기준, 취득·상실시기 기타 필요한 사항은 보건복지가족부령으로 정한다(개정 2008.2.29)라고 규정되어 있으므로 합법적으로 체류하는 이주근로자가족은 그 혜택을 입을 수 있다. 그러나 「외국인 근로자의 고용 등에 관한 법률」에서 이주근로자에게는 가족동반권에 관한 규정은 없다.

법 등을 새로이 정비하여 일시적인 체류연장을 하는 임시방편이 아
니라, 이들에게 그들이 단순히 동화나 배제의 대상이 아닌 한국 경
제의 '공동화' 부문을 채우며, 한국의 경제를 지탱하는 역할을 하고
있으며, 국내 중소제조업이나 건설업은 이들이 없으면 실제로 가동
이 불가한 정도임[60]을 감안하더라도 한국사회의 현실적인 구성원으
로서의 공존 또는 공생하는 사회적 실체로서의 인간으로서의 존엄
에 근거한 건강권, 가족권, 근로권, 교육권 등을 보다 적극적으로 보
장하는 시각으로 나아가야 할 것이다.

〈표 2〉 외국인 노동자 법적 지위에 따른 사회보장적용 여부

구분	미등록노동자	산업기술연수생	해외투자기업연수생
근거	외국인 근로자 민원처리 지침(근기 68201-691, 2000.3.23)	외국인산업기술연수생의 보호 및 관리에 관한 지침(1995.2.14. 예규 제369호)	해외투자기업산업 연수생에 대한 보호지침(근기 68201-696, 1999.11.23)
노동관계법 적용 또는 법적 보호	내국인과 동등(근로기준법 적용), 최저임금보장, 산업 안전보건확보	법적 보호 근기법 일부조항(폭행 및 강제근로금지, 연수수당의 지급 및 금품청산, 휴게, 휴일, 시간외, 야간 및 휴일 연수, 최저임금보장, 산업 안전보건확보)	법적 보호 산업기술연수생과 동일
산재보험	○	○	○
의료보험	×	○	×
국민연금	×	×	×
고용보험	×	×	×

자료; 외국인 노동자 의료공제회, 2001(외국인 노동자 의료백서)[61]

---

60) 조석주, 「국내거주 외국인 근로자의 문제점과 향후 과제」, 8쪽; 조석주, 「다문화공생을 위한 지
   방자치단체의 기능 강화방안-외국인 근로자 및 결혼이민자 사례를 중심으로」, 3쪽 이하 참조.
61) 장혜경·김혜경·오학수·이기영, 앞의 논문, 143쪽 참조.

	영주외국인	결혼이주민	이주노동자	난민	비고
4대보험	○	○	○	○	
국민기초생활 보장법	X	○ (2005)	X	○ (2012)	2012년 난민법 제정
노인장기요양보험법	○	○	△	○	
긴급복지지원법	X(△)	○ (2010)	X	○ (2010)	2010년 시행령 개정
의료급여법	X	○ (2005)	X	○ (2006)	2006년 난민특례 규정
노인복지법	X	X	X	X	
아동복지법	△	○	X	○	
영유아보육법	△	○	X	△	
장애인복지법	○	○ (2012)	X	X	2012년 법률 개정
한부모가족지원법	X	○ (2007)	X	X	2007년 법률 개정
고용정책기본법	X	○	X	○	

셋째, '재한외국인'에서 '외국인주민'으로

2007년 제정된 재한외국인 처우 기본법 제4장의 제목이 국민과 재한외국인이 더불어 살아가는 환경조성이 있으며, 제18조의 제목은 '다문화에 대한 이해 증진'이란 표제에서 보여주듯이 국민과 재한외국인이 '더불어 살아가는' 환경조성을 목적으로 '다문화에 대한 이해 증진'을 할 것을 규정하고 있다. 그 내용을 보면 '국가 및 지방자치단체는 국민과 재한외국인이 서로의 역사·문화 및 제도를 이해하고 존중할 수 있도록 교육, 홍보, 불합리한 제도의 시정이나 그

---

62) 황필규, 국적 및 영주권 관련 법령 및 판례 참조. 이 자료는 황필규 변호사님이 2013년 변호사 교육용으로 작성한 글을 보내와 재인용한 부분임.

밖에 필요한 조치를 하기 위하여 노력하여야 한다'라고 하여 국민과 재한외국인이 상대방의 제도·문화·역사 등을 상호 이해하고 존중하는 호혜주의에 입각하고 있음을 천명하고 있다. 더 나아가 교육이나 홍보, 불합리한 제도를 시정하고 이에 필요한 조치를 취하도록 하는 적극적인 정책까지도 집행할 것을 고려하고 있다. 그러나 이와 같은 조문만으로 지금까지의 다문화가족 지원이라는 이름의 동화 내지 배제의 원칙에서 공존 내지 공생이라는 진전된 다문화주의 풍토로 전환되는 것은 아니라 하겠다.

한편 최근에 지방자치단체인 담양군에서, '재한외국인 처우 기본법'을 근거로 '담양군 거주외국인 지원에 관한 조례 일부개정조례(안), 담양군 공고 제2010', 예고기간은 2010.10. 15-2010.11.4(20일간)를 공고하였다. 그 내용 중에 '거주외국인'을 '외국인주민'으로, '외국인'을 '외국인주민'[63]으로 개정하여 외국인이 주민으로써 살아갈 수 있는 분위기를 조성하려는 개정 움직임은 그들을 더불어 살아가는 하나의 사회적 실체로서 인정하는 것으로 현재까지의 동화 내지 배제의 정책보다는 공존이라는 발전적인 시각의 전환으로 받아들여진다. 또한 동 제2조 2에서, '외국인주민이란…… 생계활동에 종사하고 있는 외국인과, 한국국적을 취득한 자와 그 자녀 및 한국

---

63) 지방자치법(개정 2010.4.15. 타법개정, 시행 2010.11.1)상으로는 '주민'이란 지방자치단체의 구역 내에 주소(주민등록법)를 가지고 있는 자(지방자치법 제12조)이다. 주민등록법 제6조 1항; 시장, 군수 또는 구청장은 30일 이상 거주할 목적으로 그 관할구역 안에 주소 또는 거소(이하 '거주지'라 함)를 가진 자(이하 '주민'이라 함)를 이 법의 규정에 의하여 등록하여야 한다. 다만 외국인에 대하여는 예외로 한다. 그러므로 외국인은 주민등록법상 '주민'은 아니다. 그러므로 '주민'과 '외국인'주민은 다르며, 다만 '외국인주민'이란 외국인으로서의 우리의 사회적 이웃 주민으로 해석하여야 할 것이다. 참고로, 일본에서는 2009.7.8. 외국인에 대한 기존 외국인등록법과 입국관리에 관한 입관법을 일원화하고, 일본 내 내·외국인을 관리·규제에 대한 제반 법률을 참의원에서 가결하여, 7월 15일에 공표한 결과, 주민기본대장에 외국인을 등록하도록 하고 거주지가 변경되더라도 주민기본대장카드를 사용할 수 있도록 하였다. 이 법률 시행은 공포 후 3년 이내로 시행한다. 김건위, 『경쟁력 강화를 위한 주민등록제도 위상 정립방안』 참조.

어 등 한국문화와 생활에 익숙하지 않은 자 등을 말한다'라고 규정
되어 있다. 이는 그곳에 거주하는 순수외국인과, 과거에 외국인이었
지만 한국국적을 취득한 자와 그 자녀 등의 지역사회 적응과 생활편
익 향상을 도모하고, 자립생활에 필요한 행정적 지원방안을 마련함
으로써 지역사회 일원으로 정착할 수 있도록 하는 것을 목표로 하고
있다. 그리고 동 제2장을 '시책위원회'로 변경하고, 외국인주민 지원
시책에 대한 자문과 심의를 위한 기구를 설치(제7조)하면서, 그 위
원 중에 당연직 위원과 민간위원으로 구분하여, 민간위원에는 지역
사회에 적극 참여하거나 성공적인 정착을 한 외국인주민을 그 위원
으로 임명 또는 위촉하기로 하는 등(동 제7조 4항 2)의 조치는 적극
적으로 외국인을 주민으로서의 지위를 인정함과 아울러 그들이 그
들에게 필요한 정책을 수립할 수 있도록 하는 외국인주민과의 점진
적인 공존의 방법으로 자리 잡혀 가는 현상이라 할 수 있겠다.

2. 다문화가족 생활안정보장체계의 법제와 그 개선방안

국제노동기준도 사회보장에서 내·외국인 평등원칙을 규정하고
있다. 의료보험이나 국민연금법 같은 경우에는 그 적용대상을 원칙
적으로는 국민으로 하나, 동법을 적용받는 사업장에 대하여 외국인
에게도 그 신청에 따라 사업장가입자가 되도록 규정되어 있다. 그러
나 이는 임의가입자에 머무르고 있는 실정이며[64], 생활보호법과 고

---

64) 외국인 근로자의 고용 등에 관한 법률 제14조(건강보험, 전문개정 2009.10.9) 사용자 및 사용
자에게 고용된 외국인 근로자에게 「국민건강보험법」을 적용하는 경우에……라고 하여 임의가
입으로 규정하고 있다.

용보험법은 적용대상에서 외국인을 제외하는 명문규정은 없으나, 이주근로자, 특히 미등록이주근로자에게는 이러한 사회보장제도가 제대로 운영되고 있지 않다. 그러므로 적어도 산업현장에서 근로자로서 취업하고 있는 지위에서 보장되는 성격의 사회보험은 이주근로자에게도 적용되어야 할 것이다. 즉, 국민연금법, 의료보험법, 고용보험법 등의 규정에 따라 사용자가 부담하는 보험료 등도 근로조건의 일종이라 할 수 있으므로, 이와 같은 근로관계에 기초한 사회보험제도에 있어서 사용자의 임의가입을 하도록 하는 차등의무를 두는 것은 위법이라 할 것이다.[65] 재한외국인 등이 2015년 현재 160만 이상으로 증가하므로 이는 단순히 그들만의 문제[66]가 아니라 그 가족들의 문제가 수반되는 것은 자연적인 섭리이다. 그러나 한국에서는 이주근로자들의 가족 동반 입국을 허용하지도 않을 뿐만 아니라, 한국에서 외국인 근로자들끼리 결혼한 경우에도 그들에게 자녀가 생기면 그들 대사관에 출생신고를 하고 영사의 확인을 받은 출생증명서를 관할지역의 출입국관리소에 신고하여 외국인등록을 한 이후에 합법적인 체류허가를 받는다(출입국관리법 제5장 외국인의 등록 등). 그리고 국내 호적법 제4장 신고의 제2절에 따르면 출생신고는 1개월 이내에 하여야 한다. 그리고 이를 어기면 과태료가 내·외국인을 불문하고 부과된다. 그러나 미등록이주자는 합법적인 출생신

---

65) 김선수, 외국인 노동자 인권보호대책; http://kr.ks.yahoo.com/service, 11쪽 이하 참조.

66) 그들의 생활이나 복지 등에 관한 구체적인 법률적 문제는, 차성안·홍예연·황필규, 앞의 논문, 37쪽 이하 참조. 한국에서 사회보장의 법률체계로는 질병, 장애, 노령, 실업, 사망 등의 위험으로부터 국민을 보호하려고 사회보험(국민연금보험, 국민건강보험, 고용보험, 산업재해보상보험 등), 공공부조(국민기초생활보장제도, 의료급여제도), 사회복지서비스(노인복지법, 아동복지법, 모자복지법, 모부자복지법, 영유아보육법, 초중등교육법 등) 등의 3범주로 나눈다(사회보장기본법 제3조).

고를 할 수 없으며, 신고 시에는 출입국관리법 위반으로 강제 출국된다.

1) 이주근로자와 그 자녀의 가족형성권

(1) 양육 문제

위의 사례에서 인간으로서의 인권들이 침해 내지 방해되고 있음을 간파할 수 있다. 첫째, 한국에 이주근로자로 오는 순간 그 가족은 이별을 하여야 하므로 인간으로서의 행복을 추구할 수 있는 가장 기본적인 가족형성권이 침해되고 있으며, 게다가 한국에서 그들이 미등록이주자로 체류할 경우 출생한 자녀도 불법체류자가 되므로 그 부모들은 출생신고 기간 한 달 이내에 본국으로 보내면 외국인등록 신고절차와 과태료 부과 없이 그 아이의 출국이 허용되도록 되어 있다. 그러나 미등록이주자는 이것마저도 부모의 미등록으로 인하여 아이의 출국조차 허용되지 않는다. 부모의 불법장기체류를 막기 위해서이다.[67]

그러나 출생한 자녀를 본국으로 보내는 경우에 미등록이주자는 가족형성권이 붕괴되는 것은 물론 그 자녀의 양육권마저도 본의 아니게 포기하여야 하는 현상이 발생하고 있다. 이는 그들이 비록 미등록이주자라고는 하나 인간으로서의 존엄과 가치는 포기되어야 하는 인권의 사각지대에 있다.

---

[67] 한국에서 둘째 아이를 낳은 네팔인 구룽 씨 부부는 주거환경이 너무 좋지 않아 아이를 본국으로 보내려 하였으나, 법무부가 그 부모가 미등록이주자라는 이유로 이를 허용하지 않았다. 장혜경·김혜경·오학수·이기영, 『외국인 노동자 가족관련 정책 비교연구』, 136쪽, 사례 79 참조.

그런데 이들은 한국에서 필요로 하는 이주근로자들인 점을 감안하면 이들을 이러한 상태에 방치하는 것은 한국은 이들의 불법을 이용하여 발전되는 비인권국가로 전락하는 것이다.

계속해서 한국이 이들의 노동력을 필요로 한다면 그들이 원하는 한 합법적으로 체류할 수 있는 방안을 모색하여야 할 것이다.

두 번째로 합법적으로 체류하는 이주근로자들의 자녀들인 경우에도 그 자녀들의 양육이나 교육이 당면한 문제로 대두된다.

먼저, 어린아이들의 양육문제를 보면, 그들은 아이들만을 양육하고 있을 경제적[68]·시간적 여유가 없다. 그러므로 그들은 그 자녀들을 타인에게 위탁하는 경우 코시안의 집[69] 등으로 위탁 양육하며, 부모와 자녀가 1년 이상 떨어져 있는 경우가 13%이며, 1-2년 동안 헤어져 있는 경우는 53%, 2-3년이 32%, 3년 이상인 경우도 2%이다.[70]

또한 미등록이주자들의 자녀양육실태는, 국가인권위원회(2002년)의 보고에 따르면, 탁아소나 유치원에 맡기기보다는 부모나 가족이 직접 돌보며(32%), 한국계 미등록이주자의 경우는 50% 이상이었다.

이러한 문제를 해결하기 위하여서는 코시안의 집 같은 기관을 이주근로자들이 밀집한 지역에 공공기관이나 민간위탁으로 설치하여 무상 내지 실비로 제공하여 합·불합법 이주근로자를 불문하고(ILO

---

68) 이주근로자들의 소득수준은 최저임금 기본급과 잔업수당, 야간수당 등을 합쳐 대개 90만 원 선(2002년 기준)이라고 한다. 그런데 이들이 가정을 마련하면, 연립주택 지하창고를 개조한 집에서도 50만 원 보증금에 월 10-15만 원에 세 들어 산다(갈릴레아의 실무자); 장혜경·김혜경·오학수·이기영, 앞의 논문, 130쪽.

69) 이는 2000년 9월에 안산외국인 노동자센터의 부설기관으로 설립되어 이주근로자 가정과 그들의 자녀를 체계적으로 양육 지원하기 위한 기관이다. 코시안이란 Korean+Asian=Kosian으로 이는 이주근로자의 가정의 대명사로 사용되기도 한다. 장혜경·김혜경·오학수·이기영, 앞의 논문, 129쪽.

70) 장혜경·김혜경·오학수·이기영, 앞의 논문, 136쪽.

협약 제143호) 그 자녀들을 위탁할 수 있도록 어린 자녀의 양육권을 보호하는 것이, 출생지나 인종 차별이 없는 국제법이나 헌법의 정신에도 부합할 것이다. 그 자녀들에게는 부모나 태어날 출생지의 선택권은 없을 뿐만 아니라, ILO협약에서도 부모와 자녀는 헤어지지 않을 권리도 보장하고 있음을 근거로 하여야 할 것이다.

(2) 교육 및 언어 문제

이주근로자가 한국에서 자녀를 양육하는 데 가장 어려운 점은 돈 문제(35.6%)와 의사소통문제(23.7%)이다. 그중 특히 한국계 미등록 근로자가 한국어와 한글교육에 대한 도움을 강조[71]하는데, 그 이유가 의사소통과 문화적 맥락으로 보인다.[72]

이미 앞에서 보았듯이 2002년 3월부터 미등록이주자 자녀들도 한국 초등학교에는 해당 학구 내 거주사실 증명만으로 입학이 가능하게 되었다. 그러나 현실적으로 교장 재량이 많아 입학하기가 어려우며,[73] 이들이 학교에 입학하여도 한국어를 제대로 배울 곳이 없다. 게다가 선생님들의 이해부족과 아이들의 따돌림 등 그들이 해결할 수 없는 문제들이 많이 있다.

그러므로 정부는 이들을 위하여 선생님이나 한국 아이들에게 다

---

[71] 특히 몽골 가족은 가족단위로 이주하여 온다. 2002년 당시 몽골근로자의 수는 17,000명으로 추정되며, 그 자녀들은 1,500여 명으로 추산되는데, 이들이 대부분 미등록이주자들이며, 그 부모들이 모두 일터로 나가면, 그 자녀들은 대부분 그냥 집에 남게 된다. 왜냐하면 한국어학당 같은 곳이 대부분 대학생이나 성인들을 상대로 하므로 어린이, 청소년들을 위한 교육기관이 아니며, 그 비용도 만만치가 않다. 그리고 미등록이주자 자녀 현황에서, 2003년 5월 31일 현재, 전국 초중등학교에 재학 중인 자녀는 205명으로 이 중 몽골 출신이 160명으로 가장 많다(조선일보, 2003.8.21). 장혜경·김혜경·오학수·이기영, 앞의 논문, 138쪽.

[72] 그 구체적인 자료들은, 장혜경·김혜경·오학수·이기영, 앞의 논문, 137쪽 참조.

[73] 장혜경·김혜경·오학수·이기영, 앞의 논문, 139쪽 참조.

문화이해에 대한 소양교육을 시킬 필요가 있으며, 교장들의 재량을 최대한 축소할 것이며, 이 또한 교육부의 '지침'에 지나지 않으므로 이를 조례 내지 법으로 보장할 수 있는 방안을 모색하여야 할 것이다. 그리고 어린이나 초중등 학생들을 학교에서 한국어를 가르칠 시설이 준비되지 않으면, 주민센터 등을 활용하여 주변의 학생들을 전체적으로 교육시킬 방안과, 또한 그들 부모가 그들 언어를 한국에서 가르칠 기회를 제공하여 그들의 문화와 언어에 대한 자긍심을 길러주며, 이를 기화로 이웃 주민들과 자연스레 활동을 통한 인적 교류를 할 수 있는 방안이 양측의 상호 문화 이해와 더불어 살아가는 공동체로서의 공존이라는 명제로 인간 존엄을 실현하게 될 것이다.

이에 맞추어 정부는 재한외국인 처우 기본법 제12조(결혼이민자 및 그 자녀의 처우)에서는 '국가 및 지방자치단체는 결혼이민자에 대한 국어교육, 대한민국의 제도·문화에 대한 교육 및 교육지원,[74)]

---

74) 교육부는 전국에 5개의 시·도교육청을 「다문화교육 지원센터」 사업자로 선정, '15년부터 시범사업에 착수한다고 발표했다. 2014.12.23. http://if-blog.tistory.com/4567
- 강원, 경기, 울산, 제주, 충남 등 5개 시도교육청 시범 선정
- 지역밀착형 다문화교육 서비스 제공과 모델 확산
- 이를 통해 다문화 학생에게 '가능한 최고의 출발 기회' 제공 기대

<「지역 다문화교육 지원센터」 선정 결과>

연번	시·도	센터명
1	강원도	강원 다문화교육 지원센터 원주 다문화교육 지원센터
2	경기도	경기 다문화교육 지원센터 안산 및 시흥 다문화교육 지원센터
3	제주특별자치도	제주특별자치도 다문화교육 지원센터
4	울산광역시	울산 다문화교육 지원센터
5	충청남도	충남 다우리 다문화교육 지원센터 금산 다우리 다문화교육 지원센터

의료지원 등을 통하여 결혼이민자 및 그 자녀가 대한민국 사회에 빨리 적응하도록 지원할 수 있다', 그리고 동 제2항에서는, '제1항은 대한민국 국민과 사실혼 관계에서 출생한 자녀를 양육하고 있는 재한외국인 및 그 자녀에 대하여 준용한다'라고 규정되어 있다. 이 조문을 결혼이민자와 그 자녀에 한정할 것이 아니라 이주근로자와 그 가족에게도 확대하는 방안을 강구하여야 할 것이다. 왜냐하면 그들에게도 동 제2항에서 규정한 국어교육, 대한민국의 제도·문화에 대한 교육 및 교육지원, 의료지원 등을 통하여 그들이 현존하는 사회에 적응하고 조화롭게 서로의 문화를 이해하고 공존하는 방향으로 나아가게 될 것이기 때문이다. 이는 동법 제10조에서는, '국가 및 지방자치단체는 재한외국인 또는 그 자녀에 대한 불합리한 차별방지 및 인권옹호를 위한 교육·홍보, 그 밖에 필요한 조치를 취하기 위하여 노력하여야 한다'라고, 그리고 동 제11조에서는, '국가 및 지방자치단체는 재한외국인이 대한민국에서 생활하는 데 필요한 기본적 소양과 지식에 관한 교육·정보제공 및 상담 등의 지원을 할 수 있다'로 규정되어 있다. 그리고 동 제18조에는, '국가 및 지방자치단체는 국민과 재한외국인이 서로의 역사·문화 및 제도를 이해하고 존중할 수 있도록 교육, 홍보, 불합리한 제도의 시정이나 그 밖에 필요한 조치를 하기 위하여 노력하여야 한다'라는 규정을 근거로 하여도 좋을 것이다. 참고로 최근에 다문화가정 학생 수의 현황은 다음과 같다.

(단위: 명)

구분	2012년도				2013년도				2014년도			
	초	중	고	계	초	중	고	계	초	중	고	계
한국출생	29,303	8,196	2,541	40,040	32,831	9,174	3,809	45,814	41,575	10,325	5,598	57,498
중도입국	2,676	986	626	4,288	3,065	1,144	713	4,922	3,268	1,389	945	5,602
외국인자녀	1,813	465	348	2,626	3,534	976	534	5,044	3,454	811	441	4,706
계	31,979	9,182	3,167	44,328	35,896	10,318	4,522	50,736	44,843	11,714	6,543	63,100
비율	74.1%	19.7%	6.2%		70.7%	20.3%	9.0%		71.2%	18.5%	10.3%	100%

※ 출처: 교육 통계('14.4.1)

2) 주거권, 의료지원과 건강권

한국에서 이주근로자들이 살고 있는 거주형태는 월세방(방 한 칸, 부엌 하나), 화장실은 공용 등[75])으로 인간으로서 살아가기에는 적절하지 못한 주거환경임을 알 수 있다. 이러한 주거환경에서는 가정으로서의 안락감이나 위생문제 등으로 인한 건강권[76] 등으로부터 안전할 수가 없다. 그러나 한국에는 아직 이들에 대한 국민건강보험상의 의료보험 혜택[77]은 있을 수 있지만, 여기에 주택과 관련된 건강권은 전혀 보장되고 있지 못하다. 그러므로 이들을 계속 건강하지

---

75) 비거주용 건물 내 공간(공장, 상가, 식당, 여관 등), 임시가건물(재개발지역의 가이주 단지 등), 무허가 불량주택(비닐하우스, 판잣집, 움막 등), 지하·반지하방, 옥탑방, 단독주택, 연립·다세대·다가구주택, 아파트, 기숙사, 기타(자료: 국가인권위원회, 2002년, 국내 거주 외국인 노동자 인권실태조사), 구체적인 자료는, 장혜경·김혜경·오학수·이기영, 앞의 논문, 140쪽 참조. 물론 최근 자료이면 좋겠지만 이는 아마도 연도에 관계없는 모델이 될 것이다.

76) 김철효·설동훈·홍승권, 「인권으로서의 이주노동자의 건강권에 관한 연구」.

77) 국민건강보험법 제93조(외국인에 대한 특례), 제64조(외국인 가입자), 동법 시행규칙 제45조(외국인 등의 적용신청), 직장가입자는 모든 사업장의 근로자 및 사용자와 공무원 및 교직원이며, 직장가입자와 그 피부양자를 제외한 나머지를 지역가입자로 하며, 피부양자는 직장가입자의 부양을 받는 배우자, 자녀 등으로, 이주근로자는 지역가입자, 직장가입자, 직장가입자의 피부양자 등에 해당하여야 한다. 그런데 가입자는 일반적으로 한국 국적을 가질 것을 요건으로 하므로(동법 제5조), 위와 같은 특례에 의하여 이주근로자나 그 피부양자는 국민건강보험 혜택을 볼 수 있다. 그러나 외국인 근로자들의 직장가입은 사용자의 임의사항이다. 기타 자세한 것은, 차성안·홍예연·황필규, 앞의 논문, 41쪽 이하 참조.

못한 주거환경에 방치해둔다는 것은 그들의 건강권뿐만 아니라 쾌적한 주거환경으로 인한 행복추구 및 인간으로서의 존엄을 방치하는 것과 유사하다. 그러므로 이들을 위한 집단주택 내지 공동주택을 저렴하게 실비로 이주촌락을 형성하든지, 그보다 더 나은 방안은 한국주민과 그들이 공동으로 어울려 살 수 있는 어울림 공동 내지 연립 마을을 형성하는 사회적 인프라를 구축하는 방안을 강구하는 것도 이들의 건강권뿐만 아니라 서로의 문화를 이해하고 협조해가는 가운데 한국사회의 통합은 이루어져 갈 것으로 보인다. 그들을 단순히 이주근로자 및 그 가족으로 바라보는 시각에서 더불어 살아가는 지구촌인으로서 어울림 마당을 펼쳐가는 것이 국제적으로나 헌법정신에도 부합할 것이다. 이제 한국은 더 이상 그들의 고통과 희생으로 발전하는 국가가 되어서는 아니 될 것이다.

외국인 근로자의 모집 과정에서의 문제에 관하여 ILO조약은 모집과 수입에 공정한 정보를 제공하고, 공적인 직업소개를 하도록 규정[1939년의 고용목적의 이주에 관한 권고; 제66호-이는 다시 고용목적의 이주에 권고(제86호)와 조약(제97호)를 채택함], 동시에 입국하였을 때는 숙박시설을 제공하고 정확한 고용정보를 제공하고 입국근로자의 건강과 위생에 주의하여야 하며(제79호 조약), 또한 노동한 이후 송금을 할 수 있도록 보호하고 있다(1975년의 제143호 조약)는 사실을 염두에 두고 국제 표준에 적합한 노동정책을 펼쳐야 할 것이다.

게다가 미등록이주자일 경우 건강의 문제는 1년에 한 번 실시되는 건강진단에서조차 누락된다.[78] 이들은 그들 자신의 질병뿐만 아니라 전염병 관리 차원에서도 방치되어서는 아니 될 것이다. 이에 보건복지부는 신분의 합법성 여부를 떠나 외국인 근로자에 대하여 지원을 펴고 있지만, 법무부와 노동부 사이에서 임시방편일 뿐이다.[79)]

3) 행정전산시스템

행정안전부는 2009년 5월 1일부터 5월 31일까지 외국인 및 다문화가족 업무의 관련 부처인 교육과학기술부, 법무부, 보건복지부, 여성부와 합동으로 재한외국인 현황을 조사하였다. 이번 조사의 특성은 지금까지 각 소관 부처별로 조사하여 오던 것을 관련 부처가 공동으로 조사·공유함으로써 정부통계의 신뢰성 제고와 중복 조사

---

78) 불법·합법 여부를 가리지 않고 의료보험 혜택을 볼 수 없는 외국인 근로자에게 의료네트워크를 구성하여 1999년부터 '외국인 노동자의료공제회'가 창립되었으며, 이 공제회는 젊은 의료진을 중심으로 인권운동 차원에서 시작하여 2003.10. 법인화하여 '한국이주노동자건강협회' (사)(http://www.munk.org)로 변경하여 이들을 민간 차원에서 지원하고 있다. 문화일보, 2004.4.27. 참조. 한편, 2000년 8월 보건복지부에서는 외국인미등록근로자들의 의료사각지대의 현실을 감안하여 '외국인 근로자(불법체류자) 건강관리지침'을 마련하여 전국 16개 시·도 242개 보건소에 이들에 대한 무료검진 및 진료서비스를 제공하도록 시달하였던 적도 있으나, 여건미비로 수도권 중심의 일부에서만 시행되기도 했었다. 또한 그 세부지침에는 각 보건소 관내외에 소재하고 있는 외국인 근로자를 위한 관련단체와 사전 협의하여 추진하며, 검진 및 진료는 무상을 원칙으로 하고 있다. 검진 내용은 결핵, 간염, HIV, 성병, 한센병을 기본으로 하여, 입원을 요하지 않는 일차 진료에 한하며, 검진기간도 산업체와 조율하여 평일에 시간을 정하여 실시토록 하며, 환자로 판명되면 공공기관과 협력하여 지속적인 사후관리를 하며, HIV 양성자인 경우에는 국가 HIV/AIDS 관리지침에 따라 조치한다(외국인 노동자의료공제회 제공, 2001:119); 장혜경·김혜경·오학수·이기영, 앞의 논문, 142쪽 이하 참조. 그러한 결과 외국인 노동자의료공제회 같은 자발적인 민간단체가 생기고 있으나, 이보다는 정부 차원에서 공적으로, 또는 기업 차원에서 이러한 인도적 시행을 의무화하는 방안을 강구하여야 할 것이다. 또한 위에서 본 지침에는 시간과 장소, 질병의 종류 등이 제한된 문제가 있으며, 이러한 제한조차도 받고 싶어도 미등록이주근로자들에게는 출입국관리법 대상이 되므로 자유롭게 진료를 받을 수가 없어 민간단체가 나서고 있는 것이다. 게다가 반기문 유엔사무총장은 2010.11. 한국의 이주근로들의 출입국 시 AIDS 검사를 하지 말라는 요청을 하고 있다.

79) 법무부는 미등록이주근로자 문제를 전면 사면, 양성화하여 달라는 그들의 요구에 2003년 3월 말 기준으로 국내 체류기간 3년 미만인 사람은 국내에 남아 취업활동을 할 수 있고, 3년 이상 4년 미만인 사람은 사증발급 인증서를 받아 출국한 후 3개월 이내에 재입국하여 합법적으로 취업할 수 있도록 하나, 국내 체류 4년 이상인 사람들은 2003년 11월 15일까지 자진 출국을 유도하되, 그 이후에는 강력한 단속을 한다는 '선택적 합법화'라는 정책을 펼친 바 있다. 참고로 현재 일본에서 미등록이주자는 한국인이 최다(당시 22만 명 미등록이주자 가운데 한국인은 5만 5,000여 명으로 그 비율이 가장 높다)(http://www.newsjoy.co.kr, 2003.10.31). 그들은 노동·비자를 원하고 있다.

등을 방지하고 이들에 대한 체계적이고도 통합적인 정책 수립 및 집행을 실시하기 위한 조사이다. 그러나 그동안에는 행정안전부에서는 외국인주민을, 교과부에서는 초·중등 학생 수를, 법무부에서는 체류외국인을 각 부서가 필요한 범위 내에서 별개로 조사하여 행정인력과 경비를 이중으로 지불한 셈이었다. 이와 같은 시행은 늦으나마 다행스럽기는 하나, 정부에 이와 같은 통계를 내는 부서를 행정안전부 안에 독립적으로 설치하여 필요한 부서들이 자료를 공유화하는 것이 체계적이고 통일된 자료를 각 부서가 활용하여 정책을 수립하고 집행하도록 하는 것이 더욱 바람직스러운 방향일 것이다.

이 조사도 시·군·구·읍·면·동에서 '외국인등록정보시스템'의 전산시스템을 활용하여 실시되었으며, 조사대상은 외국인주민의 유형별(외국인 근로자, 결혼이민자, 재외동포 등)·국적별·성별·연령별(자녀) 현황과 외국인주민에 대한 지원기구 등에 대한 조사이다. 이러한 조사 결과를 토대로 법무부·복지부·여성부는 공동으로 결혼이민자 가정의 경제상태, 생활양식 등 기초 현황 등을 조사할 계획이며, 교과부는 외국인주민 자녀 정보를 교육 관련 시스템과 연계하여 초·중·고 재학생 현황을 파악하는 등 정부의 각종 지원정책을 수립하는 데 활용할 계획이다.[80]

이상에서 재한외국인에 대한 조사를 행정전산시스템을 활용할 수 있도록 정비되어 있는 것은 다행스러운 일이며, 행정낭비를 막는 첩경이기도 하다. 그러나 이러한 시스템만을 활용할 경우에 이 시스템 속에 등록되지 않은 미등록외국인들에 대한 정책을 수립하기가 힘

---

80) 연합뉴스 2009.4.30. 참조.

든 단점도 보완하여야 할 것이다. 이 조사는 어디까지나 정부 입장에서 전산시스템을 활용하는 방안이며, 재한외국인 내지 이주근로자가 그들이 정착하는 데 필요한 정보 내지 프로그램을 활용할 수 있는 방법은 아닌 것 같다. 그러므로 얼마 전 한국다문화총연합회도 창립되었는데, 다문화가족을 위한 원스톱 서비스가 될 수 있는 행정전산시스템이 구비되도록 하여야 할 것이다. 이들이 한국에 입국하기 전부터 한국의 입국에 필요한 정보를 제공하여야 하며(각국 언어로), 입국하는 순간부터 체류하는 데 필요한 등록정보와 한국 제도와 문화, 행정, 주거, 건강, 언어, 교육 프로그램, 통역제도 등이 중앙과 지방을 불문하고 한곳에서 이루어질 수 있는 통합행정전산시스템81)을 구축하여야 할 것이다. 이러한 제도구축이 외국에서 체류하는 동안 마음 편하게 쾌적한 환경에서 공존하는 환경이 될 것이다.

예를 들면, 다문화관련법(14개), 법무부, 보건복지부, 여성부 등 여러 부처와 중앙과 지방에서 별개로 실시되는 다문화정책을 위한 전담부서를 설치하며, 또한 이들 법을 체계적으로 연계할 수 있는 「다문화사회기본법」을 제정하는 것이 필요할 것이다.

그리고 개정 내지 신설될 '다문화가족'이라는 단어에는 한국국적을 가지거나 또는 귀화하는 자에게만 그 적용 범위를 한정할 것이 아니라 재한외국인과 그 가족들에게까지 적용시킬 수 있는 제도와 정책을 수립하는 것이 국제연합의 헌장 정신에도 부합할 것이며, 세

---

81) 현재는 다문화가족센터(「다문화가족지원법」 제12조, 2008.9.22. 제정; '보건복지가족부장관은 다문화가족 지원정책의 시행을 위하여 필요한 경우에는 다문화가족 지원에 필요한 전문인력과 시설을 갖춘 법인이나 단체를 다문화가족 지원센터로 지정할 수 있다' 등이 있으나, 이는 종합적인 사항을 제공하고 있지 못하다. 예를 들면, 의료지원이나 기타 이주근로자 등이 필요로 하는 정보 같은 경우에는 아직도 여전히 민간에서 지원들을 하고 있는 실정이다. http://mwtv.jinbo.net 여기에는 Migrant Support Centers에 대한 안내가 되어 있다.

계화과정에서 어디에서 체류를 하든지 인간으로서의 존엄과 가치는 기본적으로 확립되는 방안을 마련하여야 할 것이다.82)

Ⅳ. 결어

1. 재한 체류외국인이 2015년 현재 거의 160만 명을 초월하고 있다. 이는 국제화로 인한 근로나 결혼 인구의 수직적 이동이라 할 수 있을 것이다. 즉, 근로 이동으로 이는 근로의 탈주권화, 탈영토화를 이루면서 각 국가의 문화도 함께 이동한다 할 수 있을 것이다. 우리는 흔히 이들을 일컬어 다문화가족이라는 개념을 일반적으로 사용한다. 그러나 이는 앞에서 보았듯이 법적인 다문화가족은 반드시 한국 국적과 관련이 있어야 한다. 그러므로 이를 세분화시키면, 다문화가족과 이주근로자 등으로 나눌 수 있을 것이다. 그래서 우리는 지금까지 주로 좁은 의미의 법적인 다문화가족만을 그 정책 수립의 대상으로 하여 왔다. 게다가 이주근로자일 경우 그들의 정주를 막기 위하여 이주 시부터 가족동반을 허용하지 않고 있다. 이는 인간으로서의 기본인 혼인과 가족 형성으로 인한 행복추구권을 침해하는 조

---

82) 대전시는 정부부처별 사회통합지원 업무를 한곳에서 외국어로 종합 안내할 수 있는 다문화가족 전담민원창구를 내년 2월 말 전국에서 처음으로 개설할 예정이다; 현재 대전시 다문화가족 지원센터에서 하는 일들은, 다양한 가족교육 프로그램, 국가별 자조모임, 배우자교육, 문화적응 체험, 무료진료 그 외 일자리창출지원, 가정방문 한글 교육 및 아동양육지원 사업 등 사회통합지원서비스를 제공하고 있다. 그리고 생애 단계별 지원 프로그램도 마련하고 있다. 또한 대전시 관계자는 '사회통합지원의 중복과 누락을 방지하고 지역사회 자원을 효율적으로 사용하기 위하여 시와 구, 교육청, 대전지방경찰청, 출입국관리소 등 통합지원기관별 매월 정기포럼 및 협의체를 운영할 계획이다.'(2010.2.9. 대전시가 보도자료로 제출한 것);
http://www.newswire.co.kr, 논산시도 2010. 9월 정례회에서 다문화가족지원 조례를 추진;
http://www.nonsan.go.kr

치이다. 이는 넓은 의미의 '다문화가족'이라는 용어에는 처음서부터 결혼이주자나 고용이라는 의미의 정책만 있었으며 근로자로서의 인간이라는 측면은 고려의 대상이 되지 못하였다.

그러나 이미 G20라는 국제회의를 주재하는 위치에 오른 국가로서의 다문화정책은 그 수정을 요구받고 있다. 단지 결혼이나 고용에만 머물러 있지 않고 그에 수반되는 특히 이주근로자들의 가족형성권이나 그 자녀들의 출생, 양육, 교육 등의 문제는 인간존엄과 행복추구권으로서 인정되어야 할 것이다. 그러므로 본 논문은 이러한 이주근로자 가족의 권리에 초점을 맞추고자 하였다.

2. 한국이나 일본이나 거의 같은 시점이 2005년부터 정부 입장에서 공식적으로 다문화라는 용어를 사용하기 시작하였다. 그러나 한국에서는 '다문화가족'으로, 일본에서는 '다문화공생'이라는 표현을 사용하고 있다. 이러한 용어 사용에서 보다시피 그 적용 범위가 달라지면서 '가족'이라는 단어에는 친밀하나 한정적인 의미가 내포되어 있고, '공생'이라는 단어는 그 적용 범위가 넓으면서 대등하게라는 의미가 내포되어 있는 것으로 그 정책방향이나 적용 대상 범위도 달라질 것이다.

3. 이주근로자와 그 가족의 권리; 1990년에 유엔에서 채택된 이주근로자권리조약은 제27조 제1항에서 이주근로자의 사회보장 권리를 보장하고 있으며, 그 내용 중에는 이주근로자와 그 가족에 관한 부분도 포함되어 있으며, 이는 그 3부에서 미등록이주근로자를 특별히 제한하고 있지 않다. 또한 제4부에는 이주근로자와 그 가족의 기본

권, 제5부에는 제4부에서 인정되는 추가적인 권리 등에 관하여도 규정하고 있다. 이러한 그들의 인간존엄으로서의 권리를 요약해보고자 한다. 그러나 한국은 아직 이 조약에 가입하고 있지 않으나 이제는 가입을 하여 국제적인 표준 인권 규범이라도 보충하여야 할 것이다.

첫째, 이는 이주근로자들의 가족형성권과 혼인의 문제뿐만 아니라(헌법 제36조, 혼인과 가족생활 보장), 가족이 서로 이별하지 않을 권리를 가진 가족 동반으로의 이주를 통한 인간으로서의 존엄과 행복추구(헌법 제10조)를 위 조약에서도, 유럽인권협약에서도 보장하고 있음을 살펴보았다. 그러므로 이제 한국에서도 이주근로자의 인간으로서의 기본적인 가족과 함께할 권리를 더 이상 외면하지는 않아야 할 시점이 된 것 같다. 단지 그들의 한국에서의 정주를 막는다는 정책에만 초점을 맞출 것이 아니라 그들의 인간으로서의 존엄과 가치를 고려하는 방향으로 그들을 대하여야 할 것이다.

둘째, 미등록이주근로자들끼리 결혼할 경우에도 자국에 혼인신고를 제대로 할 수 없도록—자국 영사관에 신청하여야 하나 미등록신분으로 이러한 절차를 밟는 것이 자유롭지 못함—한국의 정책은 오로지 불법체류자라는 사실에만 초점이 맞추어져 있고, 그들이 가족을 형성할 수 있고, 자유로이 혼인할 권리마저도 무시하는 이와 같은 정책과 제도는 수정되어야 할 것이다. 이렇게 될 경우에 그 자녀들도 또한 불법체류자가 되어 그들의 양육이나 교육에 지장을 초래하는 일은 국제인권규약이나, 연좌제 금지 또는 열거되지 않은 이유로 경시되지 않을 헌법의 정신(헌법 제37조 제1항)에도 부합하지 않을 것이다. 즉, 그들이 합법·불법체류와 관계없이 부모의 자녀양육 내지 교육권은 모든 인간이 국적에 관계없이 누리는 양도할 수 없는

불가침의 인권이기 때문이다.[83)]

셋째, 이 외에도 그들의 주거권, 건강권 등에 관하여서도 외국인 또는 이주근로자 또는 미등록이주자라는 차원에서만 다룰 것이 아니라 인간 의식주의 기본해결은 어디에서나 보장되어져야 할 인간 존엄으로서의 권리이기 때문에 이러한 문제를 고용과 별개의 문제로 인식하는 것은 그들을 근로자라는 입장에서 보는 것이 아니라 오로지 고용 중심으로 인식함으로써 인권의 문제를 등한시하는 물질적 국가로 전락하게 될 것이다.

넷째, 근로의 이동은 경제의 이동이며, 이러한 이동은 일반적으로 부유국에서 덜 부유국으로 이동하는 수직적인 경제적·사회적 문제가 발생하고 있다. 그러나 이러한 문제가 단순히 경제적 수직적 관계뿐만 아니라 문화적 갈등까지도 초래하고 있다. 이러한 문화적 갈등은 다문화가 공존한다는 세계관적인 관점으로 인식을 전환할 시점이기도 하다.

그리고 이러한 관점은 미등록이주자에게로 확대시켜 한국이 필요로 하는 노동을 제공하고 있는 한 그들에게도 불법이란 단어를 변경하여 합법화할 수 있는 노동비자 등으로 전환시켜주는 방안도 고려할 시점인 것 같다. ─ 일본에서 최대의 다문화공생의 대상이 재일한국인이라는 것과 그들도 일본 정부에 대하여 이러한 합법적인 비자로 전환하여 줄 것을 요구하고 있다. ─

4. 이주근로자 및 그 가족과 다문화가족 관련법제와 문제점; 첫째,

---

83) 헌재 2000.4.27. 98헌가16.

결혼이주자와 관련하여 결혼하여 2년이 경과되지 않은 시점에는 국적 취득을 할 수 없게 한다든지, 결혼과 동시에 본인이 원하는 경우에도 이중국적을 부여하지 않고 방문동거비자를 발급한다든지 하는 정책-국적법, 출입국관리법 등-은 혼인이나 가족생활 중심적인 인간존엄 사상이 전혀 고려되지 않았으며, 동시에 이들에게 근로권이나 거주권을 인정하지 않게 되고, 단지 정주방지나 위장결혼, 불법체류 등에만 초점을 맞춘 법과 제도의 부정적이고 소극적인 정책이므로 이러한 정책에 입각한 다문화가족 지원이 아니라 다문화공존의 사상으로 전환하여 갈 필요가 요구된다. 이러한 문제의 발생은 또한 그 자녀들의 출생, 성명, 양육, 교육 등에 관한 문제도 동반되는 것을 이미 살펴보았다(이주근로자권리조약 제29조).

둘째, 이주근로자들에 대한 직장의료보험을 임의가입이 아닌 당연가입으로 전환하여 내·외국인을 불문하고 평등하게 적용하여야 할 것이다(외국인 근로자 고용 등에 관한 법률 제14조).

셋째, 이주근로자의 입국 시 그들이 원하는 한 가족동반과 입국 이후의 가족재결합권을 인정하여야 할 것이다(외국인 근로자 고용 등에 관한 법률). 그러므로 가정을 인간의 기본적인 사회생활 단위-부부와 그 자녀 등에 한정하더라도-로 간주하여 이들의 가족형성권은 어떠한 이유로도 침해되어서는 아니 될 것이다.

그리고 이들이 거주할 주거환경이나, 자녀를 양육하고, 교육시킬 환경, 낯선 문화에 적응할 정보 제공 등은 인간이면 누구나, 어디서나 지닐 수 있는 권리이기도 하다. 이는 ILO 제143호 조약(불법이주 및 이주근로자의 기회와 대우 균등에 관한 조약)에서는 합법적으로 거주하는 이주근로자의 가족재결합권을 인정하고 있다는 사실도 고려할 부분이다.

넷째, 이주근로자들에게 사회보장제도로 해고로부터의 보호, 고용보험, 실업대책 참가 등도 포함되어 있는데(이주근로자권리조약 제27조), 노동조합 설립 및 참가·가입 등(동 제26조, 제40조 등)[84]도 근로조건 안에 포함되어 있는 것으로 보아야 할 것이다.

마지막으로 세계화로 인한 결혼, 근로나 경제의 이동으로 이주근로자들은 살아가는 데 낯설고 척박한 환경이나 문화를 접하게 된다. 이들이 세계 어디서나 범시민적으로 인간으로서의 존엄과 가치를 느끼며, 살아가는 순간들이 행복추구 그 자체가 될 환경으로 진전시키는 것이 '재한외국인'에서 '외국인주민'으로의 다문화공존으로 갈 최상의 방안이 될 것이다. 즉, '다문화가족법'의 적용 대상이나 범위를 확대할 필요가 있으며, 이에 부수되는 국적법, 출입국관리법, 외국인 근로자 고용 등에 관한 법률, 재한외국인 처우 기본법, 초중등교육법, 결혼중개업의 관리에 관한 법률, 건강가정기본법, 국민건강보험법, 고용보험법 등의 전반적인 수정이 보완되어야 할 것이다.[85]

---

84) 국제엠네스티는 이주근로자들의 사업장 이동 제한 문제와 미등록이주근로자의 체포·구금·출국 과정에서 벌어지는 인권침해 문제의 해결을 권고하며, 이주근로자 고용 사업장 조사 및 처벌, 이주근로자의 인권침해 진정기구 설립, 미등록 이주근로자 단속과정에서 법적 보호, 이주근로자들에 대한 노조설립·가입 권리 보장 등을 요구했다. http://www.redian.org/news, 2009.10.22.

85) 참고로 여러 가지 지원센터가 있다. 다문화가족상담센터, 다문화가족복지센터, 다문화가족교육센터, 다문화가족법률지원센터, 다문화가족법률센터.

제6장 이주인권과 이주법제의 현실

Ⅰ. 서설: 이주와 인권의 문제

세계화와 더불어 오늘날 도처에서 국경을 넘는 국제이주가 계속 증가하고 있다. 전 세계인구의 3%에 해당하는 약 2억 2천만 명 정도의 이주자가 자기가 태어난 국가를 떠나 다른 국가에서 살고 있다.[1] 세계경제의 글로벌화가 본격적으로 진행되면서 바야흐로 국제이주의 증가는 가히 폭발적인 수준에 이르렀고, 새로운 '이주의 시대'에 진입했다고 해도 과언이 아닌 상황이 되었다.[2] 이러한 국제이주의 문제는 과거와 같이 더 이상 유럽과 북미지역에 국한되지 않고

---

1) 새머스, M., 『이주』, 4쪽.

2) 카슬과 밀러는 새로운 이민 흐름의 일반적 경향으로 이주의 전 지구화, 이주의 가속화, 이주의 차별화, 이주의 여성화, 이주의 정치화, 이주변천의 확산을 들고 있다. 자세한 것은 카슬, S. 외, 『이주의 시대』, 38쪽 이하 참조.

이제는 말 그대로 전 지구적인 현상이 되었다.

이와 같이 점차 증가하고 있는 국제이주의 시대에 '인권보장'의 문제가 중요해지는 까닭은 이주자들이 소수자의 지위에 놓여 있어 인권보장이 취약한 집단으로 분류되기 때문이다. 이주자들은 그들이 거주하고 있는 나라의 시민이 아니어서 거주국의 법률적 보호를 받기 어려울뿐더러 이민 수용국 사회의 이방인으로서 낯선 언어, 법률, 사회적 관습에 적응하며 살아가야 한다. 또한 이주자들은 직장을 비롯한 일상생활에서 차별과 부당한 대우를 받기 쉽고, 특히 미등록 이주자의 경우는 훨씬 더 열악한 상황에 처해 있다. 두 차례에 걸친 세계대전 이후 인류는 인권에 대한 중요성과 인간에 대한 존엄성을 새롭게 인식하면서 인권에 대한 개념과 범주를 발전시켜 왔다. 국제인권규범들은 합법 이주자 또는 미등록 이주자 모두 인간으로서 누려야 할 보편적 권리로서 이주인권에 대한 기본원칙들을 규정하고 있지만, 각 국가의 이주법제의 현실은 국제인권규범이 규정하고 있는 이주인권을 충분히 실현하지 못하고 있다.

세계화의 시대적 추세에 따라 자본과 노동이 국경 없이 넘나드는 오늘날의 현실에서 이주와 인권의 문제는 우리 사회에서도 중요한 의제로 떠오르고 있다. 이주자에 대한 논의는 이제 더 이상 일시적 현상으로서가 아니라 우리 사회의 구성과 관련해서도 진지한 논의가 필요하다. 여기에서는 우리의 이주법제에서 이주인권이 어느 정도 보장되고 실현되고 있는지 살펴보고자 한다.

먼저 국제인권규범에서의 이주인권 보장에 대한 고찰로부터 시작하여, 국제인권기구들이 이주인권과 관련하여 우리 정부에 어떠한 권고를 제시했는지 살펴볼 것이다. 이어서 국내의 이주법제에 대한 고찰과 평가를 통해 우리 사회에서 이주인권과 관련하여 문제되는 쟁점과 개선방안이 무엇인지 살펴보고, 마지막으로 이주인권과 관련하여 국제인권규범과 국내 이주법제의 고찰에서 제기되는 문제들을 정리하면서 이주법제에서의 이주인권의 실현 가능성에 대해 살펴볼 것이다.

Ⅱ. 국제인권규범에서의 이주인권

1. 이주인권과 관련된 국제인권규범

국제인권규범은 국내의 이주정책과 이주법제에 대한 국제적 기준으로 기능하며, 또 국제인권기구에 의한 감시와 권고는 국내의 인권 상황의 개선에 중요한 역할을 하고 있다. 국제인권규범의 국내 이행 과정을 통해 시민사회가 이주와 관련된 인권상황의 개선에 참여할 수 있는 가능성이 주어지고, 또 국내의 이주 관련 법규범이 국제적 기준에 미치지 못하는 경우에는 국내 이주정책 및 법제를 개선할 수 있는 중요한 이론적·실천적 도구로 기능할 수 있기 때문이다.

물론 이러한 국제인권규범의 국내 이주법제에 대한 영향력을 둘러싸고는 다양한 견해가 있을 수 있다.3) 그럼에도 불구하고 이주인

---

3) 소이살(Yasemin Soysal)은 국제이주를 파악함에 있어서 국제규범과 같은 초국가적 과정이 이주 정책을 규정하는 중요한 동인이라고 주장하는 데 반해, 욥케(Christian Joppke)는 국제규범보다는 자기 제한적 주권이라고 개념화된 국민국가 내 이익단체들의 영향력, 사법부의 영향력과 같은 국내적인 영향력이 실질적으로 이주정책을 변화시키고 있다고 주장한다. 국제인권규범의 영향력을 둘러싼 이론적 논쟁에 대해서는 국가인권위원회, 『이주 인권가이드라인 구축을 위한 실태조사』, 40쪽 이하 참조.

권과 관련된 국제인권규범의 내용과 국제인권기구의 권고사항 및 그 이행 여부에 대한 고찰은 이주인권의 실현에서 우리 정부의 국제적 위상과 지위를 파악할 수 있는 기본적인 잣대가 된다. 여기에서는 우리나라 이주법제의 현실을 파악하기 위한 척도로서 먼저 이주인권과 관련된 국제인권규범과 우리 정부에 대한 국제인권기구의 권고사항의 내용이 무엇인지 살펴보고자 한다.

이주인권과 관련된 국제인권규범으로는 '모든 이주노동자와 그 가족의 권리보호에 관한 국제협약(ICRMW: International Convention on the Protection of the Rights of All Migrant Workers and Members of Their Families, 미가입, 이하 이주노동자권리협약)', '모든 형태의 인종차별 철폐에 관한 국제협약(ICERD: International Convention on the Elimination on All Forms of Racial Discrimination, 1978년 가입, 이하 인종차별철폐협약)', '모든 형태의 여성차별 철폐에 관한 국제협약(CEDAW: Convention on the Elimination of All Forms of Discrimination Against Women, 1984년 가입, 이하 여성차별철폐협약)', '경제적·사회적 및 문화적 권리에 관한 국제규약(ICESCR: International Covenant on Economic, Social and Cultural Rights, 1990년 가입, 이하 사회권규약)', '시민적 및 정치적 권리에 관한 국제규약(ICCPR: International Covenant on Civil and Political Rights, 1990년 가입, 이하 자유권규약)', '아동권리협약(CRC: Convention on the Rights of the Child, 1991년 가입)', '보편적 정례검토(UPR: Universal Periodic Reiview)' 등이 있다.

여기에서는 지면상의 이유로 이들 국제인권규범의 구체적 내용에 대해서는 자세한 설명을 피하고, 이들 국제인권기구들이 최종견해를

통해 우리 정부에 제시한 권고사항을 중심으로 우리 사회에서 이주
인권의 실현과 관련하여 문제되는 쟁점이 무엇인지 살펴보고자 한
다. 우리나라가 이들 국제인권기구에 가입한 이후 지금까지 우리 정
부에 제시된 권고사항에서 이주인권과 관련된 내용을 전수조사를
했으며, 구체적인 항목을 괄호 안에 표시했다. 이는 우리나라의 이
주인권에 관한 국제사회의 반응을 구체적으로 알 수 있는 중요한 자
료의 역할을 할 것이다.

2. 이주노동자권리협약에서의 이주인권의 보호

이주인권과 관련하여 가장 철저하게 이주노동자의 권리를 보호하
는 국제인권규범은 이주노동자권리협약(ICRMW)이다.[4] 이주노동자
권리협약에 규정된 다수의 권리가 자유권규약 및 사회권규약과 유
사하고 중복되지만, 이에 부가하여 응급진료를 받을 권리, 사회보장
및 자녀의 권리 보호와 같은 분야에서는 국제인권규약보다 진일보
한 규정들을 두고 있다. 이주노동자권리협약에서만 규정하고 있는
권리도 있다. 그 예로는 이주노동자에 대한 출신국의 외교보호권,
문화적 독자성 존중 및 문화적 유대의 유지 등을 들 수 있다. 이 규
정들은 이주노동자들의 문화적 다양성을 존중하고 취업국 내에서
그들 문화의 독자성을 유지하는 데 중요한 역할을 할 수 있다.

우리나라는 아직 이주노동자권리협약에 가입하지 않고 있다. 여
러 국제인권기구는 거듭하여 우리나라에 대해 이 협약에 대한 비준

---

4) 이주노동자권리협약의 주요 내용과 특징 및 문제점에 대해서는 서윤호, 「이주사회에서 이주노
동자의 권리보호」; 채형복, 「국제이주노동자권리협약에 대한 고찰」 참조.

을 촉구하고 있다. 그러나 우리나라는 아직 이주노동자권리협약에 가입하지 않았기 때문에, 국내에 체류하고 있는 이주노동자들이 이 주노동자권리협약에 따른 권리를 보호받을 수 있는 가능성은 현실 적으로 어려운 상태에 있다.[5]

이주노동자권리협약 가입과 관련하여 우리 정부는 이주자 및 그 가족을 보호하기 위한 권고의 의도와 정신을 환영하지만, 이주노동 자권리협약에 규정된 내용 중 일부는 현행의 국내 주요법 규정과 부 합되지 않을 뿐만 아니라, 현재 우리나라가 처한 사회적·경제적 상 황에서 과도한 부담이 될 수 있어 동 협약에 가입하기 곤란하다는 입장을 밝히고, 이주자 등의 건강, 안전, 고용 등의 인권을 관련 국 내법하에서 보장하기 위해 최선을 다할 예정이라고 답변하고 있다.[6] 우리나라의 여러 시민단체와 대부분의 관련 연구는 이주노동자권리 협약과 국내법의 저촉 여부를 검토하여 협약 비준이 국내법 체계에 큰 변화를 요구하지 않으며, 협약의 일부 규정에 대해서는 비준 시 '유보'를 통해서 문제를 해결할 수 있다는 입장을 밝히고 있지만, 정 부는 이주정책의 핵심 기조와 이주노동자권리협약의 근본 취지가 배치된다는 점을 지적하고, '유보'를 통한 협약의 비준·가입을 비 판하는 입장을 취하고 있다.[7]

---

5) 국제협약은 우리나라가 비준해야만 국내법과 동일한 효력이 인정되지만, 아직 비준하지 않은 협약이라 할지라도 입법 방향이나 법률의 해석적용에 있어서 중요한 판단기준으로서 효력이 인 정된다. 자세한 것은 노재철, 『외국인 근로자의 권리보장정책』 111쪽 이하 참조.

6) 정부는 이주노동자권리협약과 충돌하는 국내법으로 노동조합 및 노동관계조정법, 출입국관리법, 국적법, 외국인 근로자의 고용 등에 관한 법률 등을 들고 있으며, 현시점에서 협약을 비준하는 것은 시기상조이므로, 향후 한국의 노동시장 특성 등을 감안하여 비준 여부를 검토할 필요가 있 다는 의견을 거듭 밝히고 있다. 국가인권위원회, 『이주노동자권리협약 쟁점 토론회 자료집』 참조.

7) 협약의 정신과 한국의 이주정책이 근본적으로 충돌하는 상황에서 협약 비준을 상정하기 어렵고, 또한 협약 비준이라는 포괄적 요구가 오히려 개별적 쟁점들에 대한 구체적 논의의 활성화를 가 로막는 역기능을 할 수 있다는 것이다. 정정훈은 미등록 이주민의 인권, 이주노동자의 가족결합,

3. 국제인권기구들의 이주인권 권고 내용

앞에서 살펴본 바와 같이 우리나라가 가장 강한 형태의 이주인권을 보장하는 이주노동자권리협약에 가입하지 않은 상황을 고려한다면, 이주노동자권리협약에서만큼 강한 형태의 권리보호는 아니지만 차선의 방법으로 우리나라가 이미 가입한 다양한 국제인권규범의 내용에 따라 이주노동자의 권리를 실질적으로 보호할 수 있는 가능성을 찾아볼 수 있을 것이다. 즉, 인종차별철폐협약, 여성차별철폐협약, 사회권규약, 자유권규약, 아동권리협약 등의 국제인권규범과 세계인권선언에 명시된 인권존중의 정신과 이주자 인권에 관한 규정을 존중하여 이주인권을 현실적으로 보장할 수 있는 구체적인 가능성을 모색할 수 있을 것이다.

여기에서는 이들 국제인권규범에 따라 1990년대 이래 국제인권기구들이 이주인권과 관련하여 우리 정부에 권고한 내용들을 살펴봄으로써 우리나라에서의 이주인권의 현실과 상황을 파악할 수 있는 객관적 기준을 확보하고자 한다.[8] 그 경우 국제인권기구의 국내 이주노동자 인권상황에 대한 권고 내용들이 우리 사회에서의 이주인권 실현을 위해 해결해야 할 중요한 과제로 나타난다.

사업장 이동 등의 개별적·구체적 문제들에 대한 제도적 해결을 시도하는 과정에서 결과적으로 협약의 비준이 정부의 정책적 관점과 충돌하지 않는 상황이 되어야만 협약 비준 논의가 실효성이 있을 것이라고 한다. 정정훈, 『외국인 인권 기초 연구』 참조.

8) 국제인권기구의 권고 내용에 대해서는 국가인권위원회, 『유엔인권조약감시기구의 대한민국에 대한 권고 모음집』 참조.

1) 인종차별철폐위원회의 권고

인종차별철폐협약(CERD)은 이주자의 지위와 상관없이 모든 비시민에게도 차별금지가 적용되어야 한다고 규정하고 있다. 인종차별철폐위원회는 모두 여섯 차례에 걸쳐 최종견해를 통해 이주인권과 관련하여 우리 정부에 우려와 권고를 제시하고 있다. 주로 시민과 비시민 사이의 차별을 지적하고 그에 대한 개선을 권고하고 있다. 여섯 차례에 걸쳐 이주인권과 관련하여 인종차별철폐위원회가 우리 정부에 제시한 우려와 권고의 구체적인 내용은 다음과 같다.

1993년 최종견해에서는 국제결혼자녀, 외국인 근로자의 자녀 및 배우자 차별에 대해 우려를 표하고(229), 이에 대해 이러한 인종차별에 관한 인권보호 및 증진을 권고하고 있다.(231)

1996년 최종견해에서는 한국인 근로자와 합법적인 외국인 근로자를 동일한 기반에서 보호하기 위한 행정지침의 채택, 불법 외국인 근로자에게 고용허가 검토, 출입국관리소에 진정접수 신고센터 설립에 대해서는 긍정적으로 평가하고(5,6,7), 중국인 차별, 국제결혼자녀 차별, 외국인 연수생 상황에 대해 우려를 표하고(14,15,17), 이에 대해 국제결혼자녀 차별 개선과 고용허가제 도입을 권고하고 있다(20,22).

1999년 최종견해에서는 근로기준법이 모든 불법체류 외국인 노동자들에게도 적용되기 시작한 점을 긍정적으로 평가하고(5), 불안정한 체류자격을 가진 외국인들이 처해 있는 취약한 현실과 국제결혼자녀 차별에 대해 우려를 표하고(12,13), 이에 대해 모든 이주노동자 특히 불안정한 체류자격을 가진 이주노동자들의 상황을 개선하고 국제결혼자녀 차별 개선을 권고하고 있다(16,17).

2003년 최종견해에서는 고용허가제 도입, 학교를 비롯한 외국인에 대한 영주거주(F-5) 체류자격 신설, 난민제도 개선에 대해 긍정적으로 평가하고(4,5,6), 화교를 비롯한 인종적 소수자에 대한 정보의 부족, 산업연수생 제도하의 외국인 노동자들과 미등록 이주노동자들이 협약 제5조의 권리들을 향유하지 못하는 현실, 외국여성 인신매매에 대해 우려를 표하고(7,10,11), 이에 대해 인종적 구성분포 통계자료 제공과 모든 이주노동자의 상황 특히 신체의 안전과 사회보장에 대한 권리 개선, 외국여성 인신매매 방지를 권고하고 있다(7,10,11).

2007년 최종견해에서는 국가인권정책 기본계획(NAP) 채택, 재한 외국인 처우 기본법의 채택, 외국인 이주노동자를 위한 통역지원센터 설립, 외국여성 인신매매 대책, 다문화가정 자녀교육 지원대책에 대해 긍정적으로 평가하고(5,6,7,8,9), 우려사항 및 권고로는 다민족 간 출생 자녀에 대한 차별 우려와 이러한 차별에 대한 금지와 철폐를 권고, 민족적 단일성 강조 우려와 단일민족국가 이미지를 극복할 것을 권고, 비시민권자에 대한 차별 우려와 국제인권규범에 인정된 정도까지 시민과 비시민 사이에 평등을 보장할 것을 권고, 제한된 난민 인정에 대한 우려와 난민과 망명 신청자에 관한 법률을 국제기준에 따라 재검토할 것을 권고, 외국여성 인신매매에 대한 우려와 외국여성 인신매매 피해자에 대한 지원을 권고, 국제결혼 중개업소 문제에 대한 우려와 폐해 방지를 위해 국제결혼 중개업소의 활동을 규제할 것을 권고, 이주노동자 차별대우에 대한 우려와 이주노동자가 국적을 이유로 한 차별 없이 노동권을 효과적으로 향유할 수 있도록 고용계약의 연장 등을 포함한 적절한 조치를 취할 것을 권고하고(11,12,14,15,16,17,18), 이주노동자권리협약을 비준할 것을 촉구하고 있다(21).

2012년 최종견해에서는 2013년 7월부터 발효되는 난민법 제정, 국적·난민과 설립, 외국인정책 기본계획과 제2기 국가인권정책 기본계획에 대해 긍정적으로 평가하고(4,5), 우려사항 및 권고로는 이주노동자들이 차별, 착취, 저임금 및 임금체불에 노출될 수 있다는 점과 이주노동자들의 최장 고용기간을 4년 10개월로 제한하고 3개월 출국 후에만 한 차례 연장할 수 있도록 하여 5년간의 계속적인 체류를 요구하는 영주권 취득을 사실상 봉쇄한다는 점에 대해 우려를 표하고, 고용허가제 재개정과 이주노동자권리협약 비준 및 미등록 이주노동자의 권리보호를 권고하고, 세계 평균에 비해 낮은 난민 인정률에 대한 우려와 난민, 난민신청자, 무국적자 등의 자녀의 출생등록 제도와 절차를 마련할 것을 권고하고, 결혼이주여성을 보호하기 위한 노력을 강화할 것을 재차 권고하고, 가정폭력과 성폭력 등 이주여성 피해자들이 회복할 때까지 합법적 체류보장을 권고하고, 이주여성 인신매매와 연예산업 취업허가인 E-6 비자를 이용한 학대를 포함한 성매매 강요에 대한 우려와 현행 E-6 비자제도를 재검토할 것을 권고하고, 다문화가족의 정의를 확대할 것을 권고하고 있다(11,12,13,14,15,16,17,19).

　　이와 같이 인종차별철폐위원회는 모두 여섯 차례에 걸쳐 우리 정부에 대해 이주자의 지위와 상관없이 모든 비시민에게도 차별금지를 적용할 것을 요구하고 있다. 주로 시민과 비시민 사이의 차별금지를 중심으로 권고를 하다가 최근에는 이주노동자권리협약의 비준 및 이주여성 보호의 영역까지 권고사항을 확대하고 있다.

2) 여성차별철폐위원회의 권고

여성차별철폐위원회(CEDAW)는 두 차례에 걸쳐 주로 이주여성의 인신매매와 관련된 이주인권의 문제점을 지적하고 있다.

2007년 최종견해에서는 인신매매의 소지가 있는 국제결혼의 건수가 증가하고 있는 점에 대해 우려하고(21), 국제결혼 브로커 규제 및 결혼이주여성 보호와 이주노동자권리협약 비준을 권고하고 있다(22,39).

2011년 최종견해에서는 E-6 연예인 비자를 가지고 입국하는 여성 이주노동자들과 국제결혼 중개업체를 통하여 입국하는 결혼이주여성에 대한 인신매매와 성매매착취 가능성에 대해 우려를 표하고(22), E-6 비자 발급에 대한 효과적인 모니터링 강화와 결혼중개업 관리법의 효과적인 실행을 위한 입법적 노력을 권고하고(23), 결혼이민자의 한국 국적 취득 시 요구하는 서면 및 구두 정보와 특히 귀화 신청 시 남편에 대한 의존 그리고 자녀가 없는 경우 처하게 되는 어려움에 대해 우려를 표하고(26), 이에 대해 한국 국적을 취득하기 위한 요건들에 관한 모든 차별적인 조항들을 삭제할 것을 권고하고 있다(27).

3) 사회권규약위원회의 권고

사회권규약(ICESCR)은 건강, 노동, 주거, 교육과 같은 사회적 · 경제적 · 문화적 권리를 규정하고 있다. 사회권규약위원회가 이주인권과 관련하여 우리 정부에 대해 권고한 내용은 다음과 같다.

1995년 최종견해에서는 외국인 노동자들에 대한 처우와 작업조건에 대해 우려를 표하고(12), 모든 노동조건의 개선은 한국인 노동자 및 외국인 노동자 모두에게 평등하게 적용할 것을 권고하고 있으며

(19), 2001년 최종견해에서는 난민인정 기준이 지나치게 엄격한 점에 대해 우려를 표하고 있다(30).

2009년 최종견해에서는 인도적 체류허가자에게 근로의 권리를 허가하고 망명신청자에게 취업허가 신청 가능성을 제공한 출입국관리법 개정에 대해 긍정적으로 평가하고 있지만(4), 지극히 낮은 수치의 난민신청자들만 난민 자격을 획득하고 있으며, 난민자격 획득을 위해서 기나긴 절차를 거쳐야 한다는 점에 대해 우려를 표하고, 출입국관리 담당 인력 증원을 포함하여 개정된 출입국관리법 및 동 시행령을 집행하는 데 적절한 자원을 지원할 것과 망명절차의 표준화와 난민 및 망명 신청자에 대한 체계적인 데이터 수집을 권고하고 있다(11). 또 외국인 배우자들이 여전히 그들의 체류자격(F-2)을 한국인 배우자에 의존하고 있는 점에 대해 우려를 표하고, 한국 국적자와 결혼한 외국여성들이 남편에 의존하지 않으면서도 체류자격을 획득하거나 귀화할 수 있도록 권한을 부여함으로써 이들이 직면한 차별을 해소시킬 수 있는 추가적인 노력을 다할 것을 권고하고 있다(12). 그리고 이주노동자가 착취, 차별 및 임금 체불을 당하기 쉽다는 점에 대해 우려를 표하고, 이주노동자가 노동법상 보호를 받을 자격을 갖는 근로자임을 이미 인정하고 있는 고용허가 제도에 대하여 심도 있게 재검토할 것과 3개월로 한정한 사업장 변경 기간은 매우 불충분하다는 사실에 특별히 관심을 기울일 것과 이주노동자의 노동조합에 법적 지위를 부여하도록 한 고등법원의 결정을 지지할 것을 권고하고 있다(21). 그 밖에 E-6 비자를 받고 입국한 여성노동자들의 인신매매에 대해 우려를 표하고, E-6 비자 발급에 대한 모니터링 강화, 인신매매를 예방하기 위한 프로그램 및 홍보 활동 지원, 법집행

공무원, 검사 및 판사에게 인신매매금지 관련 입법에 관한 의무 교육 제공, 피해자에게 의료, 심리, 법률적 지원 제공, 이주 지위와 무관하게 이주노동자를 위한 효과적인 진정 메커니즘 보장, 인신매매 사건의 완전한 조사 및 사법처리 보장 등을 권고하고 있다(25). 사회규약위원회도 다른 위원회와 마찬가지로 우리 정부에 대해 이주노동자권리협약의 비준을 권고하고 있다(38).

4) 자유권규약위원회의 권고

자유권규약(ICCPR)에 따르면 모든 사람은 고문, 비인간적 대우, 노예, 강제노동, 아동 노동, 불공정한 재판 그리고 사생활의 침해로부터 자유로울 권리가 있으며, 이러한 권리는 국적에 관계없이, 시민과 외국인의 구분과 상관없이 보장된다. 이주인권과 관련하여 자유권규약위원회는 2006년 최종견해에서 사업장에서의 이주노동자들이 지속적으로 차별적인 대우와 직장에서의 남용에 직면해 있으며, 적절한 보호와 구제가 제공되지 않는다는 점에 대해 우려를 표하고, 사회복지와 교육시설에 대한 동등한 접근권뿐만 아니라 노조결성권 및 적절한 형태의 구제 규정에 대하여 특별한 주의를 기울일 것을 권고하고 있다(12).

5) 아동권리위원회의 권고

아동권리위원회(CRC)는 두 차례에 걸쳐 주로 이주아동과 관련된 이주인권의 문제를 지적하고 있다.

2003년 최종견해에서 이주가정 아동에 대한 차별행위 정보가 제한적인 점에 우려를 표하고(31), 이주노동자의 자녀를 포함한 차별과 싸우기 위해, 특히 대중교육과 홍보 캠페인을 포함하여 모든 필요한 혁신적인 조치를 취할 것을 권고하고 있으며(32), 교육 및 사회보장관련 법과 규칙이 외국인 아동, 특히 미등록 이주노동자의 자녀에게 복지와 권리를 제공하기 위한 구체적인 조항을 포함하고 있지 않음에 대해 우려를 표하고(58), 이를 시정하기 위한 국내법 개정과 이주노동자권리협약의 비준을 권고하고 있다(59).

2011년 최종견해에서 다문화 또는 이주배경을 가진 아동, 난민 아동 등에 대한 차별에 대해 우려를 표하고(28), 이러한 차별을 근절하고 예방하기 위해 모든 필요한 조치를 취할 것을 권고하고 있으며 (29), 난민 아동과 망명신청 아동 그리고 이주상황에 있는 아동에 대해서는 특별보호조치로서, 자국 영토에서 태어난 난민 아동과 망명신청 아동을 포함한 모든 아동에게 출생신고를 제공할 것과 망명신청자와 인도적 지위 상태에 있는 가정에 충분한 재정적·사회적 지원을 제공하고 그런 상태에 있는 아동에게 자국의 아동들과 동일한 교육 접근 기회 제공을 보장할 것, 더 나아가 특별히 난민 또는 망명신청자와 직접 접촉할 때 난민 권리에 대한 특별한 양성 훈련을 받은 공무원을 제공할 것을 권고하고 있다(64,65). 또한 난민, 망명신청, 동행이 없는 상태에 있는 아동의 구금을 피할 것, 송환 상황에서 그러한 상태에 있는 아동이 가능하면 최대한 그들의 권리를 신경 쓰고 존중할 수 있는 시설에 수용되고 시기적절한 정기적 사법심사를 받고 명확하게 정의된 제한된 시간 동안 수용될 수 있도록 보장할 것을 권고하고 있으며(66,67), 불법체류자의 자녀를 포함하여 이주아동의 교육 접근 기회를 보장하고 교육의 실제적인 수령인이 될 수 있도록 정책과 전략을 개발하고 채택할 것을 권고하고, 또한 이주노동자권리협약을 비준하고 국내법에 적용할 것을 권고하고 있다(68-69).

6) 보편적 정례검토의 권고

마지막으로 이주인권과 관련하여 우리 정부에 대해 보편적 정례 검토(UPR)에서 권고한 내용을 살펴보도록 하자. 보편적 정례검토는 2007년 국제연합 인권위원회(Commission on Human Rights)가 인권 이사회(Human Rights Council)로 격상되면서 새로 도입된 제도로, 유엔 모든 국가의 전반적 인권상황을 유엔헌장, 세계인권선언, 다양 한 인권조약들을 비롯하여 객관적인 관련 정보들과 각국의 자발적 공약을 토대로 하여 정기적으로 검토하는 제도를 말한다. 보편적 정 례검토의 권고사항은 각 국제인권기구의 개별적 권고에 비해 전반 적이고 포괄적인 내용을 담고 있다. 우리 정부에 대한 보편적 정례 검토는 지금까지 두 차례에 걸쳐 이루어졌다.[9] 이주인권과 관련하여 우리 정부에 대해 권고한 내용을 권고한 국가와 재권고 여부 등을 기준으로 도표로 정리하면 다음과 같다.

---

9) Human Rights Council, "Institution-building of United Nations Human Rights Council", UN Doc. A/HRC/RES/5/1, 18 June 2007, Annex, para. 1. 보편적 정례검토에 대해서는 박병도, 「유엔인권 이사회의 보편적 정례검토 제도-한국의 실행과 평가를 중심으로」; 박진아, 「유엔인권이사회의 성과와 과제-2011년 유엔인권이사회 재검토 논의를 중심으로」; 국가인권위원회, 『유엔인권이사 회 UPR 심의 대비 토론회』 참조.

<表 1> 제1차 보편적 정례검토 권고사항

권고내용(국가)	정부의 답변
이주노동자권리협약에 가입할 것(알제리, 필리핀, 이집트, 멕시코, 페루); 이주노동자 및 그 가족의 보호를 제한할 수 있는 다른 조약들에 대한 유보를 철회할 것(멕시코); 팔레르모 의정서를 비준할 것(페루)	불수용
효과적인 외국인 노동자 권리보호를 위해 외국인 노동자 고용에 관한 법률 이행 노력을 강화할 것(인도네시아)	수용
모든 여성이주노동자의 권리를 보호하고 이행하기 위한 조치를 취하고, 그들이 차별행위를 당하지 않도록 보장할 것(알제리)	수용
법을 집행하는 사람들에게 인권교육을 제공하고, 이주자의 인권이 항상 보호될 수 있도록 조치를 취할 것(캐나다)	수용
이주노동자의 권리를 보호하는 정책을 만들 때에는 특히 여성과 아동의 권리를 강조할 것(캐나다)	수용
여성차별철폐위원회(CEDAW) 권고사항인 여성에 대한 차별의 정의를 여성차별철폐협약 제1조에 부합되도록 채택하고, 외국여성의 인신매매 금지를 위한 노력을 더 한층 강화할 것(벨기에)	수용
1951년 난민협약 및 1967년 난민의정서를 이행하고, 난민 인정절차를 국제난민법에 따라 개선할 것(루마니아)	수용
가정폭력에 관한 입법을 강화하고 이주자에게 사법제도에의 접근을 포함하여 공공서비스에 대한 접근을 보장하기 위한 조치를 취할 것(멕시코)	수용

<표 2> 제2차 보편적 정례검토 권고사항

권고내용(국가)	재권고 여부
이주노동자권리협약(ICRMW) 등의 비준 가능성을 연구할 것(아르헨티나); 이주노동자권리협약 가입을 고려할 것(캄보디아, 필리핀, 르완다, 모로코, 수단, 칠레); 이주노동자권리협약의 비준이 가능하도록 하는 국내 법률개정 가능성을 고려할 것(알제리); 불법체류 이주근로자를 포함한 이주근로자의 권리를 더욱 보호하기 위하여 이주노동자권리협약을 비준할 것(인도네시아)	재권고
아동에 대한 무국적 상태를 방지하도록 보장하기 위하여 아동에 대한 등록을 개선할 것(남아프리카공화국); 모든 아동이 부모의 법적 지위나 출신과 관계없이 출생 직후 자동적 및 법률적으로 등록되도록 보장하기 위한 입법을 도입할 것(노르웨이, 프랑스, 아일랜드, 이탈리아, 멕시코, 루마니아, 스위스); 다음과 같은 방안으로 미혼모와 자녀의 인권을 보호하기 위해 그 출생등록제도를 재검토할 것: 부모의 법적 지위와 관계없이 모든 아동이 즉시 출생등록을 할 수 있도록 보장, 출생등록이 아동의 생물학적 부모를 정확하게 표시하도록 보장, 정당한 사법적 감독이 없이 사실상 입양이 이루어지는 결과를 초래할 수 있고 또한 아동을 인신매매의 위험에 처하게 할 수 있는 출생등록을 방지하기 위한 조치 채택(캐나다)	신규

인종차별주의, 외국인 혐오를 철폐하고 기회의 평등을 보장하기 위한 조치를 지속적으로 이행할 것(쿠바)	신규
여성 이주노동자에 대한 차별 철폐 강화를 목표로 한 정책을 지속적으로 이행할 것(모로코); 이주노동자, 특히 여성 이주노동자에 대한 모든 유형의 차별 및 학대를 철폐할 것(스페인)	재권고
여성 이주노동자에 대한 차별에 대처하고 그 자녀가 교육 및 보건에 대한 권리를 향유할 수 있도록 보장하기 위한 적절한 정책 및 법률을 지속적으로 채택할 것(수단); 여성 및 아동 이주노동자에 대한 차별과 폭력 방지에 관한 정책을 수립하고 또한 그들의 교육 및 보건에 대한 권리를 보장하기 위하여 추가적인 입법조치를 취할 것(이란)	재권고
여성과 아동의 인신매매 문제를 해결하기 위한 노력을 강화할 것(말레이시아); 성적 착취 목적의 인신매매는 물론 그와 동등하게 강제노동 목적의 인신매매에 대하여도 이를 철폐함에 있어 국내적 및 국제적 차원의 협력을 강화할 것(몰도바)	재권고
팔레르모 의정서를 비준하기 위한 노력 증진을 고려할 것(필리핀, 브라질, 네덜란드, 영국); 팔레르모 의정서 가입과 인신매매 특별보고관 방문 허용을 포함하여, 인신매매를 철폐함에 있어 포괄적인 조치를 취할 것(벨라루스); 팔레르모 의정서를 비준함으로써, 성매매 피해자를 확인하고 돌보기 위한 추가적인 사전적 조치를 취할 것(벨기에)	재권고
다문화 프로그램을 난민, 망명신청자 및 인도적 체류허가자에게 확대함으로써, 그들의 지역적 통합을 증진할 것(보츠와나)	신규
이주노동자의 사업장이동 제한을 철폐하기 위한 모든 조치를 취할 것(프랑스)	신규
불법체류 이주자의 자녀가 의료서비스 이용을 제공받도록 보장하기 위한 조치를 취할 것(아일랜드)	신규
인신매매 및 모든 유형의 차별 철폐를 포함하여, 이주노동자, 특히 여성 이주노동자의 권리 및 복지의 완전한 향유를 보장하기 위하여 포괄적인 정책과 구체적인 계획을 강화할 것(베트남); 이주노동자의 권리 보호를 위해 지속적으로 노력할 것(네팔); 이주자와 그 가족의 권리를 보호하기 위한 조치를 실행할 것(세네갈); 이주노동자의 권리를 보호·증진하기 위한 조치를 지속적으로 취할 것(스리랑카); 적절한 복지와 생활수준을 보장함으로써 모든 이주노동자의 권리를 보호·증진하기 위한 조치를 더욱 강화할 것(태국)	재권고
난민, 이주노동자 및 그 가족 구성원의 사회적 보호를 목표로 한 조치를 강화할 것(벨라루스)	신규
불법이민 문제를 호의적으로 처리할 것, 그리고 그들의 기본적 인권에 대한 추가적인 법률적 보호를 고려할 것(방글라데시)	신규

이주인권과 관련된 국제인권기구의 권고사항은 우리 정부가 현재 이주인권의 개선과 관련하여 초점을 맞추고 있는 이주정책적 고려사항보다 훨씬 더 광범위한 문제를 지적하고 있음을 알 수 있다. 이

에 따르면 난민과 망명 신청자에 대한 재검토, 무국적자 문제, 이주노동자의 차별대우, 이주노동자의 자녀, 외국인 아동 등 다양한 이주자 집단의 인권보장이 정책적으로 고려될 필요가 있는 것으로 보인다. 아직까지 이주노동자에 대한 사안이 권고사항의 많은 부분을 차지하고 있으며, 이주아동에 대한 부분도 새롭게 꾸준히 강조되고 있음을 알 수 있다.

Ⅲ. 국내 이주법제에 대한 고찰과 평가

1. 이주인권과 국내 이주법제의 상황

국내 이주법제의 상황은 어떠하며 또 이주인권의 보호와 실현은 어떠한가? 국제인권규범에서 제시하고 있는 이주인권의 기준에 비춰봤을 때 우리나라의 이주법제의 현실은 어떠한가? 우선 이주노동자권리협약이 보장하는 이주노동자의 권리는 협약 미가입으로 인해 현재로서는 기대하기 어려운 형편이고, 각 국제인권기구의 개별적인 권고내용과 보편적 정례검토에서 제시된 광범위한 권고내용은 국내 이주법제의 현실에서는 대부분 입법의 미비로 나타난다.

국제적 차원의 이주인권의 실현을 위해서는 우리 사회에서 이주노동자 등 다양한 이주자들의 권리보호가 어떤 상황에 놓여 있으며, 어떤 부분에서 개선의 필요성과 가능성이 있는지 구체적으로 살펴볼 필요가 있다.[10] 여기에서는 고찰의 범위를 제한하여 국내의 이주법제 중 이주인권과 관련된 법령 전반에 대한 개괄적 검토를 통해

각 법령이 어느 정도 이주인권을 실현하고 있는지 살펴보고, 또 우리의 이주법제에서 제기되는 문제점과 개선방안은 무엇인지 개관해 보고자 한다. 개별적인 이주법제에 대한 검토는 별도의 연구로 미루고, 여기에서는 이주인권 실현이라는 큰 틀에서 이주법제 전반에 대한 개괄적 검토에 만족할 수밖에 없다.11)

2. 국내 이주법제의 현실과 개선점

이주인권과 관련되는 우리나라의 법령은 크게 일반법령, 결혼이주여성 관련 법령, 외국인 적용을 위한 법령, 사회보장 관련 법령, 교육 관련 법령, 노동 관련 법령 등으로 분류할 수 있을 것이다.

먼저 '일반법령'으로는 헌법, 출입국관리법, 재한외국인 처우 기본법, 국적법, 국가배상법 등이 있고, '결혼이주여성 관련 법령'으로는 다문화가족지원법, 결혼중개업의 관리에 관한 법률, 가정폭력방지 및 피해자보호 등에 관한 법률 등이 있으며, '외국인 적용을 위한 법령'으로는 외국인보호규칙, 외국인 출국정지업무 처리규칙, 외국인의 서명날인에 관한 법률, 외국인토지법, 외국인투자 촉진법령, 외국인학교 및 외국인유치원의 설립·운영에 관한 규정, 배타적 경제수역에서의 외국인어업 등에 대한 주권적 권리의 행사에 관한 법률,

---

10) 구체적인 이주인권 관련 인권침해사건 및 차별사건 사례에 대해서는 국가인권위원회, 『이주인권분야 결정례집』, 303쪽 이하 참조. 이주인권의 실현과 이주노동자의 권리보호와 관련해서는 설동훈, 「외국인 노동자와 인권」; 이경숙, 「이주노동자 권리 보호를 위한 국제인권규범 수용에 관한 연구」; 장복희, 「국제법상 이주노동자의 권리와 국내법제도 개선」; 최경옥, 「한국 헌법상 이주근로자의 근로권」; 전윤구, 「차별금지에서 외국인 근로자의 법적 지위」 참조.

11) 개별적인 이주법제에 대한 구체적인 검토는 현재 한국연구재단 SSK 연구지원사업의 일환으로 진행되고 있는 '이주법제연구팀'에서 지속적인 연구의 대상으로 삼고 있다. 이 연구는 그 기초 작업으로서 의미를 가진다.

재외동포의 출입국과 법적 지위에 관한 법률, 고려인동포 합법적 체류자격 취득 및 정착 지원을 위한 특별법 등이 있으며, '사회보장 관련 법령'으로는 국민기초생활 보장법, 국민연금법, 국민건강보험법, 고용보험법, 산업재해보상보험법, 성매매방지 및 피해자 보호 등에 관한 법률, 응급의료에 관한 법률 등이 있으며, '교육 관련 법령'으로는 영유아보육법, 유아교육법, 초중등교육법, 고등교육법 등이 있으며, '노동 관련 법령'으로는 외국인 근로자의 고용 등에 관한 법, 직업안정법, 근로자직업훈련촉진법 등이 있다.

여기에서는 그중에서 교육과 노동 분야의 관련 법령을 제외하고 이주인권과 관련하여 이주법제의 문제점과 개선방안이 무엇인지 살펴보고자 한다. 그 경우 국적법, 출입국관리법, 재한외국인 처우 기본법, 다문화가족지원법, 국민기초생활 보장법 등이 이주인권과 관련한 검토에서 상대적으로 비중을 차지하고 있다.12)

1) 헌법

먼저 우리 「헌법」에서 이주인권 실현과 관련하여 문제가 되는 부분이 무엇인지 살펴보자. 헌법에서의 이주인권의 실현과 관련하여 많은 쟁점을 제기할 수 있겠지만, 여기에서는 항상 반복되는 기본적인 문제 하나에 집중하고자 한다. 우리 헌법은 기본권을 규정하고

---

12) 우리나라 이주법제의 현황과 문제점에 대한 검토에서 최윤철은 외국인 및 이주민과 관련된 5개의 중요 법률로서 「출입국관리법」, 「국적법」, 「재한외국인 처우 기본법」, 「다문화가족지원법」, 「외국인 근로자 고용 등에 관한 법률」을 언급하고 있다. 다른 법률들도 외국인 및 이주민과 관련을 맺고 있지만 그 관련성이 상대적으로 적다면서, 그렇다고 해서 그러한 법률들이 중요하지 않다는 것은 아니라고 한다. 예를 들면 공직선거법은 영주권을 가진 외국인에 대해서 일정 요건을 충족하면 지방선거에서의 선거권을 부여하고 있어서 외국인의 정치적 권리에서 중요한 기능을 가지는 점을 지적하고 있다. 자세한 것은 최윤철, 「이주법제 정립을 위한 입법 이론적 고찰」, 273쪽 이하 참조.

있는 조문에서 기본권의 주체를 '국민'으로 규정하고 있는데, 이와 관련하여서는 외국인이 기본권의 주체가 될 수 있는지의 여부가 계속 이론적 논쟁의 대상이 되고 있다.

헌법재판소는 인간의 권리는 외국인도 주체가 될 수 있다고 하면서,[13] 국민과 유사한 지위에 있는 외국인에 대해 기본권의 주체성을 인정하고 있다.[14] 그러나 그 경우 기본권 주체성 인정 여부에서 국민, 국민과 유사한 지위에 있는 외국인, 외국인이라는 논리적 구조가 발생하는데, 외국인을 구분하여 '국민과 유사한 지위에 있는 외국인'과 '국민과 유사한 지위에 있지 않은 외국인'으로 나누는 것은 그리 합리적이지 않다.[15]

이주인권의 관점에서 바라볼 때 외국인의 인권을 보호하고 증진할 수 있는 가장 기본적인 방식은 외국인도 기본권의 주체로 인정하는 것이라 할 수 있다. 따라서 독일의 예와 같이 기본권의 주체를 '국민'이 아니라 '모든 사람'으로 바꾸는 것이 바람직하다. 그리고 헌법의 전문에서 단일민족성을 표방하는 규정에 대해서도 진지하게 재고해볼 필요가 있다.

2) 국적법

우리나라 「국적법」은 이중국적 또는 복수국적을 둘러싸고 최근 커다란 관심의 대상이 되었는데, 이주인권과 관련해서는 국적취득의 개방성과 용이성이라는 근본적인 문제 이외에도 비교적 쉽게 입법

---

13) 헌재 2001.11.29. 99헌마494.

14) 헌재 1994.12.29. 93헌마120.

15) 정종섭, 『헌법학원론』, 323쪽 참조.

적으로 해결할 수 있는 다음과 같은 몇 가지 문제점을 안고 있다.

현행의 국적법은 우수인재에 대한 특별귀화 허용 및 복수국적 유지를 허용함으로써, 경제 분야의 우수인재에 대하여 국적을 취득할 수 있도록 하고 있는데, 이는 경제적 성과에 대한 결과만 보고 판단함으로써 부의 정도에 따라 국적취득에 있어 차별을 두는 문제가 발생할 우려가 있으며, 또 우수인재를 유치하기 위한 수단으로 국적을 이용하는 것은 바람직하지 않다.

또 법무부장관의 결정으로 대한민국 국적을 상실할 수 있도록 하고 있는데, 이 경우 대한민국 국적을 취득하기 위하여 본 국적을 포기하였는데 본국법에서는 국적재취득이 불가능한 경우도 있어 이러한 경우를 고려하지 않고 국적상실결정을 할 수 있도록 하는 문제점을 안고 있다. 국적상실결정을 하기 전에 해당 외국인이 국적상실결정에 따라 무국적자가 되는지 여부를 확인하고, 만약 무국적자로 되는 경우에는 국적상실결정을 할 수 없도록 법을 개정할 필요가 있다.

그리고 국내 거주 화교에 대해서는 국적법 개정안 심의과정에서 국적부여대상에 포함할 것인지를 둘러싸고 의견의 차이가 심했는데, 여전히 이 문제를 해결하지 못한 상태에 머물고 있다. 복수국적 허용과 관련하여 장기간 우리나라에서 생활하고 있는 화교에게 복수국적을 허용하는 것이 바람직하다.[16]

그 외에도 국적법에서 나타나는 이주인권의 문제점은 다양하지만, 여기에서는 비교적 빠른 시일 내에 해결할 수 있는 문제만 지적했다.

---

16) 국적상실결정제도에 대해서는 석동현, 『국적법』, 239쪽 참조. 현행 국적법의 문제점에 대해서는 박병도, 「개정 국적법에 대한 비판적 고찰」; 최윤철, 「대한민국 국적법의 현황과 문제점」 참조.

3) 출입국관리법

「출입국관리법」에서 규정하고 있는 단속은 실질적으로 형사법상의 체포와 유사한 신체의 자유를 억압하는 행위임에도 불구하고 단속의 실체적·절차적 요건이 명확하지 않아 단속이 해당 공무원의 자의적 판단에 의하여 이루어지고, 또한 그 과정에서도 절차적 정당성을 결여하여 빈번하게 인권침해가 발생하고 있다. 야간에 실시되는 단속 및 외국인 노동자가 밀집해 있는 공장 등에서 자행되고 있는 단속은 외국인 노동자뿐만 아니라 공무원의 안전에도 심각한 위협이 되고 있어 단속의 요건 및 절차를 법에 명시하고 야간단속 금지를 법제화할 필요가 있다.

외국인에 대한 보호라는 용어도 실제는 외국인에 대한 '수용' 또는 '구금'에 해당함에도 불구하고 '보호'라는 용어를 사용하고 있는데, 용어가 주는 혼동을 없애기 위해서 실질과 부합하는 용어를 사용하는 것이 바람직하다.[17] 외국인에 대한 보호가 3개월을 넘는 장기보호의 경우에는 3개월마다 법무부장관의 승인을 받도록 하고 있는데, 실제로 그 적용에 있어서 승인을 받지 못하는 경우가 없어 장기보호로 인한 인권침해가 개선되지 않고 있다. 따라서 형사법상 구속기간의 연장을 제한하고 있는 것과 같이 보호가 장기간 지속되는 경우 그 연장을 제한하고 또한 이런 경우 보증금 없이 보호일시해제가 가능할 수 있도록 하는 것이 바람직하다.

강제퇴거와 관련해서도 강제퇴거 사유가 광범위하고 모호하게 규정된 부분이 있으며, 강제퇴거 심사 시 자신의 추방에 반대하는 이

---

[17] 외국인보호규칙의 경우에도 외국인의 보호가 실질은 강제구금에 해당하므로 구금 등의 경우 법률유보원칙을 적용하여 외국인의 보호절차 등을 법무부령이 아닌 법률로 규정할 필요가 있다.

유를 제시할 기회가 보장되도록 심사절차를 개선할 필요가 있으며, 강제퇴거 절차에 적법절차를 보장하기 위하여 단속 및 보호에 대한 영장주의 도입 여부에 대하여 사법부의 업무수행능력 등을 고려하여 검토할 필요가 있다. 외국인에 대한 재판을 받을 권리를 보장하고 강제퇴거의 집행으로 인한 회복할 수 없는 손해를 예방하기 위하여 강제퇴거명령에 대하여 이의신청이 있는 경우 이의신청에 대한 결정이 있기 전까지 그 집행을 정지하거나 취소소송을 제기하는 경우 집행을 정지할 수 있도록 근거규정을 마련할 필요가 있고, 단속 및 보호에 대한 이의신청 시 절차 등에 관한 다국어로 된 안내문 및 통역서비스가 충분히 제공되어 권리구제절차에 대한 접근이 용이하도록 할 필요가 있다.[18]

그 밖에도 미등록 이주민이 일정한 기간 국내에 거주하고 일정 요건을 갖춘 경우 체류자격을 부여할 수 있는 가능성을 열어둘 필요가 있다. 이주노동자의 가족결합권과 관련해서도 출입국관리법에 비전문취업자격을 포함한 이주노동자의 가족결합권을 권리로 인정하고, 가족결합권이 인정되는 가족의 범위를 명시할 필요가 있다.[19] 가정은 사회의 자연적이며 기초적인 단위로서 출생, 혼인, 양육 등 가족의 생활은 보호되어야 하는데, 지금까지 우리나라는 이주노동자에

---

18) 출입국관리법에서의 외국인에 대한 단속, 보호, 강제퇴거의 문제점과 개선방안에 대해서는 이재삼, 「출입국관리법상의 외국인에 대한 강제퇴거와 보호에 관한 연구」; 정정훈, 「출입국관리법상 단속, 보호, 강제퇴거 절차상의 문제점과 개선방향」, 4-28쪽 참조.

19) 가족, 혼인, 모성 및 미성년 자녀에 대한 보호를 통해 궁극적으로 가정을 보호하는 규정들은 세계인권선언(UDHR), 자유권규약(ICCPR), 여성차별철폐협약(CEDAW), 아동권리협약(CRC) 등에 산재해 있고, 인종차별철폐위원회(CERD)는 가족결합에 할당제와 같은 장벽을 제거하도록 촉구하고, 여성차별철폐위원회(CEDAW)는 외국인 남성과 여성에게 동등한 배우자 단일화 권리를 주도록 하고 있으며, 자유권규약위원회(ICCPR)는 추방과 같은 가족에 해를 끼치는 처벌은 하지 못하도록 가족생활을 보호하는 정책을 장려하고, 추방과 같이 가족이 분리되도록 하는 조치는 가족 결합을 방해하는 것으로 간주하고 있다.

대해 일시적인 노동력만을 필요로 하는 것으로 바라보고 가족 단위의 이주노동자의 이주에 대해서는 전혀 고려하지 않고 있다. 출입국관리법은 이주노동자의 가족의 정의나 이주노동자의 가족 단위의 이주에 대한 규정이 없으며, 원칙적으로 이주노동자 및 그 가족이 우리나라에서 체류하기 위해서는 각자 자신의 체류자격에 맞는 체류신분을 취득하도록 하고 있으며, 다만 국적법에 외국인이 대한민국 국적을 취득할 때 미성년 자녀도 함께 국적을 취득할 수 있도록 규정하고 있다. 출입국관리법에 규정하기 어려운 경우에는 다음에 살펴볼 재한외국인 처우 기본법에 가족결합권을 포함시키는 방안도 무방할 것이다.

4) 재한외국인 처우 기본법

「재한외국인 처우 기본법」은 합법적인 체류를 하고 있는 외국인으로 그 적용대상을 제한하고 있으며, 외국인정책 기본계획을 수립하는 주체를 법무부로 규정함으로써 외국인의 인권보장보다는 출입국관리의 관점 및 외국인을 우리 사회의 문제 해결을 위한 단순한 수단으로 바라볼 수 있는 여지를 남겨두고 있다. 또 이 법에서 규정하고 있는 처우의 주된 내용이 사회적응 지원 등 외국인의 조기 적응을 통한 사회적 비용의 감소와 체류자격에 따른 출입국과 취업에 초점을 맞추고 있을 뿐이어서 헌법과 국제법에 따른 외국인의 권리보장에 대해서는 사실상 침묵하고 있다고 할 수 있다. 미등록 이주민도 이 법의 적용을 받아 인권보호를 받을 수 있도록 법의 적용대상을 확대할 필요가 있고, 통제와 관리가 아닌 인권친화적인 국가기관에서 외국인정책 기본계획을 수립하도록 하고, 이주민에 대한 헌법과 국제법에 따른 권리보장이 이루어질 수 있도록 법을 개정할 필요가 있다.

그 외에 이 법은 재한외국인의 증가에 맞추어 외국인의 처우와 적응을 돕기 위해 제정된 기본법으로서 의미가 있지만, 외국인의 기본적인 인권보호내용을 구체적으로 적시하지 않고 있어 기본법으로서의 역할에 부합하지 못하고 있다. 제3조와 제5조에서는 국가 및 지방자치단체의 책무로 재한외국인에 대한 처우 등에 관한 주요 정책을 수립·시행하기 위하여 노력하여야 함을 규정하고 있으나, 구체적인 세부사항에 대하여는 관련 기관에 위임하고 있어 실질적인 권리보호가 강조되지 못하는 문제점이 있으며, 불법체류 노동자의 자녀에 대한 지원과 관련하여 많은 문제점을 안고 있는데, 이들에 대해서는 제12조 제2항에서 결혼이민자의 자녀에 대한 지원을 대한민국 국민과 사실혼 관계에서 출생한 자녀에 대하여 준용하도록 한 것과 같이 결혼이민자 자녀의 처우에 준하여 보호할 수 있는 개선책 마련이 요구된다.[20]

5) 다문화가족지원법

「다문화가족지원법」은 적용대상을 한국인 배우자와 결혼한 가정과 귀화한 가정으로만 제한하고 있어 많은 이주민 가정을 배제하는 차별적 성격을 띠고 있으며, 합법적 체류자만을 대상으로 하는 재한외국인 처우 기본법의 제한을 받고 있어 대상과 지원내용의 한계를 드러내고 있다. 법의 목적 자체가 '다문화가족 구성원의 안정적인

---

20) 재한외국인 처우 기본법에 대해 자세한 것은 조상균 외, 「다문화가정지원법제의 현황과 과제」, 151쪽 이하 참조.

가족생활 영위'이므로 이주여성 개개인의 기본적 인권보호에는 취약한 한계를 가지고 있다.[21]

6) 국민기초생활 보장법, 국민건강법, 국가배상법

「국민기초생활 보장법」은 '배우자의 대한민국 국적인 직계존속과 생계나 주거를 같이하고 있는 사람'을 추가함으로써 결혼이주민이 배우자의 가족을 봉양하는 경우 공적 부조를 줄 수 있도록 하여 한국인 배우자 및 배우자의 가족에 의존하여서만 그 혜택을 주는 방식으로 개정되었는데, 임신, 자녀 양육, 직계존속 부양 등의 조건 없이 결혼이주민 개인에 대한 공적 부조의 필요성을 따져 수급권자로 인정할지 여부를 판정하도록 할 필요성이 있으며, 인도적인 차원에서 수급권자의 범위를 공적 부조가 필요한 미성년 자녀를 양육하는 이주노동자도 포함시키는 방안에 대한 검토가 필요하다.

또 「국민건강법」과 관련해서는 영세사업장이나 가사, 간병일 등 돌봄노동에 종사하는 상당히 많은 이주민의 경우 지역건강보험에 가입하여야 하나 가입 비용부담으로 인하여 가입하지 못하고 있는데, 이러한 이주민과 그 가족의 실질적인 의료권 보장을 위한 대책 마련이 필요하다.

「국가배상법」도 외국인이 피해자인 경우 해당 국가와 상호 보증이 있을 때에만 적용하도록 하고 있는데, 국가배상은 공무원이 직무를 집행하면서 고의 또는 과실로 법령을 위반하여 타인에게 손해를 입힌 경우, 즉 불법행위책임에 대한 손해를 배상받는 것이므로 외국

---

21) 「다문화가족지원법」에 대해 자세한 것은 이경희, 「다문화가족지원법의 문제점과 개선방향」 참조.

인에 대한 배상에서 상호주의를 적용하지 말아야 한다.

7) 결혼중개업의 관리에 관한 법률 등

「결혼중개업의 관리에 관한 법률」도 이주인권과 관련하여 문제의
소지가 있다. 현재 우리나라에는 1,300여 개의 국제결혼 중개업체가
있는 것으로 추산되고 있으나, 등록된 업체는 400여 개에 불과하다.
국제결혼 중개업에 대한 관리 주무부서는 여성가족부이나, 2010년
부터 중개업에 대한 관리 감독 업무가 시·군·구로 이관되었다. 그
러나 지방정부는 농어촌 인구 증가 및 활성화라는 명분 아래 농어촌
총각 장가보내기 지원사업을 진행해왔는데, 이 지원사업은 국제결혼
중개업체와의 협력이 불가분하고, 이러한 협력관계는 지방정부의 국
제결혼 중개업체에 대한 관리감독을 형해화시키고 있다. 따라서 국
제결혼 중개업체에 대한 관리감독 관청인 지방정부는 농어촌 지역
미혼 남성에 대한 국제결혼 수수료 지원 정책을 중단하고 국제결혼
중개업체에 대한 관리감독을 제대로 이행하여야 한다. 무등록 국제
결혼 중개업체에 대한 관리감독을 실질화할 수 있는 대책을 마련해
야 하고, 국제결혼 중개업자의 신상정보제공 의무가 제대로 이행될
수 있도록 하는 것이 필요하다.[22] 한국뿐만 아니라 현지 브로커들을
규제할 수 있는 방안을 마련하고, 국제결혼 중개업체나 개인 브로커
들에 의해 피해를 입은 여성들을 인신매매 피해자로 간주하여 원하
는 경우 한국에서 체류권과 취업권을 갖고 살 수 있는 정책을 마련
해야 하고, 이를 위해서 국제기준에 의한 '인신매매방지법'을 제정

---

[22] 국제결혼 중개업체의 문제점에 대해서는 김재련, 「왜 대한민국 남성과 결혼하려 하는가?-국제
결혼중개업의 문제점 및 결혼이주여성 인권강화 대책」 참조.

해야 한다.

그리고 「가정폭력방지 및 피해자 보호 등에 관한 법률」이 개정되어 가정폭력피해자에게 임대주택 우선입주권을 부여하고 있는데, 외국인 신분의 이주여성은 보호대상에서 배제되고 있다. 가정폭력피해를 입은, 귀화하지 않은 외국여성에게도 임대주택 우선 입주권이 부여되기 위해서는 명시적으로 외국여성 항목을 명기할 필요가 있고, 우리 사회에서 가장 약자인 이들에게 우선권을 부여할 수 있는 장치를 마련할 필요가 있다.

3. 이주정책의 문제점과 개선방안

이주인권과 관련하여 우리 정부의 이주정책에 대해서도 간단히 살펴볼 필요가 있다.[23] 우리 정부는 재한외국인 처우 기본법을 근거로 그동안 정부 각 부처에서 개별적으로 추진해온 외국인정책을 중장기적 관점에서 종합적·체계적으로 추진할 수 있도록 5년마다 외국인정책 기본계획을 수립하도록 하고 있다. 그러나 외국인정책 기본계획을 보면 정책의 기본방향이 외국인의 인권을 보호가 아니라 국가경쟁력 강화에 맞추어져 있다는 점에서 근본적인 문제가 있다. 이를테면 외국인의 범주를 전문인력 등 우수인재와 단순기능인력으로 분류한 후 이들에 대한 차별적 대우를 당연시하는 정책이 펼쳐지고 있으며, 인권이 존중되는 성숙한 이주사회로의 이행을 도모한다는 정책방향을 정하고 있으면서 동시에 체류질서 확립을 위하여 불

---

[23] 이주정책과 관련된 전반적인 이론적 검토와 미국, 영국, 독일, 유럽연합 등 각국의 이주정책에 대해 자세한 것은 정재각, 『이주정책론』 참조.

법체류자에게 엄정한 법집행을 단행하는 모순된 정책 기조가 유지되고 있다.

이주정책과 관련해서 지금까지 우리 정부는 노동력 확보라는 측면에서 관리와 통제 위주의 경직되고 배타적인 외국인정책을 펼쳐오다가 최근 들어와서 사회통합성을 높이는 방향으로 외국인정책을 전환하고 있다.[24] 노동력 확보 차원의 단순인력의 관리와 통제에만 목적을 둔 기존의 이주정책에서 외국이주민들의 사회적응과 사회통합을 염두에 둔 이주정책으로 전환을 꾀하고 있는 점은 일단 발전적이고 긍정적이라고 할 수 있다. 그러나 이 새로운 이주정책 아래에서도 정부는 저숙련 노동인력에 대해서는 여전히 사회적 수용과 통합보다는 적절한 활용과 배제의 입장을 고수하고 있는 문제점을 안고 있다.

정부의 이주정책은 주로 정주의 대상자인 결혼이민자와 전문인력에만 중점을 두고 한국사회 적응과 사회적 통합정책을 펼치고 있다. 다시 말해 이주정책에 있어 값싼 노동력의 확보와 한국사회 적응과 통합이라는 두 개의 서로 다른 접근방식 때문에, 한국에 일정한 시기 동안 머물다 가는 이주노동자의 인권을 보호하고 진작하고자 하는 진지한 노력은 여전히 미약한 편이다. 전체적으로 우리 정부의 이주정책은 다양한 인종, 국가, 직업군의 이주민과 선주민이 공존하는 이

---

24) 외국인정책위원회,『제2차 외국인정책 기본계획』, 법무부 출입국·외국인정책본부, 2012, 21쪽 이하 참조. '제2차 기본계획'(2013-2017)은 '제1차 기본계획'(2008-2012)과 비교할 때 다음과 같은 차별성을 가지고 있다. ① '제1차 기본계획'에서 우수인재 유치, 이민자 사회적응 지원 등 정책 분야가 도입되어 기반을 조성했다면, '제2차 기본계획'은 국민의 다양하고 상반된 요구들을 최대한 반영하여 균형 잡힌 정책 기조 유지로 안정적인 미래를 준비한다. ② '제1차 기본계획'이 인권·다문화·민원편의 제공 등의 가치를 강조했다면, '제2차 기본계획'은 '제1차 기본계획' 가치의 지속추진과 함께 질서와 안전, 이민자의 책임과 기여를 강조하는 국민 인식을 반영한다.

주사회와 다문화사회를 지향하는 것이 아니라, 저출산·고령화 문제를 해결하기 위한 출산장려정책, 전문인력의 순유출을 막기 위한 우수인재 유치정책으로 협소하게 매몰되어 있다고 평가할 수 있다.

이러한 정책 지형에서 이주민은 여전히 한국사회의 문제 해결을 위한 도구적인 수단의 위상을 벗어나지 못하고 있다. 이러한 외국인정책의 한계는 외국인의 체류질서 확립을 우선적 입장으로 하는 법무부에서 정책을 수립하는 것에 근본적인 원인이 있을 수 있다. 그러므로 인권 기반적·인권 친화적·인권 지향적인 외국인정책이 수립될 수 있도록 인권 친화적 국가기관에서 정책을 수립할 수 있도록 하는 것이 바람직하고 또 외국인정책의 기본방향도 근본적으로 재정립할 필요가 있다.

Ⅳ. 결어: 이주법제에서의 인권의 실현

지금까지 우리는 이주의 시대와 이주사회에 진입한 우리 사회에서 이주법제에서의 이주인권의 실현이라는 문제에 접근하기 위해, 이주인권과 관련된 국제인권규범과 국제인권기구에서 우리 정부에 제시한 권고사항의 내용과 국내 이주법제에서의 이주인권과 관련된 내용에 대한 분석과 평가를 살펴보았다.

마지막으로 국제인권기구에서 권고한 내용과 우리 이주법제에서 나타난 문제점들을 중심으로 이주의 전체 과정, 즉 입국 전 단계에서부터 귀화신청단계에 이르기까지 이주인권의 실현과 관련된 문제를 개괄적으로 정리하면 다음과 같다.

입국 전 단계에서 나타나는 문제로는 결혼이주여성의 사증 발급 기간의 장기화 문제, 국제결혼 중개업체의 부실 관리의 문제, 결혼이주여성의 사증 발급에 한국인 배우자의 신원보증 요구의 문제, 고용허가 대상자 입국 시 브로커 비리 문제, E-6 비자 발급에 대한 모니터링 강화 문제 등을 들 수 있다.

입국 후 단계, 즉 체류 단계에서 나타나는 문제로는 고용허가제와 관련 사업장 변경 제한의 문제, 근무처 변경 허가 기간 등 제한의 문제, 노동3권의 형식화의 문제, 사업장 이탈 이주노동자에게 출국만기 보험과 신탁 지급을 제외하는 문제, 한국인 노동자와의 임금 차별 문제, 그리고 해외투자기업 산업연수생 제도의 문제, 미등록 이주민의 문제, 결혼이주여성의 사회보장 적용 시 한국인 자녀의 양육 여부에 따른 차별 문제 등을 들 수 있다.

귀화신청 단계에서 나타나는 문제로는 결혼이주여성의 귀화 시 한국인 배우자에 대한 의존성 및 한국인 자녀의 양육 여부에 따른 차별 문제, 국적상실제도를 운영함에 있어 본 국적을 회복할 수 없는 경우 무국적자로 전락하는 문제 등을 들 수 있다.

강제퇴거 단계의 이주인권과 관련해서는 단속 및 보호의 과정에서 단속·보호의 요건과 절차가 구체적으로 명시되어 있지 않은 점에서 발생하는 인권침해 문제, 담당 공무원의 적법절차 준수 문제 등을 들 수 있다.

또 국제인권기구들이 거듭 비준을 촉구하고 있는 이주노동자권리협약에 대해서도 우리나라가 이 협약에 가입 시 충돌하거나 충돌할 가능성이 있는 국내 법제를 검토하고 정비하는 것이 필요하다.[25]

이와 관련해서는 미등록 이주노동자의 체포 및 구금에 있어서 영장주의 원칙의 예외를 인정하는 현행 출입국관리법은 이주노동자권리협약과 충돌할 수 있으며, 또한 고용허가제에 관해서 협약상 인정되는 유급활동의 자유가 현행 제도에 의해서 보장되지 않고 있는 점, 그리고 가사노동자의 경우는 이주가사노동자들이 근로기준법의 적용범주에서 제외됨으로써 가사노동 환경에 특정한 추가적 규정들뿐만 아니라 근로기준법 및 노동조합 및 노동관계조정법의 보호를 누리지 못하고 있는 점, 이주노동자의 가족은 협약에 의해서 가족결합권을 가지지만, 현행 출입국관리법 시행령에 의해서 가족은 체류자격을 따로 가지지 못하는 문제가 있다.

또한 출입국관리법상 공무원의 통보의무로 인해서 협약에서 보장하는 응급진료를 받을 권리, 자녀의 교육권 등이 보장되지 못하는 문제가 있으며, 인신매매의 경우에도 국내법제가 완비되지 못한 이유로, 이주노동자의 인권을 보호하지 못하는 문제가 있다. 관련 이주법제의 정비를 통해 이주노동자권리협약에 가입하는 것이 필요하다.

이주인권과 관련하여 국제연합이 각 국가에 요구하는 내용은, 이주정책과 국경관리정책을 수립하고 시행하는 주권적 권한을 행사함에 있어서 국제인권규범 등의 국제적 기준을 준수하고, 이주 현상의 원인과 결과 그리고 이주자들의 인권과 기본적 자유의 보장을 고려한 총체적 접근이 이루어지도록 하여야 한다는 것이다.26) 이에 따르면 '인권에 근거한 이주정책'이 모든 국가가 지켜야 할 기본원칙이 된다. 그러나 각 국가의 현실 영역에서 이러한 기본원칙을 관철하는

---

25) 이에 대해 자세한 것은 공수진 외, 「이주노동자권리협약 비준을 위한 국내법제의 검토」 참조.
26) UN, "Resolution adopted by the General Assembly-Protection of migrants", UN Doc. A/Res/63/184. 17 March 2009.

것은 쉬운 일이 아니다.[27]

　각 국가에서 이주정책의 구체적 적용과정에서 나타나는 근본적인 문제는 바로 국가의 영토 주권과 보편적 인권의 원칙 사이에 갈등이 생길 때 가장 잘 드러난다. 이러한 주권과 인권 사이의 갈등은 구획된 영토에 기초한 국가중심주의적 국제질서와 지속적으로 발전하고 있는 보편적 국제인권규범 사이에 자리 잡고 있는 뿌리 깊은 대립의 문제이기도 하다. 이러한 근본적인 문제를 어떻게 해결할 것인가 하는 점이 이주인권의 실현에서 무엇보다 중요하다.

---

27) 미국, 독일 등 주요 국가의 이주노동자의 지위와 규제 상황에 대해서는 문준조, 『주요 국가의 외국인이주노동자의 지위와 규제에 관한 연구』 참조.

참고문헌

강주현, 「해외 다문화사회 통합 사례 연구 - 덴마크 사례를 중심으로」, 『다문화사회연구』 제1권 제1호, 숙명여자대학교, 2008.

고문현, 「난민수용의 실태와 인정절차」, 『공법연구』 제40집 제1호, 한국공법학회, 2011.

고준성, 「국제이주노동자권리협약에 대한 고찰」, 『법학논고』 제29집, 경북대학교 법학연구소, 2008.

고준성, 「모든 이주노동자와 그 가족의 권리보호에 관한 국제협약」, 이석용 외, 『국제인권법』, 세창출판사, 2006.

공수진 외, 「이주노동자권리협약 비준을 위한 국내법제의 검토」, 『공익과 인권』 제9호, 서울대학교 공익인권법센터, 2011.

곽준혁, 「다문화 공존과 사회적 통합」, 『대한정치학회보』 제15집 제2호, 대한정치학회, 2007.

곽준혁, 「미국에서의 다문화주의」, 『민족연구』 제30집, 2007.

국가인권위원회, 『다문화사회를 위한 정책적 제언 자료』, 2010.

국가인권위원회, 『유엔인권이사회 UPR 심의 대비 토론회』, 국가인권위원회, 2012.

국가인권위원회, 『유엔인권조약감시기구의 대한민국에 대한 권고 모음집』, 국가인권위원회, 2008.

국가인권위원회, 『이주 인권가이드라인 구축을 위한 실태조사』, 국가인권위원회, 2011.

국가인권위원회, 『이주노동자권리협약 쟁점 토론회 자료집』, 국가인권위원회, 2010.

국가인권위원회, 『이주인권분야 결정례집』, 국가인권위원회, 2011.

국회도서관, 『다문화가정 한눈에 보기』, 국회도서관, 2010.

권숙인 역, 『다문화사회 일본과 정체성 정치』, 서울대학교 출판문화원, 2010.

권순희 외, 『다문화사회와 다문화교육』, 교육과학사, 2010.

김건위, 『경쟁력 강화를 위한 주민등록제도 위상 정립방안』, 한국지방행정연구원, 2010.

김기하, 「사회통합을 위한 법의 역할」, 『저스티스』 통권 제106호, 2008.

김남국, 「문화적 권리와 보편적 인권: 세계인권선언에서 문화다양성 협약까지」, 『국제정치논총』 제50권 제1호, 한국국제정치학회, 2010.

김남국, 「한국에서 다문화주의 논의의 전개와 수용」, 『경제와 사회』, 한국산업사회학회, 2008.

김남준, 「공동체주의의 인간학적·윤리학적 근거 논쟁」, 『윤리교육연구』 제12집, 2007.

김미나, 「다문화교육정책의 추진 체계 및 정책 기제 연구」, 『다문화사회연구』 제2권 제2호, 숙명여자대학교 다문화 통합연구소, 2009.

김범수, 「일본의 다문화공생 지원제도에 관한 연구-야마가타(山形)현의 다문화공생을 중심으로」, 『민족연구』 제31집, 한국민족연구원, 2007.

김비환, 「포스트모던 시대에 있어 합리성, 다문화주의 그리고 정치」, 『사회과학』 제35권 제1호, 성균관대학교 사회과학연구소, 1996.

김선수, 외국인 노동자 인권보호대책(http://kr.ks.yahoo.com)

김선영, 「한국과 독일의 다문화 비교-다문화정책 환경과 정책 특징을 중심으로」, 『한국정책연구』 제9권 제1호, 2009.

김선택, 「다문화사회와 헌법」, 『헌법학연구』 제16권 제2호, 2010.

김세연, 「독일의 외국인 정책 연구」, 『유럽연구』 통권 제10호, 한국유럽학회, 1999.

김영석, 「국제법상의 이중국적의 취급」; 정근식, 「이중국적, 어떻게 보아야 하나」; 정인섭 편, 「이중국적」, 사람생각, 2004.

김영옥, 「새로운 시민들의 등장과 다문화주의」, 『아시아여성연구』 제46권 제2호, 숙명여자대학교 아세아여성문제연구소, 2007.

김재련, 「왜 대한민국 남성과 결혼하려 하는가?-국제결혼중개업의 문제점 및 결혼이주여성 인권강화 대책」, 『공익과 인권』 제9호, 서울대학교 공익인권법센터, 2011.

김정수, 「문화산업, 문화교역, 그리고 문화다양성」, 『국제통상연구』 제11권 제2호, 한국국제통상학회, 2006.

김지형, 「외국인 근로자의 헌법상 기본권 보장-현행 산업연수생제도의 위헌성 검토를 중심으로」, 『저스티스』 통권 제70호, 2002.

김창근, 「다문화 공존과 다문화주의: 다문화 시민성의 모색」, 『교육연구』 제73호, 2009.

김창민 외, 『세계화 시대의 문화논리』, 한울아카데미, 2005.

김철효·설동훈·홍승권, 「인권으로서의 이주노동자의 건강권에 관한 연구」, 『지역사회학』 제7권 제2호, 2006.

김혜순 외, 『다문화주의의 한국적 이론화』, 동북아시대위원회, 2007.

김희성, 「이주근로자 고용에 관한 법적 문제점과 개선방안」, 『경영법학』 제18권 제3호, 한국경영법률학회, 2008.

노재철, 『외국인 근로자의 권리보장정책』, 논형, 2012.

니시카와 나가오, 박미정 역, 『신식민주의론』, 일조각, 2006.

니시카와 나가오, 윤해동·방기현 역, 『국민을 그만두는 방법』, 역사비평사, 2010.

니시카와 나가오, 한경구·이목 역, 『국경을 넘는 방법』, 일조각, 2001.

드니 쿠슈, 이은령 역, 『사회과학에서의 문화 개념』, 한울아카데미, 2009.

류시조, 「다문화사회와 자유권적 기본권」, 『헌법학연구』 제16권 제2호, 한국헌법학회, 2010.

문경희, 「호주 다문화주의의 정치적 동학; 민족 정체성 형성과 인종·문화 갈등」, 『한국국제정치학회』 제48권 제1호, 2008.

문준조, 『주요 국가의 외국인이주노동자의 지위와 규제에 관한 연구』, 한국법제연구원, 2007.

박병도, 「개정 국적법에 대한 비판적 고찰」, 『일감법학』 제19호, 건국대학교 법학연구소, 2011.

박병도, 「유엔인권이사회의 보편적 정례검토 제도 – 한국의 실행과 평가를 중심으로」, 『법조』 제58권 제8호, 법조협회, 2009.

박병도·김병준, 「문화다양성과 국제법 – 문화다양성협약을 중심으로」, 『일감법학』 제16호, 건국대학교 법학연구소, 2009.

박성혁, 「우리나라 다문화교육 정책 추진 현황, 과제 및 성과 분석 연구」, 『교육인적자원부 연구보고서』, 2008.

박진아, 「유엔인권이사회의 성과와 과제 – 2011년 유엔인권이사회 재검토 논의를 중심으로」, 『안암법학』 제40호, 안암법학회, 2013.

백훈승, 「찰스 테일러와 헤겔에 있어서 자아정체성 및 공동체 형성에 관한 연구」, 『철학연구』 제100집, 2006.

새머스, M., 이영민 외 역, 『이주』, 푸른길, 2013.

서보건, 「다문화가족 통합을 위한 법제 연구 – 한일비교」, 『공법학연구』 제11권 제1호, 2010.

서원상, 「다문화사회의 법적 기반에 관한 소고」, 『법학연구』 제21권 제1호, 2011.

서윤호, 「다문화주의와 문화다양성 – 이주법제의 기본개념 분석」, 『일감법학』 제23호, 2012.

서윤호, 「이주사회에서 이주노동자의 권리보호」, 『일감법학』 제26호, 건국대학교 법학연구소, 2013.

서헌제, 「문화다양성협약에 대한 법리적 연구」, 『중앙법학』 제10권 제2호, 중앙법학회, 2008.

석동현, 『국적법』, 법문사, 2011.

설 한, 「재분배의 정치와 인정의 정치」, 『한국과 국제정치』 제21권 제2호(통권 제49호), 2005.

설 한, 「킴리카의 자유주의적 다문화주의에 대한 비판적 고찰」, 『한국정치학회보』 제44집 제1호, 2010.

설동훈, 「국민 민족 인종: 다문화가족 자녀의 정체성」, 『동북아 '다문화'시대・한국사회의 변화와 통합 자료집』, 2006.

설동훈, 「외국인 노동자와 인권」, 『민주주의와 인권』 제5권 제2호, 전남대학교 5・18연구소, 2005.

성낙인, 『헌법학』, 법문사, 2012.

성선제, 「다문화주의의 헌법적 기초」, 다문화사회와 법; 제24회 한국입법정책학회・건국대학교 문화콘텐츠 R&D센터 공동 학술대회; 2010.7.17－18. 한국입법정책학회 발표문.

소라미, 『토론문』, 한국비교공법학회, 제58회 학술대회, 2010.11.26.

손칠성, 「자유주의와 공동체주의의 주요 논쟁점에 대한 검토」, 『동서사상』 제3집, 2007.

송재룡, 「다문화 시대의 사회윤리: 다문화주의와 인정의 정치학, 그리고 그 너머」, 『사회이론』 제35집, 한국사회이론학회, 2009.

오성배, 「한국사회의 소수 민족 '코시안(Kosian) 아동의 사례를 통한 다문화교육의 방향모색'」, 『한국교육사회학회』 제16권 제4호, 2006.

오현선, 「다문화사회에서 '차이'를 '차별'화하는 폭력성의 극복을 위한 기독교 평화교육의 한 방향」, 『기독교교육논총』, 제20집, 한국기독교교육학회, 2009.

외국인정책위원회, 『제2차 외국인정책 기본계획』, 법무부 출입국・외국인정책본부, 2012.

윌 킴리카, 장동진 역, 『다문화주의 시민권』, 동명사, 2010.

유네스코 아시아・태평양 국제이해교육원, 『다문화사회의 이해』, 동녘, 2008.

유네스코한국위원회, 『유네스코와 문화다양성』, 유네스코한국위원회, 2008.

윤인진, 「국가주도 다문화주의와 시민주도 다문화주의」, 『한국사회학회 동북아시대위원회 용역과제』 07-7, 2007.

윤지원, 「유네스코 문화다양성협약과 관련 사례」, 『정보통신정책』 제20권 제19호, 정보통신정책연구원, 2008.

이경숙, 「이주노동자 권리 보호를 위한 국제인권규범 수용에 관한 연구」, 『법학연구』 제11집 제2호, 인하대학교 법학연구소, 2008.

이경희, 「다문화가족지원법의 문제점과 개선방향」, 『법학논고』 제32호, 경북대학교 법학연구소, 2010.

이명용, 『국제인권법의 국내법적 효력: 헌법과의 관계 및 헌법재판에서의 법원성』, 국가인권위원회 심포지엄, 국제인권의 국내 이행에 있어 문제점과 대안, 2004.10.27.

이순태, 『다문화사회의 도래에 따른 외국인의 출입국 및 거주에 관한 법제연구』, 한국법제연구원, 2007.

이영주, 「다문화가족지원법에 관한 고찰」, 『법학연구』 제31집, 한국법학회, 2008.

이용재, 「다문화정책에서의 새로운 배제」, 『젠더와 문화』 제3권 제1호, 2010.

이재삼, 「출입국관리법상의 외국인에 대한 강제퇴거와 보호에 관한 연구」, 『토지공법연구』 제59집, 한국토지공법학회, 2012.

이종수, 「다문화사회와 국적」, 『헌법학연구』 제16권 제2호, 2010.

이철우, 「이중국적의 논리와 유형」, 『법과 사회』 제25호, 2003.

인권법교재발간위원회, 『인권법』, 아카넷, 2006.

장복희, 「국제법상 이주노동자의 권리와 국내법제도 개선」, 『원광법학』 제24권 제4호, 원광대학교 법학연구소, 2008.

장복희, 「국제인권법상 난민의 보완적 보호와 국내법제도 개선」, 『안암법학』 제27집, 안암법학회, 2008.

장성희, 「이주노동자의 현황과 실태 그리고 개선방안」, 2008.12. 한신대학교 국제경제학전공 졸업논문.

장정애, 「세계화 시대의 국제 협력과 다문화의 시민 윤리; 프랑스의 문화 갈등 사례를 중심으로」, 『현상과 인식』 제32권 제4호, 한국인문사회과학회, 2008.

장혜경·김혜경·오학수·이기영, 『외국인 노동자 가족관련 정책 비교연구』, 한국여성개발원, 『2003 연구보고서』 240-7, 도서출판 한학문화, 2003.

전광석, 「다문화사회와 사회적 기본권」, 『헌법학연구』 제16권 제2호, 2010.

전영준, 「한국의 다문화연구의 현황」, 『다문화콘텐츠연구』 제1호(통권 제6호), 2009.

전영평, 「다문화시대의 소수자운동과 소수자행정 – 담론과 과제」, 『한국행정학보』 제42권 제3호, 2008.

전우홍, 「한국의 다문화교육 정책」, 『다문화사회연구』 제2권 제2호, 2009.

전윤구, 「차별금지에서 외국인 근로자의 법적 지위」, 『노동법논총』 제28집, 한국비교노동법학회, 2013.

전제철, 「다문화 법교육의 가능성 탐색」, 『법교육연구』 제5권 제1호, 2010.

정갑영, 『문화다양성협약 실행을 위한 문화정책과제 및 교류협력사업 개발연구』, 한국문화관광연구원, 2007.

정동주, 『까레이스끼, 또 하나의 민족사』, 우리문화사, 1995.

정미라, 「문화다원주의와 인정윤리학」, 『범한철학』 제36집, 2005.

정상우, 「다문화가족 지원에 관한 법체계 개선 방안 연구」, 『법학논총』 제26집 제1호, 한양대학교 법학연구소, 2009.

정상우, 「일본에서의 다문화사회 지원을 위한 조례연구」, 『최신외국법제정보』 2008.7, 한국법제연구원, 2008.

정상준, 「다문화주의를 넘어서」, 『미국학』 제24집, 2001.

정상준, 「문화적 다양성과 다문화주의」, 『외국문학』 제43집, 열음사, 1995.

정인섭, 『난민의 개념과 인정절차』, 경인문화사, 2011.

정재각, 『이주정책론』, 인간사랑, 2010.

정정훈, 『외국인 인권 기초 연구』, IOM이민정책연구원, 2010.

정정훈, 「출입국관리법상 단속, 보호, 강제퇴거 절차상의 문제점과 개선방향」, 『반인권적 출입국관리법 개정안 마련을 위한 토론회자료집』, 인권단체 연석회의, 2005.12.6.

정종섭, 『헌법학원론』, 박영사, 2012.

정창화, 「사회통합의 관점에서 바라본 다문화주의와 공화주의적 주도문화: 독일의 사례를 중심으로」, 『유럽연구』 제30권 제1호, 한국유럽학회, 2012.

정혜영, 「다문화가족 자녀의 권리보호」, 『안암법학』 제27권, 2008.

조규범, 「다문화사회를 위한 입법론적 소고」, 『미국헌법연구』 제21권 제1호, 2010.

조규범, 「다문화사회를 위한 입법적 대응방향」, 『현대사회와 다문화』 제1권 제1호, 2011.

조상균 외, 「다문화가정지원법제의 현황과 과제」, 『민주주의와 인권』 제8권 제1호, 전남대학교 5·18연구소, 2006.

조상균, 「일본의 다문화 정책과 재일동포의 인권」, 『민주주의와 인권』 제8권 제1호, 전남대학교 5·18연구소, 2007.

조상균·이승우·전진희, 「다문화가정 지원법제의 현황과 과제」, 『민주주의와 인권』 제8권 제1호, 전남대학교 5·18연구소, 2008.

조석주, 「국내거주 외국인 근로자의 문제점과 향후 과제」, 『KRILA FOCUS』 제12호, 한국지방행정연구원, 2007.

조석주, 「다문화공생을 위한 지방자치단체의 기능 강화방안－외국인 근로자 및 결혼이민자 사례를 중심으로」, 『지방행정연구』 제21권 제3호, 2007.

진은영, 「다문화사회와 급진적 인권」, 『철학』 제95집, 한국철학회, 2008.

채형복, 「국제이주노동자권리협약에 대한 고찰」, 『법학논고』 제29집, 경북대학교 법학연구소, 2008.

채형복, 「이주노동자권리협약의 자유권 쟁점－추방과 신체의 자유를 중심으로」, 『세계헌법연구』, 국제헌법학회; 한국학회, 2009.

최경옥, 「이주근로자의 근로권－한국과 유럽에서의 인권보장」, 한불법학회, 유럽헌법학회, 한국외대 법학전문대학원 법학연구소 주최; 2010.10.16. 발표문; 「한국 헌법상 이주근로자의 근로권」, 『공법학연구』 제12권 제4호, 2011.

최경옥, 「한국 헌법상 이주근로자의 근로권」, 『공법학연구』 제12권 제4호, 한국비교공법학회, 2011.

최경옥, 「한국에 있어서의 다문화주의에 대한 헌법적 시각」, 『동아법학』 제48호, 동아대학교 법학연구소, 2010.

최경옥, 「한국에서의 다문화가정 아동의 교육권」, 『공법학연구』 제13권 제1호, 한국비교공법학회, 2012.

최경옥, 「한국의 ‘다문화가족지원법’상 이주근로자와 그 가족의 기본권」, 『공법학연구』 제12권 제1호, 2011.

최성환, 「다문화주의의 개념과 전망」, 『철학탐구』 제24집, 중앙대학교 중앙철학연구소, 2008.

최윤철, 「다문화가족 자녀들의 교육을 받을 권리」, 『공법연구』 제38집 제1호, 2009.

최윤철, 「다문화주의의 헌법적 수용에 관한 연구」, 『공법연구』 제41집 제2호, 2012.

최윤철, 「대한민국 국적법의 현황과 문제점」, 『일감법학』 제17호, 건국대학교 법학연구소, 2010.

최윤철, 「우리나라의 외국인 법제에 관한 소고」, 『입법정책』 제1권 제2호, 한국입법정책학회, 2007.

최윤철, 「이주법제 정립을 위한 입법 이론적 고찰」, 『일감법학』 제26호, 건국대학교 법학연구소, 2013.

최종렬 외, 『다문화주의의 이론적 패러다임과 국가별 유형비교』, 한국여성정책연구원, 2008.

최홍엽, 「독일에서의 사용자의 배려의무와 외국인 근로자 보호」, 『노동법연구』 제6호, 서울대학교 노동법연구회, 1997.

최홍엽, 「외국인 고용의 현황과 문제점」, 『노동법연구』 제25호, 서울대학교

노동법연구회, 2008.

카슬, S. 외, 한국이민학회 역, 『이주의 시대』, 일조각, 2013.

태혜숙, 「미국문화 읽기와 '비판적인 다인종 다문화 페미니즘'」, 『여성학논집』 제26집 1호, 2009.

한도현 외, 『이주노동자들의 권익과 시민공동체』, 백산서당, 2010.

한수웅, 『헌법학 제2판』, 법문사, 2012.

한형서, 「독일에서 외국인 증가에 따른 딜레마와 사회통합정책」, 『국제지역 연구』 제11권 제4호(통권 43호), 2008.

황범주, 「다문화가정 자녀를 위한 교육정책 분석」, 안양대 박사학위논문, 2007.

Arblaster, Anthony, The Rise and Decline of Western Liberalism, 1 ed., 1984.

Benhabib, Seyla, The Right of Others, Cambridge, New York, 2004.

Boehning, R., "The ILO and the New UN Convention on Migrant Workers; The Past and Future", International Migration Review, Vol. 25, No. 4, 1991.

Boehning, R., "The Protection of Migrant Workers and International Labour Standards", International Migration, Vol. 26, No. 2, 1992.

Bundesministerium des Innern, Migration und Integration, Berlin 2011.

Giddens, Anthony, The Third World: The Renewal of Social Democracy, 1998.

Hailbronner, Kai, Zuwanderungsbegrenzung oder Zuwanderungseleichterung? - Das Zuwanderungsgesetz 2002 im Spiegel der Vorstellung der politschen Parteien; Stern, Klaus(Hrsg.), Zeitmäßiges Zuwanderungs- und Asylrecht - ein Problem der Industriestaaten, Berlin 2003, S. 99-124.

Hasenau, M., "Setting Norms in the United Nations System; The Draft Convention on the Protection of the Rights of All Migrant Workers and Their Families in Relation to ILO Standards on migrant Workers", International Migration, Vol. 28, No. 2, 1993.

Ishay, Micheline, The History of Human Rights; From Ancient Times to the Globalization Era, Berkeley 2004.

Kobazashi, Hiroaki, Asyl-, Ausländer- und Zuwandreungsrechz im Japan: Die Verfassungs- und einfachgesetzliche Rechtsgrundlage, in; Stern, Klaus(Hrsg.), Zeitmäßiges Zuwanderungs- und Asylrecht - ein Problem der Industriestaaten, Berlin 2003.

Kymlicka, Will, Contemporary Political Philosophy, Second Ed., Oxford

University Press, 2002.

Kymlicka, Will, Multicultural Citizenship, Oxford University Press, 1996.

Luft, Stefan, Abschied von Multikulti: Wege aus der Integrationskrise, Resch-Verlag, 2007.

MacIntyre, Alasdair, After Virtue, University Norte Dame Press, 1981.

Parekh, Bhikhu, Rethinking Multiculturalism, Harvard University Press, 2000.

Taylor, Charls, The Politics of Recognition, in; Gutmann, Amy (ed.), Multiculturalism, Princeton University Press, 1994.

Thym, Daniel, Migrationsverwaltungsrecht, Tübingen 2010.

Seo, Yunho, Rechtsontologie und Hegels Rechtsbegriff, Peter Lang Verlag, 2004.

馬渕 仁, 「多文化共生」は 可能か, 勁草書堂, 2011.

헌재 2000.8.31. 97헌가12
헌재 2001.4.26. 99헌가13
헌재 2007.8.30. 2004헌마670
대법원 1995.9.15. 94누12067
대법원 1995.12.22. 선고95누2050
대법원 1997.10.10. 선고97누10352

동아일보 2010.2.1. / 2.23. / 3.8. / 4.5. / 7.9. / 9.17. / 11.25.
부산일보 2010.1.25. / 2.10. / 3.5.
뉴시스통신사 2010.3.23.
파이낸셜뉴스 2010.7.29.
연합뉴스 2010.9.29. / 2009.4.30.
내일신문 2007.7.23.

www.damunwha-edu.or.kr
http://asiailbo.com 2009.11.18.
http://kr.news.yahoo/com
http://migrant.or.kr/xe
http://www.migrant113,org/board
http://blog.daum.net/moge-family
http://www.mdtoday.co.kr, 메디칼투데이 2010.06.30.

http://www.redian.org/news, 2009.10.22.
http://k.daum.net
http://www.reportworld.co.kr/report/data
http://blog.naver.com/dramo23/104402224
http://mwtv.jinbo.net
http://www.newsjoy.co.kr, 2003.10.31.
http://www.newswire.co.kr
http://www.nonsan.go.kr

찾아보기

최윤철

건국대학교 법과대학 졸업
독일 함부르크대학교 법학박사
중국 인민대학교, 정법대학교 객좌교수
한국입법정책학회 회장
한국헌법학회 부회장
현) 한국이민법학회 부회장
    법무부 이민정책 자문위원회 위원
    국회 입법지원단 위원
    건국대학교 법학전문대학원 교수

최경옥

동아대학교 법과대학 졸업
일본 교토대학교 법학박사
일본 교토대학교 법학연구소 외국인 공동연구자
서울대학교 법학연구소 연구원
한국헌법학회, 한국공법학회, 한국입법정책학회 부회장
현) 영산대학교 공직인재학부 법률전공 교수

서윤호

고려대학교 법과대학 졸업
독일 함부르크대학교 법학박사
서울대학교 법학연구소 전임연구원
고려대학교 법학연구원 전임연구원
단국대학교 법과대학 교수
청주대학교 법과대학 교수
현) 건국대학교 학술연구교수

다문화사회와
이주법제

초판인쇄 2015년 5월 29일
초판발행 2015년 5월 29일

지은이 최윤철·최경옥·서윤호
펴낸이 채종준
펴낸곳 한국학술정보㈜
주소 경기도 파주시 회동길 230(문발동)
전화 031) 908-3181(대표)
팩스 031) 908-3189
홈페이지 http://ebook.kstudy.com
전자우편 출판사업부 publish@kstudy.com
등록 제일산-115호(2000. 6. 19)

ISBN 978-89-268-6963-5 93330

이 책은 한국학술정보㈜와 저작자의 지적 재산으로서 무단 전재와 복제를 금합니다.
책에 대한 더 나은 생각, 끊임없는 고민, 독자를 생각하는 마음으로 보다 좋은 책을 만들어갑니다.